HIGH-QUALITY DEVELOPMENT OF INDUSTRY:
ORIENTATION, PATH AND LOCAL EXPLORATION

工业高质量发展：
方位、路径和地方探索

杨　鹏　陈智霖　文建新◎著

经济管理出版社
ECONOMY & MANAGEMENT PUBLISHING HOUSE

图书在版编目（CIP）数据

工业高质量发展：方位、路径和地方探索/杨鹏，陈智霖，文建新著. —北京：经济管理
出版社，2020. 8
ISBN 978 - 7 - 5096 - 7304 - 1

Ⅰ. ①工⋯　Ⅱ. ①杨⋯　②陈⋯　③文⋯　Ⅲ. ①工业发展—研究—广西　Ⅳ. ①F427. 67

中国版本图书馆 CIP 数据核字（2020）第 139120 号

组稿编辑：张巧梅
责任编辑：张巧梅
责任印制：黄章平
责任校对：张晓燕

出版发行：经济管理出版社
　　　　　（北京市海淀区北蜂窝 8 号中雅大厦 A 座 11 层　100038）
网　　　址：www. E - mp. com. cn
电　　　话：（010）51915602
印　　　刷：三河市延风印装有限公司
经　　　销：新华书店
开　　　本：720mm×1000mm/16
印　　　张：16. 25
字　　　数：310 千字
版　　　次：2020 年 8 月第 1 版　　2020 年 8 月第 1 次印刷
书　　　号：ISBN 978 - 7 - 5096 - 7304 - 1
定　　　价：88. 00 元

目　录

导　论

　　2018 年，根据广西壮族自治区党委政府的工作部署，受自治区相关部门的委托，课题组开展了有关工业高质量发展的专项研究，形成了具有理论价值和资政价值的研究报告，报告中的相关研究结论和建议被直接或间接融入到《中共广西壮族自治区委员会　广西壮族自治区人民政府关于推动工业高质量发展的决定》（桂发〔2018〕11 号）和《广西壮族自治区人民政府关于印发广西工业高质量发展行动计划（2018~2020 年）的通知》（桂政发〔2018〕30 号），同时，课题组主要成员均作为核心成员全程参与了上述重要文件的撰写。工业是广西的立足之本，是广西的发展之源，这是我们一直以来的深刻认识！2018 年以来，国家统计局对地区经济社会发展指标进行了全面核算调整，新的区域竞合关系正在形成。从国家统计局公布的结果来看，形势极为严峻，云南省地区生产总值由 2018 年调整之前的 17881.12 亿元调整为 2019 年调整之后的 23223.75 亿元，跃增 5342.63 亿元，由全国排名第 20 位超越广西和天津，进阶第 18 位，且云南省与排在第 17 位的重庆市仅相差 382.02 亿元，从滇渝近 5 年的增长态势来看，"十四五"期间，云南省超越重庆并非小概率事件。同时，贵州省地区生产总值由 2018 年调整之前的 14806.45 亿元调整为 2019 年调整之后的 16769.34 亿元，跃增 1962.89 亿元，由全国排名第 25 位超越黑龙江和吉林，进阶第 13 位，同时云南省和贵州省人均 GDP 分居全国第 24 位和第 26 位，高于广西（第 29 位）。从测算来看，此次核算调整幅度最大的是第三产业，如云南省第三产业上调 3799.8 亿元，贡献整个核算增量的 71.1%，但必须看到的是，广西与云南的第二产业尤其是工业总量差距在拉开，核心增长极地位在弱化，昆明首府经济圈进一步壮大，占全省的比重由调整前的 24.9% 提高到 27.88%[①]。广西已到了"退

---

　　① 2019 年，南宁首府经济圈地区生产总值为 4506.56 亿元，占广西经济总量的 21.2%，而贵阳首府经济圈地区生产总值达到 4039.6 亿元，占贵州经济总量的 24.1%，对比而言，南宁首府经济圈规模地位和辐射能力偏弱。

无可退，进亦难"的境况，以工业高质量发展为主导战略，定标"十四五"，决战新五年，成为我们必需的战略选择。

习近平总书记高度重视工业尤其是制造业发展，强调制造业是立国之本、强国之基[①]。党的十九大作出了"我国经济已由高速增长阶段转向高质量发展阶段"这一历史性判断，高质量发展是当前和今后一个时期确定发展思路、制定经济政策、实施宏观调控的根本要求，必须深刻认识、全面领会、扎实推进。本书以推动广西工业高质量发展为研究对象，通过现状分析、趋势研判、经验借鉴、战略选择、产业遴选、重点任务、开放布局、路径选择、对策措施等，旨在为推动广西工业高质量发展提供高质量的基础研究支撑。

一、工业高质量发展的重要意义

党的十八大以来，广西深入贯彻新发展理念，坚持走新型工业化道路，实施工业强桂战略，深入推进工业供给侧结构性改革，工业总量实现翻番，工业结构持续优化，工业园区实现全覆盖，两化融合水平居西部前列，产值超千亿元的工业产业达到 10 个，工业化进程进一步加快，为推动工业高质量发展奠定了良好的基础。但必须看到，广西后发展欠发达的基本区情没有得到根本改变，工业总量偏小，排位徘徊不前；断层缺位严重，新旧动能接续乏力；结构性矛盾突出，产业发展不平衡；质量效益低，竞争能力弱；工业主导和开放创新意识不强，营商环境亟待优化等问题非常突出。

党的十九大作出了"我国经济已由高速增长阶段转向高质量发展阶段"这一历史性判断，高质量发展成为新时代下做好经济工作的根本要求。推动工业高质量发展，是适应社会主要矛盾变化、实现与全国同步全面建成小康社会的必然要求，是建设现代化经济体系、追赶全国现代化建设步伐的必然要求，是从"数

---

① 党的十八大以来，习近平总书记多次对"中国制造"转型升级做出重要论述，明确指出"突围破局"之路。2017 年 4 月 20 日，习近平总书记在广西考察时强调，一个国家一定要有正确的战略选择，我国是个大国，必须发展实体经济，不断推进工业现代化、提高制造业水平，不能脱实向虚。2018 年 10 月 22 日，习近平总书记在广东考察时强调，制造业是实体经济的一个关键，制造业的核心就是创新。2019 年 9 月 17 日，习近平总书记在河南考察时强调，要靠创新驱动来实现转型升级，通过技术创新、产业创新，在产业链上不断由中低端迈向中高端。2019 年 9 月 20 日，习近平主席在致 2019 年世界制造业大会的贺信中强调，中国高度重视制造业发展，坚持创新驱动发展战略，把推动制造业高质量发展作为构建现代化经济体系的重要一环。

量扩张"转向"质量提升"、从"要素驱动"转向"创新驱动"的必然要求。进入新时代，工业高质量发展迎来了难得的历史性机遇，我们有党的坚强领导政治优势，有不可替代的区位优势、丰富多样的资源优势、多重叠加的政策优势、互联互通的交通优势、山清水秀的生态优势，有多年发展工业积累的丰富经验，有旺盛的市场需求，有条件、有能力推动工业高质量发展。必须立足区情实际，充分认识推动工业高质量发展的重大战略意义，把思想和行动统一到中央重大决策部署上来，切实增强紧迫感、危机感、使命感、责任感，以更坚定的决心、更明确的目标、更有力的举措，推动质量变革、效率变革、动力变革，确保实现工业高质量发展。

二、工业高质量发展的基本内涵

国内专家学者对"高质量"发展进行了研究，并主要集中在有关经济社会高质量发展方面，对高质量发展形成了基本认识。

工信部部长苗圩在中国发展高层论坛上提出制造业高质量发展要以深化供给侧结构性改革为主线，坚持质量第一、效益优先、全面实施"中国制造2025"，推动制造业质量、效率、动力的三大变革①。加快制造业高质量发展的步伐，着重抓好三大任务和六个方面②。

冯人綦、曹昆（2017）认为"高质量发展"③ 就是能够很好满足人民日益增长的美好生活需要的发展，是体现新发展理念的发展，是创新成为第一动力、协调成为内生特点、绿色成为普遍形态、开放成为必由之路、共享成为根本目的的发展。

王军（2017）提出"高质量发展"内涵主要包括六个方面④：一是经济发展要持续健康，而无须追求过高速度，这是高质量发展的前提和基础；二是社会民生要有持续明显的改善，这是高质量发展的内在要求；三是生态文明建设要提供

---

① 苗圩. 制造业推动经济高质量发展的关键［EB/OL］. 人民网，2018 - 03 - 26.
② 三大任务是：调整优化制造业的产业结构；大力发展创新设计、科研开发等生产性服务业；适应消费升级的需要，全面提升产品的质量、服务的质量，注重品牌建设。六个方面是：完善制造业的创新体系，加快发展先进制造业，促进制造业区域协调发展，加强制造业质量品牌的建设，营造有利于制造业高质量发展的良好环境，进一步提升制造业开放水平。
③ 冯人綦，曹昆. 牢牢把握高质量发展这个根本要求［N］. 人民日报，2017 - 12 - 21（01）.
④ 王军. 准确把握高质量发展的六大内涵［N］. 证券日报，2017 - 12 - 23.

更多优质生态产品以满足人民日益增长的优美生态环境需要，这是高质量发展的时代主题；四是宏观调控要更加强调政策的连续性、稳定性与协同性，这是高质量发展的实现手段；五是新时代下继续深化供给侧结构性改革，重点在"破""立""降"上下功夫，这是高质量发展的动力支撑；六是防范化解重大金融风险要重点突出、内外并举，这是高质量发展必备的金融环境。

党的十八大以来，党中央从经济社会发展实际出发，先后对经济社会发展作出"三期叠加""从高速转向中高速""新常态"等一系列重要判断，党的十九大提出的"高质量发展"是对上述系列重要判断的凝练和提升，与"创新、协调、绿色、开放、共享"五大发展理念是一脉相承的，是对"新常态"判断的跨越，是一个战略性、方向性、全局性的重大判断。对广西工业高质量发展而言，要立足产业、区位、创新、人才等基础条件，紧扣支柱产业低端低效、轻工产业断层缺位、新旧动能接续乏力等关键问题，要实现广西工业高质量发展，就是要实现创新能力更强、融合程度更深、供给质量更高、产业结构更优、经济效益更好、资源消耗更少的工业发展。

表 0-1　广西工业高质量发展内涵

涵盖领域	主要内涵
创新能力更强	就是科技活力充分释放，新技术、新产业、新业态、新模式蓬勃发展，创新发展能力和加工制造能力显著提升
融合程度更深	就是两化深度融合，一二三产协同发展，产城良性互动，军民融合发展，企业互联互补，产业互融互促
供给质量更高	就是符合产业和消费升级方向，产品质量和服务质量大幅提升，中高端供给和有效供给增多，不断满足新时代人民群众生产生活的新需求
产业结构更优	就是供给侧结构性改革深入推进，工业结构深刻调整，产业集聚水平明显提高，轻重失衡、高低失衡、新旧失衡状况根本扭转，新旧动能接续顺畅
经济效益更好	就是工业企业盈利持续向好，劳动就业不断扩大，财税持续稳定增收，综合效益明显提升，工业企业迈向价值链中高端
资源消耗更少	就是资源能源节约高效利用，清洁生产全面施行，节能降耗成效明显，可持续发展能力显著增强，实现绿色发展、循环发展、低碳发展

专题一　工业高质量发展的基础条件和趋势特征

从工业高质量发展的基础条件和趋势特征来看，广西工业高质量发展成效体现为"六稳三显"，存在的问题集中在"五不优"，制约因素表现为"一不优二不强三不足"，工业高质量发展面临四个新变化，推动高质量发展已成为新时代工业发展的根本任务。

一、发展成效：六稳三显

总的来看，推动广西工业高质量发展已具备一定的基础条件，主要体现在"六稳三显"上，所谓"六稳"，即规模总量稳步壮大、贡献作用稳步发挥、质量效益稳步提升、新兴产业稳步发展、产业后劲稳步增强、企业规模稳步壮大；所谓"三显"，即高技术产品出口显著增长、创新能力显著增强、产业政策显著完善。

（一）规模总量稳步壮大

工业经济综合实力稳步提升，增速发展趋于稳定。进入新常态后，广西工业总体规模居于西部地区前列，仍处于工业化加快推进过程中，工业发展由高速增长转向中高速增长，依然保持了稳中有进的发展态势，但地区性差距有所拉大。截至 2018 年底，全区工业增加值由 2010 年的 3885.2 亿元增加到 2018 年的 6288.72 亿元，增长了 0.62 倍。规模以上工业企业主营业务收入 18707.9 亿元，比 2010 年的 9235.85 亿元增长 1.03 倍；利润总额 1100.09 亿元，较 2010 年的 771.59 亿元增长 0.43 倍①（见图 1 - 1）。

---

① 数据来源：《广西统计年鉴》（2019）。

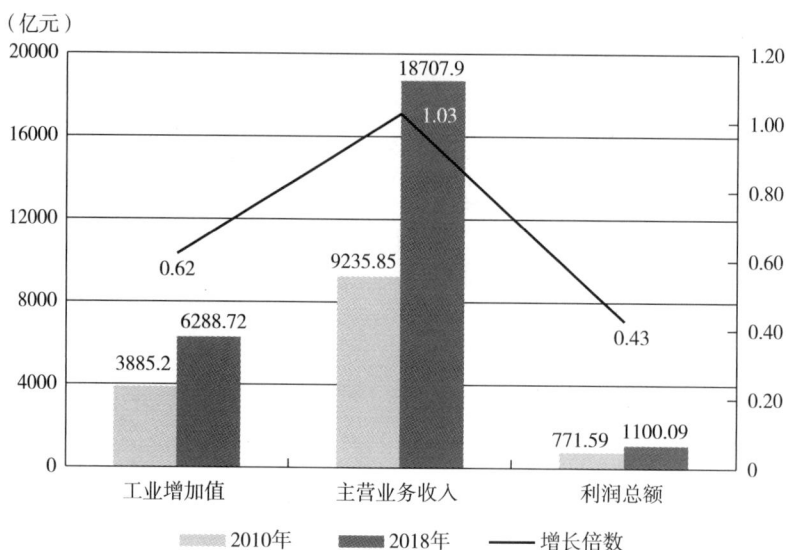

图 1-1 2010 年和 2018 年广西工业发展主要指标及增长情况

2017 年，广西工业增加值增速比全国工业增加值增速仅高 0.5 个百分点，低于 2013 年的 3.2 个百分点。增速在全国排名由 2013 年的第 7 位下降到第 17 位，西部地区排名由第 3 位下降到第 8 位。工业发展步伐滞后于云南、重庆、贵州、江西、四川、湖南等中西部省份，与浙江、福建、江苏、广东等发达省份差距进一步拉大。到 2018 年，广西工业增加值增速进一步下滑到 4.7%，低于全国增速 1.5 个百分点，与陕西、贵州、四川和江西等中西部地区差距拉大（见表 1-1）。

表 1-1 2013 年、2018 年全国各省（区、市）工业增加值增速排名

地 区	单位	2013 年	累计增速排位	地 区	单位	2018 年	累计增速排位
全 国	%	9.7	——	全 国	%	6.2	——
安 徽	%	13.7	1	西 藏	%	12.5	1
贵 州	%	13.6	2	云 南	%	11.8	2
重 庆	%	13.6	3	辽 宁	%	9.8	3
福 建	%	13.2	4	安 徽	%	9.3	4
陕 西	%	13.1	5	陕 西	%	9.2	5
天 津	%	13.0	6	福 建	%	9.1	6
广 西	%	12.9	7	贵 州	%	9.0	7
新 疆	%	12.9	8	江 西	%	8.9	8

地　区	单位	2013 年	累计增速排位	地　区	单位	2018 年	累计增速排位
青　海	%	12.6	9	青　海	%	8.6	9
宁　夏	%	12.5	10	宁　夏	%	8.3	10
江　西	%	12.4	11	四　川	%	8.3	11
云　南	%	12.3	11	湖　南	%	7.4	11
西　藏	%	12.2	13	浙　江	%	7.3	13
内蒙古	%	12.0	14	河　南	%	7.2	14
河　南	%	11.8	15	湖　北	%	7.1	15
湖　北	%	11.8	16	内蒙古	%	7.1	16
湖　南	%	11.6	17	广　东	%	6.3	17
甘　肃	%	11.5	18	海　南	%	6.0	18
江　苏	%	11.5	18	河　北	%	5.2	19
山　东	%	11.3	20	山　东	%	5.2	20
四　川	%	11.1	21	江　苏	%	5.1	21
山　西	%	10.5	22	吉　林	%	5.0	22
河　北	%	10.0	23	广　西	%	4.7	23
吉　林	%	9.6	24	北　京	%	4.6	24
辽　宁	%	9.6	25	甘　肃	%	4.6	25
广　东	%	8.7	26	山　西	%	4.1	26
浙　江	%	8.5	27	新　疆	%	4.1	27
北　京	%	8.0	28	黑龙江	%	3.0	28
黑龙江	%	6.9	29	天　津	%	2.4	29
上　海	%	6.6	30	上　海	%	2.0	30
海　南	%	6.3	31	重　庆	%	0.5	31

资料来源：2014 年和 2019 年《中国统计年鉴》。

（二）贡献作用稳步发挥

工业拉动经济社会发展的主导作用和对经济增长的贡献率呈现稳中向好趋势。2000～2017 年，工业对广西经济增长贡献率总体呈倒"V"形，从 2000 年到 2010 年工业对经济增长贡献率逐渐提高，到 2010 年达到最高值 55%，之后逐步下滑。2013 年以来，广西工业拉动 GDP 增长、对 GDP 增长的贡献率呈现下降态势，与安徽、贵州和湖南等中西部地区相比，工业在经济社会发展中的核心主导作用有所弱化，但贡献质量和全社会带动能力稳步提升。到 2017 年，工业拉动 GDP 增长了 2.57 个百分点，低于 2013 年的 4.85 个百分点。工业对 GDP 增长的贡献率下降到35.6%，较2014年的51%下降了15.4个百分点。广西工业快速发展的一些结构问题、发展方式问题日益凸显，"转方式、调结构、促增长"成为工业发展的主基调，特别是2015年之后提出供给侧结构性改革，广西工业结构进一步优化调整，大力发展新型产业，工业主导作用得到进一步优化。

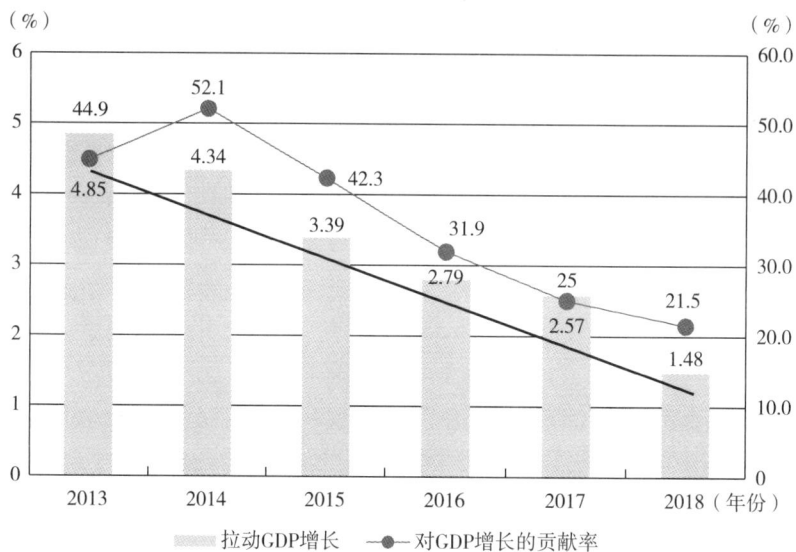

图1-2　2013~2018年广西工业贡献率分析

（三）园区载体稳步提升

2017年，全区园区工业总产值突破2万亿元，工业园区由103个增加到118个，工业集中区实现县（区）全覆盖。工业园区入驻工业企业9308家，较2016年增长4.4%；规模以上工业企业3310家，较2016年增长5.2%，占全区全部规模以上工业企业的58.8%。园区规模以上工业总产值较2016年增长14.3%，增幅较全区规模以上工业总产值增速仅高0.4个百分点；增加值增长7.7%，较全区仅高0.6个百分点，对全区工业增长的贡献率为70.8%；园区工业增加值占全区全部工业增加值的比重为65.6%，较2016年提高1.2个百分点。园区规模以上工业企业实现主营业务收入15899.1亿元，较2016年增长13.8%，较全区高1.4个百分点；利润总额906.9亿元，增长28.7%，较全区高3.5个百分点；主营业务收入利润率为 5.7%，较 2016 年提高 0.6 个百分点①。

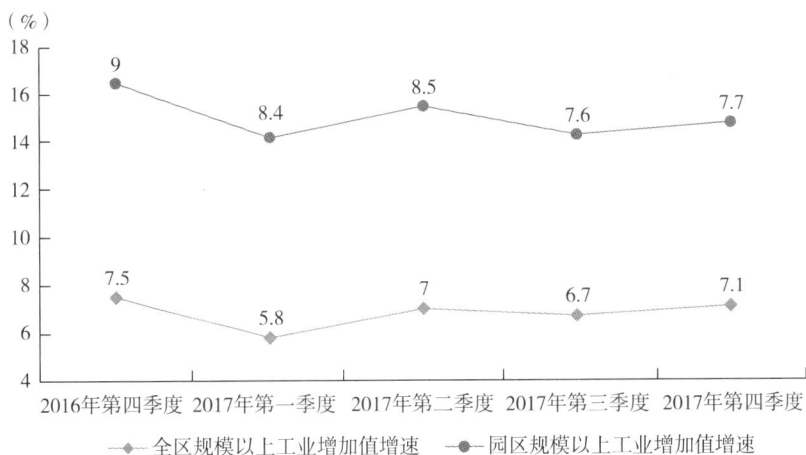

图 1-3　园区与全区规模以上工业增加值增速对比情况

国家级开发区领跑园区发展，千亿园区实现零突破。2017 年，全区国家级、自治区级园区总产值 12643.61 亿元，较 2016 年增长 10.3%，增加值 3189.70 亿元，较 2016 年增长 7.22%，实际投资 10093.38 亿元，较 2016 年下降 6.96%。13 个国家级开发区拥有规模以上工业企业 692 家，占园区规模以上工业企业的 20.9%；总产值较 2016 年增长 15.8%，较园区高 1.5 个百分点，总产值占全区园区的比重为 23.5%，较 2016 年提高 1.8 个百分点。千亿元园区从无到有，南宁高新技术产业开发区、柳州高新技术产业开发区、桂林高新技术产业开发区总产值超过千亿元，500 亿~1000 亿元园区 6 个，100 亿~500 亿元园区 49 个，超百亿园区数量较 2016 年增加 7 个。

表 1-2　2017 年广西国家和自治区级园区增加值、总产值及实际投资情况分析

园区名称	单位	增加值	增长（%）	总产值	增长（%）	实际投资	增长（%）
合　计	亿元	3189.7	7.22	12643.6	10.30	10093.4	-6.96
南宁高新技术产业开发区	亿元	464.48	10.77	1844.17	10.52	1206	12.11
南宁经济技术开发区	亿元	163.94	3.22	564.32	0.83	1228	8.47

---

① 2018 年广西未公开园区统计数据，因此相关数据以 2017 年为准。

园区名称	单位	增加值	增长（%）	总产值	增长（%）	实际投资	增长（%）
广西—东盟经济技术开发区	亿元	85.50	23.02	341.77	21.81	554	15.61
广西良庆经济开发区	亿元	51.38	16.75	166.35	5.78	214	−14.79
南宁六景工业园区	亿元	56.04	7.01	186.79	7.01	372	−10.86
南宁仙葫经济开发区	亿元	9.08	−10.94	39.22	5.46	22	437.66
南宁江南工业园区	亿元	128.61	18.41	493.56	15.73	502	11.20
广西柳州高新技术产业开发区	亿元	427.39	2.42	1802.82	8.20	169	39.13
广西柳州阳和工业园区	亿元	105.00	−15.64	470.00	1.95	150	−14.75
广西鹿寨经济开发区	亿元	45.54	19.58	163.80	20.44	126	−28.04
桂林高新技术产业开发区	亿元	295.53	9.74	1013.69	10.19	341	−22.46
桂林经济技术开发区	亿元	123.12	−13.24	410.41	−13.24	156	115.93
广西灵川八里街工业园区	亿元	31.33	13.70	100.60	14.09	90	−55.29
广西梧州工业园区	亿元	110.80	11.91	418.11	12.97	596	5.67
广西梧州长洲工业园区	亿元	1.11	20.50	4.90	11.09	0	—
广西北海高新技术产业园区	亿元	23.16	−5.89	118.18	39.21	81.37	−73.26
广西北海出口加工区	亿元	72.33	−11.06	391.54	4.93	4	−0.05
广西北海工业园区	亿元	166.56	1.91	872.94	16.22	1178	−75.43
广西合浦工业园区	亿元	33.88	5.38	135.76	10.51	123	−0.51
东兴镇边境经济合作区	亿元	30.58	9.52	111.55	9.29	60	−14.02
广西钦州港经济技术开发区	亿元	165.44	70.12	631.71	38.32	207	−60.45
贵港市产业园区	亿元	44.64	33.34	182.23	25.21	46	52.07
广西玉林经济开发区	亿元	42.78	9.40	151.98	8.56	332	0.31
广西容县经济开发区	亿元	60.07	14.47	223.43	15.00	378	−5.83
广西北流日用陶瓷工业园区	亿元	85.92	2.98	348.52	10.24	444	−23.80
广西百色工业园区	亿元	55.12	8.34	184.23	3.46	56	10.58
广西贺州旺高工业园区	亿元	50.36	7.02	189.54	16.16	239	14.13
广西宜州经济开发区	亿元	8.03	2.97	36.71	−5.90	29	−24.00
凭祥市边境经济合作区	亿元	9.80	30.12	30.84	29.80	76	164.90
广西凭祥综合保税区	亿元	0.20	19.00	3.83	−9.18	45	−82.47
中国—马来西亚钦州产业园区	亿元	4.29	248.99	28.62	37.84	35	521.81
广西钦州保税港区	亿元	0.17	−12.13	14.63	324.07	—	—
广西钦州高新技术产业开发区	亿元	30.98	19.89	151.58	6.53	567	−59.37
广西来宾高新技术产业开发区	亿元	10.00	52.30	45.52	20.03	16	125.47

园区名称	单位	增加值	增长（%）	总产值	增长（%）	实际投资	增长（%）
柳州河西高新技术产业开发区	亿元	141.15	-10.09	564.62	0.69	151	-32.99
粤桂合作特别试验区	亿元	55.39	2.55	205.14	13.95	303	-0.55

资料来源：根据相关资料整理而来。

（四）新兴产业稳步发展

以重工业为主导，轻工业为辅，战略性新兴产业和高技术制造业增加值占比稳步提升。

1. 重工业产销占比逐步扩大，轻工业占比不断下降

初步测算，到 2018 年，轻工业增加值较 2016 年增长 5.6%，重工业增加值增长 4.4%，轻重工业总产值比重由 2013 年的 28.7∶71.3 调整为 24.9∶75.1，重工业比重提高 3.8 个百分点；轻重工业销售产值比重由 2013 年的 28.2∶71.8 调整为 24.5∶75.5，重工业比重提高 3.7 个百分点。轻重工业的严重失衡是制约广西工业高质量发展的关键因素，这意味着广西社会消费市场基本是被广西以外的企业所占领，加快发展以民生为导向的轻工业是广西实现工业高质量发展的关键突破口。

2. 传统产业占比依然较高，战略性新兴产业和高技术制造业增加值占比稳步提升，转型升级取得明显成效

初步测算，到 2018 年，七大重点产业总产值占全区工业总产值比重为 59.69%，较 2013 年减少 11.7 个百分点，传统产业占比有所下降，但比重仍偏高。高技术制造业增加值增长 11.6%，高技术产业增加值高于规模以上工业 6.9 个百分点。全年新能源汽车产值比上年增长 1.08 倍，电子元件增长 47.9%，锂离子电池增长 16.9%，光电子器件增长 53.5%。2000 亿元产业达到 4 个（冶金、汽车、石油化工、食品），其中食品产业突破 3000 亿元大关。新材料、先进装备制造等战略性新兴产业产业化进程加快。柳州汽车、玉林装备制造（内燃机）、百色生态型铝及北海、南宁、桂林电子信息等产业基地快速发展。2016 年，广西战略性新兴产业规模以上工业增加值占全区规模以上工业增加值的 8.2%，较 2015 年提高 2.6 个百分点，较 2014 年提高 0.6 个百分点。战略性新兴产业新产品产值 2176.7 亿元，占全区规模以上工业总产值的 8.9%，较 2015 年提高 3.5 个百分点。

（五）产业后劲稳步增强

受国内外市场因素影响，工业投资波动比较大，且集中在传统产业领域，新兴产业领域投资较少。近年来，在"稳增长"各种政策措施的刺激和扶持下，广西积极克服国内外经济下行压力和各种不利因素的影响，工业固定资产投资在逆境中保持了稳步发展的态势，投资规模稳步扩大，投资结构得到优化，工业固定资产投资的良好发展使得广西工业生产能力不断提高，园区基础设施建设加快推进。

1. 广西工业投资、制造业投资、更新改造投资增速波动较大

到2018年，工业投资较2017年增长12.2%，制造业投资较2017年增长22.5%，更新改造投资较2017年仅增长1.7%。全年高技术制造业投资比上年增长23.5%，装备制造业投资增长17.1%。2018年，千亿元工业产业达到10个，2000亿元工业产业达到4个。中石油钦州千万吨炼油厂、防城港红沙核核电站、柳州汽车城、富士康南宁科技园、中国联通南宁总部基地、源正新能源客车生产线、桂西华银铝、平果氧化铝、靖西信发铝、北海诚德镍铬合金冷轧工程、龙滩水电站、广西金川有色金属原料加工等一批重大项目相继建成投产，为广西工业转型升级发展提供了持续动力。

表 1-3 2013~2018 年广西工业领域投资情况分析

指　标	单位	2013 年	2014 年	2015 年	2016 年	2017 年	2018 年
工业投资	亿元	4778.8	5460.79	6390.8	6404.46	6831	—
工业投资增长	%	25.66	14.25	14.12	0.21	6.66	12.2
制造业投资	亿元	3885.52	4518.09	5253.40	5188.0	5585	—
制造业投资增长	%	27.09	16.28	16.27	-1.2	7.66	22.5
更新改造投资	亿元	4319.06	5038.93	5897.85	5681.63	4582.7	—
更新改造投资增长	%	30	16.7	17.05	-3.67	1.2	1.7

注：2017 年企业更新改造投资统计口径由全部企业调整为工业企业，数据有所变动。

2. 广西工业行业投资主要集中在传统产业领域，新兴产业投资偏少

2013 年以来，医药工业投资年均下降 25.77%，电力工业投资年均增长 14.97%。到 2017 年，有色金属投资较 2016 年增长 51.1%，汽车工业较 2016 年增长 16.3%，食品工业较 2016 年增长 11.96%，石油化工较 2016 年增长 14.15%，机械工业较 2016 年下降 0.84%，电子工业较 2016 年增长 58.5%，冶

金工业较 2016 年增长 6.57%。

表 1-4 2013~2017 年广西工业各行业投资情况分析

行 业	2017 年	增长(%)	2016 年	增长(%)	2015 年	增长(%)	2014 年	增长(%)	2013 年年均	年均增长(%)
有色金属	302.75	51.10	200.37	-26.25	271.70	12.71	234.19	-14.84	275.00	1.94
汽车工业	452.88	16.30	389.49	6.30	366.48	38.10	263.03	13.40	231.93	14.32
食品工业	821.84	11.96	734.03	12.58	652.02	9.30	559.10	12.67	496.23	10.62
石油化工	501.07	14.15	438.96	-8.22	478.28	16.03	398.92	-2.93	409.97	4.09
机械工业	896.86	-0.84	904.44	2.10	885.85	9.59	788.90	28.15	615.62	7.82
医药工业	138.77	15.30	120.33	-13.80	139.57	1.50	128.15	32.60	615.62	-25.77
电子工业	290.37	58.50	183.17	4.90	174.67	14.90	143.50	43.30	100.11	23.73
七个重点产业合计	3404.6	14.60	3474.41	0.07	3349.59	13.61	2881.55	4.72	2751.71	4.40
冶金工业	138.71	6.57	130.15	-33.13	194.64	-14.69	227.14	-6.44	242.78	-10.59
电力工业	697.00	3.00	676.97	35.20	500.63	19.70	410.26	18.20	347.01	14.97
建材工业	1055.8	1.84	1036.73	-5.89	1101.65	17.81	924.96	23.48	749.07	7.11
造纸与木材加工	744.23	-4.48	779.15	-1.02	787.17	12.68	691.54	17.76	587.23	4.85
纺织服装与皮革	221.18	-17.69	268.72	-0.37	269.70	12.12	231.03	19.13	193.94	2.66
煤炭工业	3.87	-19.20	4.79	-55.20	10.68	-15.20	11.27	-22.90	14.62	-23.35
其他工业	565.69	5.31	537.16	-3.69	557.77	22.87	448.80	7.21	418.62	6.21
总　计	6831	6.66	6404.46	0.21	6390.80	14.12	5460.79	14.25	4778.80	7.41

资料来源：2013~2017 年广西工业综合月报。

(六) 企业规模稳步壮大

企业规模发展步伐加快，战略性新兴产业企业快速成长。

1. 从企业结构来看，非公有经济、大中型企业规模总量和占比稳步增长，外商及港澳台企业发展滞后

2017 年，全区大中型企业总产值占全区工业总产值的比重达到 65.7%，较 2013 年提高 0.85 个百分点。国有企业工业总产值占比由 2013 年的 11.41% 下降

到1.55%，集体企业占比由1.02%下降到0.93%，股份合作企业占比由0.7%下降到0.09%，股份制企业占比由58.82%增加到75.8%，外商及港澳台企业占比由18.43%下降到18.12%，国有及国有控股企业占比由29.76%下降到27.60%，非公有经济占比由66.96%提高到69.83%。

表1-5 2013年、2017年广西各类型企业工业总产值占比情况

属　　性	2013年	占比（%）	2017年	占比（%）	增长（百分点）
国有企业	2076.86	11.41	419.31	1.55	-9.87
集体企业	186.15	1.02	251.74	0.93	-0.10
股份合作企业	127.74	0.70	23.41	0.09	-0.62
股份制企业	10704.24	58.82	20571.25	75.80	16.98
外商及港澳台企业	3354.23	18.43	4916.26	18.12	-0.32
其他经济类型企业	1748.46	9.61	956.47	3.52	-6.08
国有及国有控股企业	5415.26	29.76	7489.98	27.60	-2.16
非公有经济	12185.69	66.96	18951.61	69.83	2.87
大中型企业	11801.72	64.85	17829.73	65.70	0.85
总　　计	18197.67	100	27138.43	100	—

资料来源：2013～2017年广西工业综合月报。

2. 从企业类型来看，国有企业主导地位稳步增强，民营经济和外商经济发展滞后

2016年，广西国有控股企业572家，私营工业企业3013家，外商投资和港澳台商投资工业企业426家。国有控股工业企业数量明显少于广东、四川和云南，多于贵州，与重庆相比，国有控股工业企业数量多61家、私营工业企业数量少1229家、外商投资及港澳台投资工业企业数量多35家，与江西相比，国有控股工业企业数量多132家、私营工业企业数量少2620家、外商投资及港澳台投资工业企业数量多344家。私营经济和外资经济是当前广西发展的突出短板，必须进一步深化改革开放，在市场准入、民营经济、引进外资、保护外商投资合法权益、营造更加优越便利的营商环境等方面下功夫。

3. 从企业数量来看，"大企业顶天立地、小企业铺天盖地"的发展格局仍未形成

2017年，广西亿元以上工业企业突破3000家，500亿元以上企业5家，百亿

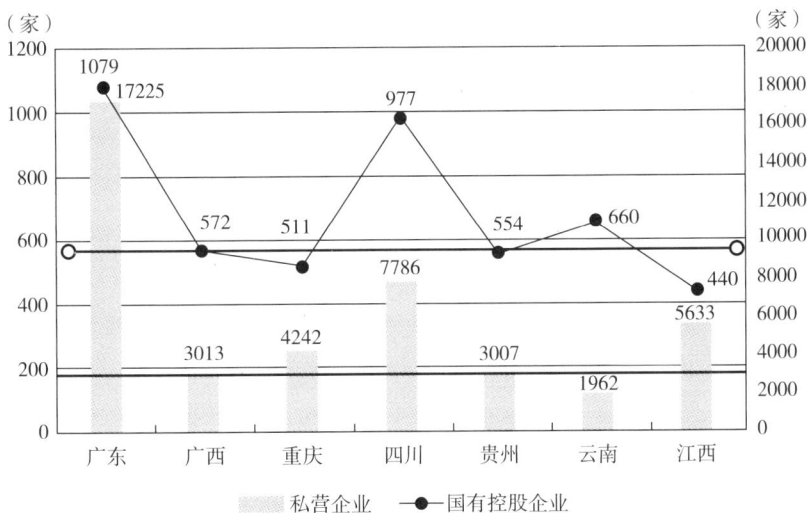

图 1-4　2016 年广西与部分省份国有控股企业和私营企业对比分析

元以上企业 26 家，6 家企业入围"2017 中国企业 500 强"榜单，数量位居西部第 5 位。2016 年，广西规模以上工业共有大型企业 193 家、中型企业 1277 家、小型企业 3836 家，分别占全国各类型企业数量的 2%、2.42%、1.26%。广西各类企业数量明显少于广东、多于贵州；与重庆相比，大型企业少 42 家、中型企业多 150 家、小型企业少 1156 家。大、中、小型企业分别实现主营业务收入 7693 亿元、7439 亿元、6958 亿元，各占规模以上工业总产值的 1/3 左右。全国大型工业企业占规模以上主营业务收入的 37.66%，广东、重庆大型企业产值占比分别为 44%、42%。

4. 战略性新兴产业企业稳步壮大，对工业增长的贡献率稳步增长，企业效益明显提高

到 2016 年，广西战略性新兴产业新产品产值 2176.7 亿元，占全区规模以上工业总产值的 8.9%，较 2015 年提高 3.5 个百分点；战略性新兴产业增加值增长 28.1%，高于全区规模以上工业增加值增速 20.6 个百分点，对规模以上工业增长的贡献率为 20.9%，拉动增长 1.56 个百分点。规模以上战略性新兴产业企业主营业务收入 5279.1 亿元，较 2015 年增长 14.7%，高于广西工业平均水平 5.7 个百分点；利润总额 281.1 亿元，增长 41.7%，高于平均水平 32.8 个百分点。战略性新兴产业产值超百亿元企业仅 1 家，超十亿元企业 34 家，规模以上工业企业 469 家，占全部规模以上工业企业的 8.5%。

表1-6 2012年、2016年广西与全国及部分省市大中小型企业发展情况对比分析

指标	年份	全国			广西			广东			重庆			贵州		
		大型企业	中型企业	小型企业	大型企业	中型企业	小型企业	大型企业	中型企业	小型企业	大型企业	中型企业	小型企业	大型企业	中型企业	小型企业
企业个数	2012年	9448	53866	280455	173	1178	3735	1383	9102	27326	197	979	3665	80	633	1966
	2016年	9631	52681	316287	193	1277	3836	1575	8880	31679	235	1127	4992	104	844	3196
主营业务收入（亿元）	2012年	384665	218357	326270	5446	5009	4750	43400	26778	25433	3335	3421	50	2769	2014	1760
	2016年	436445	286490	436064	7693	7439	6958	55406	33098	36146	9191	5796	6213	3281	33262	4030
占主营业务收入比重（%）	2012年	41.39	23.50	35.11	32.94	34.13	32.24	45	28	27	48	25	26	16	12	10
	2016年	37.66	24.72	37.62	34.60	33.46	31.30	44	27	29	42	27	29	14	14	17
	变动（百分点）	-3.74	1.22	2.51	1.67	-0.67	-0.94	-1.00	-1.50	2.30	-5.80	1.60	3.10	-2.10	2.20	7.00

注：①2018年全国、各省统计年鉴尚未发布；②广东、贵州2017年统计年鉴尚未公布；③广东、重庆、贵州相关数据采用2015年数据。

资料来源：①全国数据来源于2013年、2017年中国统计数据；②广西数据来源于2013年、2017年《广西统计年鉴》；③广东、重庆、贵州数据来源于2013年、2016年统计年鉴。

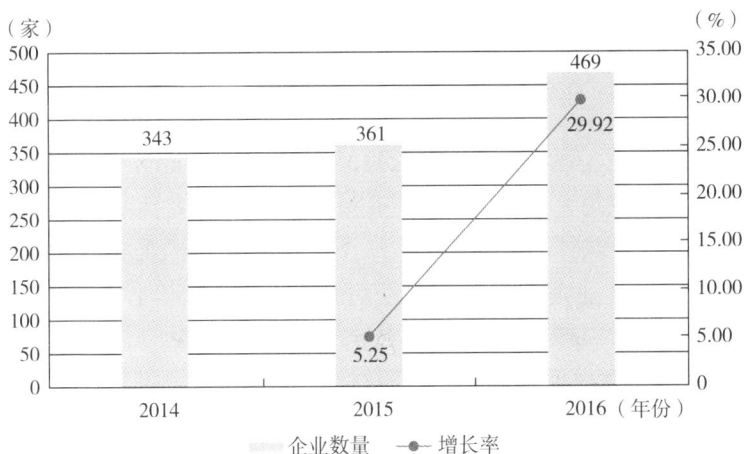

图1-5　2014～2016年广西战略性新兴产业企业增长情况

（七）高技术产品出口显著增长

以机电产品及高新技术产品为主导，受国外市场需求复苏拉动，劳动密集型产品出口大幅增长。2013～2018年，广西工业品出口交货值增速呈现U形发展，由2013年的702.01亿元提高到2018年的1175.03亿元，增长67.38%，机电产品及高新技术产品出口增势显著，传统劳动密集型产品出口恢复增长。其中，2018年机电产品出口964.95亿元，增长22.0%；高新技术产品出口425.51亿元，增长35.4%。

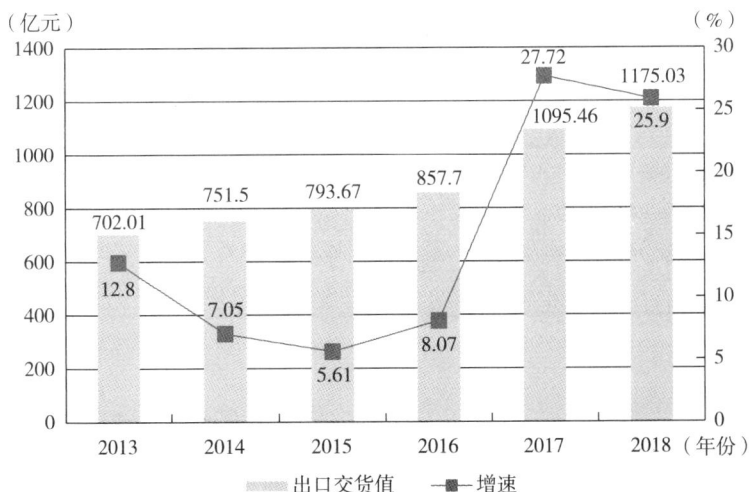

图1-6　2013～2018年广西工业品出口交货值分析

（八）创新能力显著增强

科技研发投入力度不断加大，创新发展能力不断增强。2018 年，开展 R&D 活动的规模以上工业企业法人单位 485 个，比 2013 年增长 6.4%，占全部规模以上工业企业法人单位的 8.1%。2018 年，规模以上工业企业法人单位 R&D 经费支出 89.1 亿元，比 2013 年增长 9.1%；R&D 经费与营业收入之比为 0.5%。2018 年，规模以上工业企业法人单位全年专利申请量 6239 件，其中发明专利申请 2559 件，分别比 2013 年增长 39.6% 和 14.5%；发明专利申请所占比重为 41.0%，比 2013 年减少 9 个百分点[①]。科技创新基础建设取得进展。在一些关键技术领域、特色产业领域、新兴技术领域建成了一批工程技术研究中心或实验室，包括国家非粮生物质能源工程技术研究中心、国家土方机械工程技术研究中心、有色金属及特色材料加工国家重点实验室、药用资源化学与药物分子工程国家重点实验室等国家级研发平台。产业自主创新取得重大突破。通过实施创新计划和重大科技攻关工程，攻克了一批重大共性关键技术，获得了一批具有自主知识产权的新产品。具有代表性的是铝电解预焙槽控制技术迈入世界先进行列，世界首台可再生空气混合动力柴油发动机、世界最大的机械式硫化机、我国最大轮式装载机等研制成功。

（九）产业政策显著完善

产业发展政策日趋完善，政策支撑能力不断增强。广西在创新发展、节能减排、循环经济发展等方面制定了一系列政策措施，为产业发展转型提供政策保障。在鼓励创新方面，制定了《广西科技创新"十三五"规划》，并提出到 2020 年，建成具有区域特色的广西创新体系，全社会创新创业环境明显优化，自主创新能力和产业竞争力大幅提升，科技支撑引领经济社会发展的能力显著增强，力争科技进步综合实力进入全国中等地区行列。在节能减排方面，设立了节能技术改造财政奖励资金，在冶金、有色、电力、制糖、建材、造纸等重点行业开展工业节能减排技术改造，包括燃煤工业锅炉（窑炉）改造、余热余压利用、生物质和可再生能源利用、电机系统节能和能源系统优化等。在循环经济方面，编制了《广西循环经济发展"十三五"规划》，提出到 2020 年，循环型产业形成较大规模，资源利用效率和再生资源利用水平进一步提高。在一些重点行业，还制定专门的政策措施，推动产业发展提升，如 2016 年制定的《广西糖业二次

---

① 数据来源：广西壮族自治区统计局。

创业总体方案（2015～2020年）》。2018年5月，召开全区工业高质量发展大会，在全国率先出台《关于推动工业高质量发展的决定》及相关配套文件，明确工业发展"强龙头、补链条、聚集群""抓创新、创品牌、拓市场"等主导方向。

二、存在问题及制约因素

（一）存在问题：五不优

1. 空间布局不优，沿海优势没有得到充分发挥

一是从产业布局来看，区域产业布局雷同，尤其是偏向中低端制造业，造成各市间竞争加剧、资源浪费，内耗过大，难以形成特色产业明显、主导产业突出的区域发展格局。通过分析北部湾经济区、左右江革命老区、西江经济带工业和信息化发展"十三五"规划的工业布局可知，在传统产业领域三大区域均涉及或提出发展石化、有色金属、建材、农林产品加工、食品等5个资源型产业，传统产业布局重叠率达到80%以上；战略性新兴产业领域均涉及或提出发展新材料、节能环保、生物医药、装备制造等4个产业，产业布局重叠率达到80%以上。区域间的产业布局重叠率过高，势必加剧区域间产业发展的同质化现象，造成竞争态势加剧、资源浪费，不利于区域间的协同互补发展。

表1-7　三大区域产业发展对比分析

地市	传统产业	战略性新兴产业
北部湾经济区	打造石化、电子信息、装备、轻工食品、有色金属、冶金、造纸和木材加工产业集群	重点发展新材料、节能环保、生物医药、新能源、新一代信息技术等产业
左右江革命老区	重点发展铝业、有色金属、制糖、石化、农林产品加工、建材等产业	重点发展新材料、新能源、节能环保、生物医药、先进装备制造等产业
西江经济带	重点发展食品、有色金属、冶金、建材、电力、石化等优势产业和汽车、机械、电子信息、生物医药等先进制造业	积极发展新材料、节能环保、生物医药、高端装备制造、新一代信息技术、节能和新能源汽车等产业

资料来源：北部湾经济区、左右江革命老区、西江经济带工业和信息化发展"十三五"规划。

二是从工业经济总量来看，北部湾经济区带动广西工业发展的核心主导作用尚未充分形成。2017年，北部湾经济区工业总产值达到10143.51亿元，较2016年增长17.44%，占全区工业总产值的37.43%。左右江革命老区工业总产值达到3166.82亿元，较2016年增长23.74%，占全区工业总产值的11.68%。西江经济带工业总产值达到13791.64亿元，较2016年增长14.09%，占全区工业总产值的50.89%。北部湾经济区上升为国家战略以来，国家和自治区出台了非常多的优惠政策，设立了北部湾投资集团、北部湾办等机构推动北部湾经济区发展，但北部湾经济区发展速度和发展成效未达到预期。

表1-8　2013年、2017年广西三大区域对比分析情况

名　　称	2013年			2017年		
	增加值增长（%）	总产值（亿元）	增长（%）	增加值增长（%）	总产值（亿元）	增长（%）
北部湾经济区	15.55	5951.56	18.86	11.02	10143.51	17.44
占全区比重（%）	—	32.74	—	—	37.43	—
左右江革命老区	10.53	1835.79	12.8	7.17	3166.82	23.74
占全区比重（%）	—	10.10	—	—	11.68	—
西江经济带	13.59	10388.93	14.3	6.8	13791.64	14.09
占全区比重（%）	—	57.16	—	—	50.89	—

资料来源：2013年、2017年广西工业综合月报。

三是北部湾经济区向海优势和战略支点作用尚未得到充分发挥。2019年，北部湾港货物吞吐量达到2.56亿吨，较2018年增长38.89%，在全国排17位，在广州港、深圳港之后。2013年以来，北部湾港货物吞吐量得到快速发展，但与深圳港相比差距依然明显，在总量方面北部湾港货物吞吐量仅增长0.69亿吨。北部湾港作为联通西南中南地区与东盟国家的门户枢纽港，国家和自治区支持北部湾经济区设立了南宁综合保税区、钦州保税区、北海出口加工区等海关特殊监管区促进北部湾港发展，但港口发展速度相对缓慢。一方面北部湾经济区作为全区工业发展的核心地位和主导作用尚未体现，港口自身货运量不够；另一方面北部湾港通关一体化、便利化等方面落后于湛江港、广州港，通关效率低下，造成中南西南地区甚至柳州、贺州、梧州、贵港等地工业企业货物通过广州港、湛江港将产品销往国外。

表 1 - 9 全国沿海港口吞吐量对比分析情况表

名称	单位	深圳港	广州港	湛江港	北部湾港
2013 年	亿吨	2.34	4.55	1.63	1.87
2014 年	亿吨	2.23	5	2.02	2.02
2015 年	亿吨	2.17	5.01	2.2	2.05
2016 年	亿吨	2.14	5.23	2.56	2.04
2017 年	亿吨	2.41	5.66	2.82	2.17
2018 年	亿吨	2.51	5.94	3.02	1.83
2019 年	亿吨	2.58	6.06	2.16	2.56
较 2018 年增长	%	2.79	2.02	28.48	39.89
近 5 年增量	亿吨	0.24	1.51	0.53	0.69
年均增速（%）	%	1.60	5.53	13.29	0.06

资料来源：2014~2019 年《中国统计年鉴》和交通部统计资料。

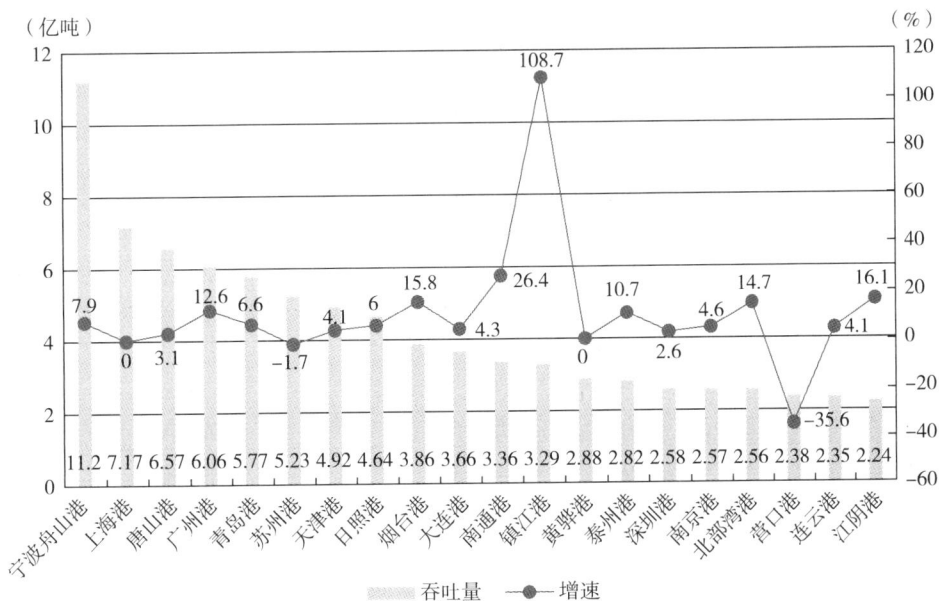

图 1 - 7 2019 年全国港口吞吐量前 20 位对比情况

四是产业布局比较分散、集聚发展水平不高。广西不同区域间的产业分工格局尚不合理，重复建设问题比较突出。工业发展普遍追求"大而全"，导致城市之间、园区之间缺少分工、衔接和合作，工业结构雷同。尤其在北部湾沿海地区，港口岸线资源开发缺乏统筹协作，导致重化工业项目重复布局。产业发展集聚水平不高，用地效益偏低。2018年，广西城市工业用地单位面积产出60亿元/平方公里左右，对比东部地区上海、深圳等发达城市，广西工业用地的产出水平亟待提高，部分落后地区亟待快速发展提升。相比工业分布集中的西江经济带和北部湾经济区，桂西资源富集区工业发展落后，2018年工业总产值仅占广西的16.18%，比土地和人口占比分别低20.44个百分点和3.36个百分点。相比工业较为发达的柳州、南宁、桂林三市，土地面积广大的百色市和河池市、人口众多的玉林市和贵港市工业总产值占比明显偏低。

表1-10　2018年广西各经济区及地市工业占比情况

地区	土地（平方公里）	占比（%）	户籍人口（万人）	占比（%）	工业总产值（亿元）	占比（%）
一、北部湾经济区	73379	30.88	2448.13	43.26	2759.07	43.80
南宁市	22099	9.30	770.82	13.62	780.32	12.39
北海市	3989	1.68	178.18	3.15	522.02	8.29
钦州市	10897	4.59	415.37	7.34	389.85	6.19
防城港市	6238	2.63	99.32	1.76	289.62	4.60
玉林市	12824	5.40	732.73	12.95	370.98	5.89
崇左市	17332	7.29	251.70	4.45	380.74	6.04
二、桂西资源富集区	87009	36.62	1105.61	19.54	1019.17	16.18
百色市	36201	15.23	420.96	7.44	458.04	7.27
河池市	33476	14.09	432.95	7.65	180.39	2.86
崇左市	17332	7.29	251.70	4.45	380.74	6.04
三、西江经济带	107397	45.20	3089.87	54.60	3298.71	52.36
柳州市	18597	7.83	390.47	6.90	1454.20	23.08
桂林市	27667	11.64	538.15	9.51	423.84	6.73
梧州市	12572	5.29	351.99	6.22	356.60	5.66
玉林市	10602	4.46	561.29	9.92	396.51	6.29
贵港市	12824	5.40	732.73	12.95	370.98	5.89
贺州市	11753	4.95	245.91	4.35	131.03	2.08
来宾市	13382	5.63	269.33	4.76	165.54	2.63

资料来源：《广西统计年鉴》（2019）。

2. 产业结构不优，产业链条不长，且呈现"重工业更重，轻工业更轻"的发展特征

一是轻重工业发展不平衡，"重工越重，轻工越轻"。2000 年以来广西重工业发展步伐远超过轻工业，轻、重工业比重由 2000 年的"五五开"变动为 2017 年的"三七开"，轻工业发展严重不足。我国高度重视轻工业发展，2009 年国务院出台了《轻工业调整和振兴规划》，2016 年工信部出台了《轻工业发展规划（2016～2020 年）》，中西部省份借此加快布局轻工业，抢占市场先机。重庆、贵州等地紧抓国内消费电子信息产业转移机遇和发展趋势，安徽、江西、湖南等地紧抓长三角、珠三角经济圈家电等轻工业转移，着力承接发展轻工业。广西轻工业基础较好，具备发展轻工业的区位交通和靠近东盟市场的条件，特别是相邻的广东省服装纺织、家电、电子等轻工业十分发达，近年来在产业"腾笼换鸟"过程中形成大量的轻工业向外辐射和转移，但广西未能将产业转移与轻工业振兴发展有效结合起来。2018 年，广西轻重工业产值结构调整到 24.9∶75.1。

表 1-11　广西及相关省份轻、重工业产值结构

地区	2000 年	2005 年	2010 年	2015 年	2016 年	2017 年
广西	47.9∶52.1	39.7∶60.3	33.1∶66.9	30.2∶69.8	29.6∶70.4	27.2∶72.8
广东	47∶53	43.7∶56.3	40.6∶59.4	37.2∶62.8	35.6∶64.4	35.2∶64.8
重庆	34.1∶65.9	34.2∶65.8	30.1∶69.9	25.8∶74.2	25.7∶74.3	约 26∶74
贵州	37.9∶62.1	30.9∶69.1	21.8∶78.2	25.6∶74.4	38.7∶61.3	39.7∶60.3

资料来源：各省历年统计年鉴。

二是重工业附加值低，轻工业"断层缺位"严重。虽然广东、重庆、贵州也以重工业为主导，但以消费品工业为核心的轻工产业链完整、高附加值轻工产业快速发展，而广西轻工业内部结构"断层缺位"严重，主要集中在食品、造纸、纺织、建材等少数行业，高端服装、高端家用电器、智能手机、集成电路等高附加值轻工业几乎空白，这一点与经济严重失速的东北地区如出一辙。与重庆、贵州、安徽相比，2016 年广东省家电产量在全国遥遥领先，重庆市电冰箱、空调、洗衣机产量均排全国前 10 位，贵州省电冰箱年产量超过 146.99 万台、排全国第 7 位；作为新产品代表的手机，广东省产量 8.4 亿台，占全国近一半，重庆市 1.89 亿台，排第 2 位。2016 年，广西手机产量仅 545.68 万台，相当于同年广东的 0.5% 和重庆的 2%，广西的微型电子计算机设备产量仅 0.56 万台，集成电路没有产量。

表 1-12　2016 年与部分省市高附加值轻工产品产量比较分析

地区		家用电冰箱（万台）	房间空气调节器（万台）	家用洗衣机（万台）	移动通信手持机（万台）	微型计算机设备（万台）	集成电路（亿块）	彩色电视机（万台）
东部地区	广　东	1628.45	6187.43	677.42	84079.09	5248.95	364.92	10758.27
	江　苏	1258.12	776.5	—	13898.13	7746.45	564.2	3375.27
	浙　江	—	1613.2	—	5317.6	204.1	65.4	722.2
	山　东	888.4	1060.8	666.7	3254.1			1695.2
中部地区	安　徽	2631.1	3210.3	2126	—			2289.2
	江　西	89.13	582.48		—			23.21
西部地区	重　庆	—	1848.86	—	18868.17	7074.08		19080
	四　川	85.3	263.2	—	9437			1001.5
	贵　州	143.12	—	—	1956		0.38	132.74
广　西					545.68	0.56		—

资料来源：《中国统计年鉴》（2019）。

3. 动能转换不优，升级步伐缓慢，新兴产业培育不足

一是高新技术产业和战略性新兴产业占比偏低，与发达地区差距依然明显。近年来广西高新技术产业快速发展，增加值占规模以上工业增加值比重由 2000 年的 5% 左右提高到 2018 年的 6.2%，但与发达省区差距依然明显。与重庆、湖南、贵州等中西部地区相比，2017 年广西高新技术产业占规模以上工业增加值比重分别少 9.2 个百分点、3.5 个百分点、0.3 个百分点。2016 年广西规模以上战略性新兴产业企业数仅占全部规模以上工业企业的 8.1%，较重庆市低 2.5 个百分点。按照全国统一口径，规模以上战略性新兴产业工业增加值仅占全区规模以上工业增加值的 6.9%。

表 1-13　2017 年广西与全国及部分省市高新技术产业发展对比分析

指　标	单位	全国	广西	广东	浙江	重庆	贵州	湖南
高新技术产业增加值	亿元	—	640.97	9516.92	6108.12	—	348.69	1341.98
高新技术产业增加值增速	%	13.4	15.4	13.2	11.2	24.9	39.9	15.9
高新技术产业占规模以上工业增加值比重	%	12.7	7.8	28.8	42.3	17	8.1	11.3

资料来源：相关地区国民经济和社会发展统计公报。

二是高新技术产业规模、增速与广东、贵州、重庆、湖南等地区差距明显。从广西高新技术产业的总产值、企业数量、从业人员、主营业务收入等指标看，处于全国后列，不仅远落后于第一梯队的广东、江苏，与第二梯队的重庆、江西、四川、安徽等相比，也有很大差距。2017年广西高新技术企业1229家，在全国排第19位；高新技术产业增加值占规模以上工业增加值的比重为9.05%，低于全国3.65个百分点，分别低于广东、浙江、重庆19.75个百分点、32.25个百分点、7.95个百分点；发展速度高于全国2个百分点，分别低于重庆、贵州9.5个百分点、24.5个百分点。

表1-14　2017年全国各省区市高新技术企业数量对比分析

排名	省份	高新企业数量	排名	省份	高新企业数量
1	广东	33356	17	江西	2134
2	北京	20297	18	云南	1250
3	江苏	13278	**19**	**广西**	**1229**
4	浙江	9174	20	山西	1198
5	上海	7668	21	重庆	1182
6	湖北	5177	22	黑龙江	939
7	安徽	4325	23	贵州	702
8	山东	4246	24	甘肃	623
9	天津	4129	25	内蒙古	566
10	四川	3595	26	新疆	543
11	湖南	3211	27	吉林	526
12	河北	3199	28	海南	277
13	福建	3097	29	青海	145
14	辽宁	2600	30	宁夏	96
15	河南	2329	31	西藏	27
16	陕西	2229			

资料来源：《中国科技统计年鉴》（2017）及科技部网站资料。

三是战略性新兴产业新产品生产供给能力偏弱，与全国多数省份相比，处于低端产业比重较高、高端技术较弱、产品附加值偏低的状态，尚未形成高附加值、高效益的发展格局。2018年，广西工业企业新产品开发项目数为3444项，在全国排第21位；新产品销售收入1833.59亿元，在全国排第20位。以2016年数据为准，广西战略性新兴产业新产品产值 2176.7 亿元，占全部规模以上工业总产值的 8.9%。全区新能源汽车产量 1.6 万辆，而重庆达到 80 万辆；重庆的微型计算机和平板电脑，四川的数控设备、移动基站设备、传感器，陕西和贵州的集成电路等产品产量均取得高速增长。新一代信息技术产业以来料加工附加值含量较低的电子终端组装为主，高附加值产品占比不足。按照最新战略性新兴产业分类目录（工业部分）分类，在全部七大类 70 小类中，广西涉及或接近的产品只有 27 个小类，产品分布面偏窄；从国家 15 类主要工业新产品产量看，广西除生产太阳能电池、智能手机、新能源汽车和城市轨道车辆等产品外，石墨稀、工业机器人、3D 打印设备、集成电路、光纤光缆等其他新产品全部处于空白状态，产品结构单一；在广西 239 种名牌产品中，属于战略性新兴产业新产品的只有 15 种。

表 1-15　2018 年广西与全国各省区市新产品对比分析

排序	地区	新产品开发项目数（项）	新产品销售收入（亿元）	排序	地区	新产品开发项目数（项）	新产品销售收入（亿元）
1	广东	121523	39376.06	17	四川	13962	3576.34
2	江苏	80921	28425.04	18	陕西	6103	2033.36
3	浙江	87445	23308.16	19	山西	3913	1941.30
4	山东	40440	15246.50	**20**	**广西**	**3444**	**1833.59**
5	上海	18259	9796.73	21	吉林	2842	1347.50
6	安徽	25728	9532.39	22	内蒙古	1686	1028.26
7	湖北	15372	8862.97	23	云南	4150	928.83
8	河南	16230	7688.20	24	贵州	3102	746.99
9	湖南	15020	7616.24	25	黑龙江	3036	561.38
10	福建	18067	5300.90	26	宁夏	1350	482.65
11	河北	11449	5228.87	27	新疆	936	432.86
12	辽宁	9876	4556.76	28	甘肃	1279	275.13
13	江西	15614	4511.79	29	青海	195	123.27
14	重庆	12812	4216.31	30	海南	706	105.31
15	北京	11010	4136.62	31	西藏	38	18.11
16	天津	11797	3855.66	—	—	—	—

资料来源：《中国统计年鉴》（2019）。

4. 企业层次不优，尚未形成"大企业顶天立地、小企业铺天盖地"发展格局

缺乏现代龙头带动示范型企业，现有龙头企业发展质效偏低，民营企业发展严重滞后。大中型企业数量偏少，带动能力偏弱，尚未形成"大企业顶天立地、小企业铺天盖地"的发展格局。2018 年，广西大中型企业数量在全国排第 13位，主营业务收入在全国排第 19 位，利润总额在全国排第 20 位，利润率在全国排第 17 位，平均主营业务收入在全国排第 28 位。大中型企业为 1418 家，占全国的 2.41%，而广东为 10303 家，占全国的 17.38%。广西大中型企业资产总计仅占全国的 1.48%，而广东大中型企业资产总计占全国的 11.62%。大中型企业利润率低于贵州 6.02 个百分点、浙江 1.1 个百分点，企业平均主营业务收入低于新疆、海南、江苏、安徽等省份。进入 2018 年中国制造业 500 强的 10 家龙头企业以钢铁、机械、汽车等传统产业为主。规模以上工业企业仅占全国的 1.6%，居全国第 17 位。占广西规模以上工业企业数 23.06% 的农副食品加工和木材加工业企业，资产总计占全区的 12.05%，占全区规模以上工业企业数 29.86% 的六大高耗能行业企业，资产总计占比高达 46.81%。电子、机械和汽车制造等宜于发挥规模效益的产业，企业数只占 11.98%，资产总计仅占全区的 16.06%（2016 年）。与全国及发达省份相比，广西民营经济欠发达、企业数量少规模小，经济增长依赖大中型企业支撑。广西大中型企业的产值规模总体较小，强优企业数量偏少是突出短板，下一步必须着力增强各类市场主体活力，积极培育并推动企业做大做强，特别是须加强对中小企业发展的支持，注重培育一批"隐形冠军"和"单项冠军"企业。

表 1-16 2018 年广西与相关省区市大中型企业对比分析

年 份	企业单位数 （个）	主营业务收入 （亿元）	利润总额 （亿元）	利润率 （%）	企业平均主营业务 收入（亿元）
广 东	10234	100547.4	6587.4	6.55	9.82
江 苏	6790	84414.6	5864.3	6.95	12.43
浙 江	4748	40573.3	3080.1	7.59	8.55
江 西	1775	18400.3	1240.9	6.74	10.37
安 徽	1595	20991.4	1358.4	6.47	13.16
广 西	**1418**	**12669.2**	**821.8**	**6.49**	**8.93**
重 庆	1282	13021.6	656.8	5.04	10.16
贵 州	546	5426.4	679	12.51	9.94

续表

年　份	企业单位数（个）	主营业务收入（亿元）	利润总额（亿元）	利润率（%）	企业平均主营业务收入（亿元）
云　南	578	8973.8	613.9	6.84	15.53
新　疆	408	7946.2	593	7.46	19.48
甘　肃	251	7757.1	225.1	2.90	30.90
海　南	84	1756.7	106.7	6.07	20.91

资料来源：《中国统计年鉴》（2019）。

5. 发展质效不优，产业效率偏低，产品价值不高

一是以低端产业和低技术、低附加值产品为主的产业结构特征明显，旧动能潜力不足，新动能尚未形成。在 39 个工业行业中，占比居前十名的依次是汽车制造业、黑色金属冶炼及压延加工业、农副食品加工业、非金属矿物制品业、计算机通信和其他电子设备制造业、有色金属冶炼及压延加工业、电力热力的生产和供应业、化学原料及化学制品制造业、木材加工制品业、电气机械及器材制造业。到 2017 年，十大支柱产业产值占全区工业总产值的比重由 2010 年的 72.5%下降到 71.45%，基本没有发生大的变化。汽车、电子设备两大优势产业与其他省市比较来看，汽车制造业增加值增长 5.1%，而重庆、贵州分别增长 6.2%、19.1%；广西计算机通信和其他电子设备制造业增长 19.7%，而重庆、贵州分别增长 27.7%、86.3%。"十二五"以来，广西工业结构调整仍然偏重于做强原有体系，能够撬动旧格局的新动能依然不足。

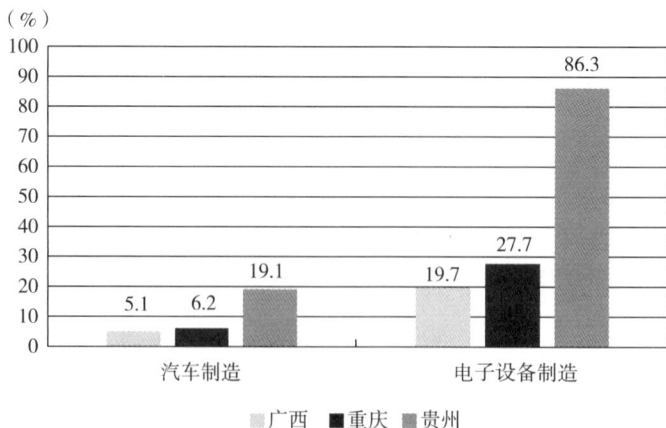

（%）

图 1-8　2017 年广西与重庆、贵州部分产业增加值增速对比分析

二是广西工业十大支柱产业中，多数属于低端低效的原材料行业。列入国家装备制造业的 180 种工业产品中，广西具有生产能力的仅 93 种。而国家大力提倡发展的先进装备制造业分量不足，只有汽车、计算机通信电子设备、电气机械及器材三个行业入围，2016 年三个行业总产值占全区工业总产值比重仅 21.5%。对标重庆市，前十大支柱产业中四个先进制造业占工业总产值比重达到 50.75%。

表 1-17 广西与重庆市十大主导产业对比分析（2016 年）

广西		重庆	
十大主导产业	占工业比重（%）	十大主导产业	占工业比重（%）
传统产业				
黑色金属冶炼及压延加工业	10.90	黑色金属冶炼及压延加工业	2.51
农副食品加工业	10.49	农副食品加工业	4.56
非金属矿物制品业	7.71	非金属矿物制品业	5.30
有色金属冶炼及压延加工业	5.97	有色金属冶炼及压延加工业	3.41
电力热力的生产和供应业	4.60	电力热力的生产和供应业	3.17
化学原料及化学制品制造业	5.28	化学原料及化学制品制造业	4.00
木材加工制品业	5.01	—	—
合计	49.95	合计	22.95
汽车制造业	10.85	汽车制造业	22.34
计算机通信电子设备	6.31	通信设备计算机及其他电子设备制造业	16.83
电气机械及器材	4.34	电气机械及器材制造业	4.98
—	—	铁路船舶航空航天和其他运输设备制造业	6.59
合计	21.50	合计	50.75

注：表格左侧分为"传统产业"和"先进制造业"两类。

资料来源：《广西统计年鉴》（2017）、《重庆统计年鉴》（2017）；2018 年重庆数据部分具备，广西数据缺失，故采用 2016 年数据进行对比。

三是资源依赖程度过高、原材料产业比重过大。广西资源依赖型产业比重偏大，全区工业结构不合理，产业层次不高，发展方式比较粗放，高耗能产业占比明显偏高，结构调整和优化升级任务艰巨。2017 年，石油加工炼焦及核燃料加工业、化学原料及化学制品制造业、非金属矿物制品业、黑色金属冶炼及压延加工业、有色金属冶炼及压延加工业、电力热力的生产和供应业等高耗能行业产值占广西规模以上工业的 37.5%。这些产业面临产能过剩和淘汰落后产能的巨大压力，发展前景不容乐观。农副食品加工业，食品制造业，烟草制品业，木材加工及木、竹、藤、棕、草制品业，造纸及纸制品业等资源加工型产业，占规模以上工业的25%。

（二）制约因素：一不优二不强三不足

1. 发展环境不优，缺乏项目培育引进竞争力

当前，全国范围内工业招商引资竞争激烈，面对其他省区"抢商抢资"的态势，广西工业发展生产要素成本偏高、政策优势并不明显、政务环境不优等问题突出，严重制约招商引资。工业园区规划编制仍不完善，城市规划、土地规划不相协调问题普遍，基础设施建设滞后、产城融合推进缓慢。工业用电成本过高，与周边省份相比，广西220千伏及以上大工业用电约为0.53元/千瓦时，贵州为0.44元/千瓦时，云南约为0.39元/千瓦时。工业用天然气门站价相对较高，广西为1.89元/立方米，贵州为1.60元/立方米。在"五险一金"费率方面，广西比广东高。政策组合叠加优势和政策红利未充分释放，政策制定、落地与产业发展之间协调配合还不完善。工业项目审批前期手续办理环节多、程序多、时间长，与项目审批有关的中介服务机构监管不到位等问题突出。

表1-18　广西与周边省份工业生产环境比较（2016年）

地区	广西	广东	贵州	云南
大工业用电（元/千瓦时）	0.53	0.62	0.44	0.39
天然气门站（元/立方米）	1.89	2.03	1.60	1.61

资料来源：调研统计数据。

表1-19　广西与广西五险一金缴纳比例比较（2016年）

地区	广西	广东
养老保险	单位14%~21%，个人8%	单位11%~20%，个人8%
医疗保险	单位4%~9%，个人2%~4%	单位4.5%~10%，个人2%
工伤保险	单位0.5%~1%	单位0.25%~0.75%
失业保险	单位2%，个人1%	单位1%~2%，个人1%
生育保险	单位0.9%~1%	单位0.5%~0.85%
住房公积金	（不超过12%，单位个人各50%）	（不超过12%，单位个人各50%）

资料来源：调研统计数据。

2. 投资意愿不强，缺乏高质量发展后劲

一是民间投资意愿不强。广西仍处于投资拉动经济增长阶段，投资作用仍然十分关键。当前全球经济仍处于深度调整和再平衡阶段，国内经济下行压力依然较大。广西工业发展受产能过剩矛盾突出、产品价格下滑甚至倒挂、市场需求不足、融资难融资贵、工业投资效率偏低等多重因素综合叠加影响，工业领域投资增速明显放缓，民间投资意愿有所减弱，工业发展缺乏强劲动力支撑、后劲不足。根据广西统计局数据，2018年全区工业固定资产投资总额为7664.43亿元，较2017年增长12.2%，略高于同期全社会固定资产投资增速10.2%。2010年工业固定资产投资占全区固定资产投资的比重为44.12%，2018年已回落至34.05%，下滑了10.07个百分点。

表1-20 广西民间投资贡献率变化

时间		民间投资贡献率（%）	时间		民间投资贡献率（%）
2011年	1~6月	68.5	2014年	1~6月	77.9
	1~12月	67.7		1~12月	75.9
2012年	1~6月	75.5	2015年	1~6月	63.0
	1~12月	73.4		1~12月	59.0
2013年	1~6月	75.0	2016年	1~6月	35.6
	1~12月	81.3			

二是项目建设难度加大。受经济增速放缓、市场约束强化、预期收益下降、融资成本上升等因素影响，大规模投资及项目建设的难度逐步加大。由于一批重大项目陆续竣工投产，现有重大项目建设的拉动作用明显降低，投资增长已经呈现乏力态势。自2010年以来，广西全社会固定资产投资增速呈现连年下跌趋势，2018年增速仅有10.2%，相比2010年下降27.5个百分点。年均工业固定资产投资增速为20.1%，呈下滑态势。分区域来看，2018年桂西资源富集区完成投资2671.31亿元，同比增长0.8%；北部湾经济区完成投资7886.18亿元，同比增长10.0%；西江经济带完成投资13668.72亿元，同比增长14.4%[①]。固定资产投资区域性差异不断拉大。

---

① 数据来源：广西壮族自治区统计局。

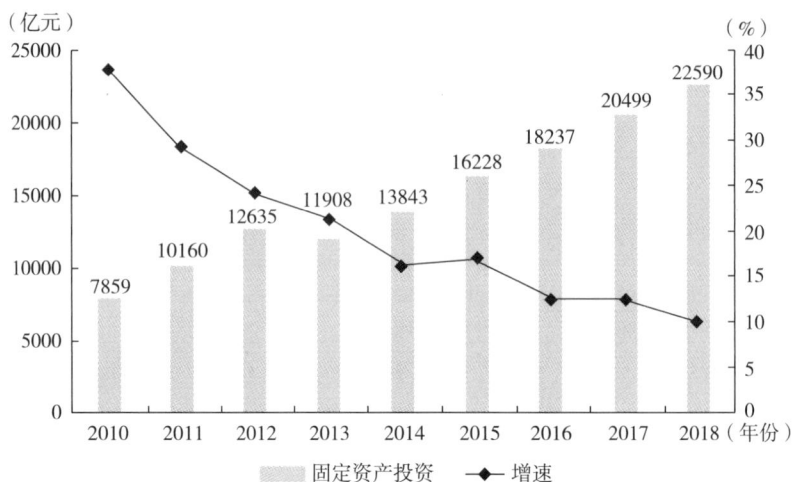

图 1 – 9　2010～2018 年广西全社会固定资产投资增长情况

3. 创新能力不强，缺乏高质量发展关键保障

工业发展研发投入强度弱、研发机构缺少等问题成为制约广西工业高质量发展的关键。2018 年，广西规模以上工业企业 R&D 人员数量、R&D 经费、R&D 项目数量、R&D 强度分别在全国排第 22 位、第 22 位、第 21 位、第 27 位，处于中下游区间（见表 1 – 21），与发达地区相比，技术创新能力不强仍是制约广西工业转型升级和高质量发展的关键问题。广西 R&D 人员全时当量为 1.72 万人年，仅为全国的 0.6%，远远低于广东的 62.20 万人年，与重庆 6.20 万人年、湖南 10.28 万人年和四川 7.78 万人年的水平存在显著差距。R&D 经费为 89.1 亿元，仅占全国的 0.69%，远远低于广东的 2107.2 亿元，与重庆 299.2 亿元、湖南 516.72 亿元和四川 342.39 亿元的水平亦存在显著差距。有效发明专利数为 6846 件，仅占全国的 0.63%，远远低于广东 32.85 万件的水平，与重庆 17579 件、湖南 33659 件和四川 35959 件的水平亦存在显著差距。显然，广西的工业技术水平发展基础已落后于中西部先进省区，技术水平落后导致资源精深加工能力不强，资源转化率低，绝大多数资源型产业停留在原料采掘、初级加工层次上。同时，技术创新能力不足导致高新技术产业发展滞缓。2018 年，广西规模以上工业企业新产品开发项目数仅占全国的 0.62%，工业转型进展较为滞缓。拥有技术研发机构的大中型企业仅为 113 家，占全区大中型工业企业数量（1418 家）的 7.96%。

表 1-21　各省区规模以上工业企业 R&D 活动情况统计（2018 年）

序号	地区	R&D 人员（人）	R&D 经费（万元）	R&D 项目数（个）	R&D 强度（%）	序号	地区	R&D 人员（人）	R&D 经费（万元）	R&D 项目数（个）	R&D 强度（%）
1	北京	46929	2740103	7039	1.25	17	湖北	105041	5255194	13574	1.21
2	天津	53280	2528761	11440	1.40	18	湖南	102800	5167217	15311	1.46
3	河北	68956	3819916	9921	0.97	19	广东	621950	21072031	76985	1.53
4	山西	27228	1312531	3243	0.66	20	**广西**	**17228**	**891031**	**2884**	**0.47**
5	内蒙古	15777	1033594	2318	0.72	21	海南	1971	113708	548	0.51
6	辽宁	53133	3006014	9225	1.08	22	重庆	61956	2992091	12484	1.49
7	吉林	11124	575015	1715	0.40	23	四川	77848	3423923	11779	0.83
8	黑龙江	13110	605680	2631	0.65	24	贵州	20041	762280	2860	0.80
9	上海	88016	5548768	12442	1.39	25	云南	24048	1070172	4216	0.78
10	江苏	455530	20245195	72426	1.53	26	西藏	326	8625	35	0.33
11	浙江	394147	11473921	77940	1.61	27	陕西	39315	2165554	4470	0.92
12	安徽	106744	4973027	16695	1.24	28	甘肃	8026	476151	1305	0.53
13	福建	120723	5249417	18716	1.01	29	青海	1157	67716	220	0.30
14	江西	67394	2677714	13658	0.83	30	宁夏	7060	369910	1739	0.83
15	山东	236515	14184975	46625	1.47	31	新疆	5806	448779	1081	0.42
16	河南	128054	5289250	16774	1.11	—	—	—	—	—	—

资料来源：《中国统计年鉴》（2019）。

4. 人才支撑不足，缺乏高质量发展核心要素

根据广西壮族自治区统计局统计数据，全区制造业实际从业人员数量约为160万人，大量制造业从业人员分布在非城镇地区的中小微企业内部，人才分布十分分散，极大影响了制造业人口规模的集聚发展。在人才结构上，截至2016年，广西全部就业人口中，未上过学、小学、初中、普通高中、中等职业教育、高等职业教育、大学专科、大学本科、研究生的比例为 1.7∶19.2∶50.0∶9.3∶5.1∶1.3∶8.1∶5.0∶0.4，受教育程度明显偏低。作为后发展欠发达地区，人才紧缺是广西发展最大的制约因素，全区工业发展不仅缺乏引领技术进步的创新人才、领军人才、尖子人才，也缺乏推动产业变革所急需的高技能人才、企业经营管理人才。

5. 专业支撑不足，缺乏高质量发展基础支撑

广西工程领域学科建设仍不完善，存在门类不全、学科不强、布局不合理等多方面的问题，极大制约了工业研发创新和高质量发展。根据教育部第四轮工学

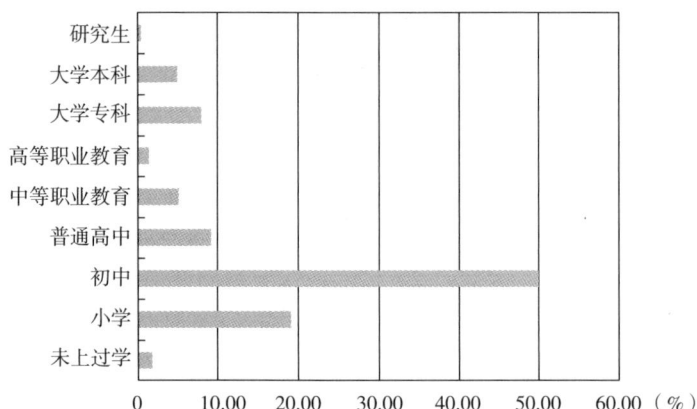

图1-10 广西就业人员受教育程度统计

学科评估结果，国家划分的37个工学学科中，广西仅拥有13个，缺失24个。广西高校工程学科评估等级中，获评A类的没有，主要为B、B-、C、C+、C-类，学科等级相对较低（见表1-22）。在高校学科设置与地方产业布局方面，工科院校高度集中在南宁、桂林两市，柳州、北海、玉林、梧州、百色、钦州等院校尚未形成高质量的工科学科。

表1-22 广西高校第四轮工学学科评估结果汇总表

一级学科		高校名称	评估结果	排名区间
代码	专业			
0802	机械工程	桂林电子科技大学	B-	59~75
		广西大学	C	95~115
0804	仪器科学与技术	桂林电子科技大学	B-	22~29
0805	材料科学与工程	桂林电子科技大学	C	87~104
		桂林理工大学	C	87~104
		广西大学	C-	105~125
0806	冶金工程	—	—	—
0807	动力工程及工程热物理	—	—	—
0808	电气工程	广西大学	C+	34~43
0809	电子科学与技术	桂林电子科技大学	C	54~63
0810	信息与通信工程	桂林电子科技大学	B-	43~55

一级学科		高校名称	评估结果	排名区间
代码	专业			
0811	控制科学与工程	—	—	—
0812	计算机科学与技术	广西大学	B −	72～95
		桂林电子科技大学	B −	72～95
		广西师范大学	C +	96～121
		桂林理工大学	C −	143～167
0813	建筑学	—	—	—
0814	土木工程	广西大学	B −	41～53
		桂林理工大学	C	68～81
0815	水利工程	—	—	—
0816	测绘科学与技术	桂林理工大学	C −	21～22
0817	化学工程与技术	广西大学	B	30～44
0818	地质资源与地质工程	—	—	—
0819	矿业工程	—	—	—
0820	石油与天然气工程	—	—	—
0821	纺织科学与工程	—	—	—
0822	轻工技术与工程	广西大学	C +	10～12
0823	交通运输工程	—	—	—
0824	船舶与海洋工程	—	—	—
0825	航空宇航科学与技术	—	—	—
0826	兵器科学与技术	—	—	—
0827	核科学与技术	—	—	—
0828	农业工程	—	—	—
0829	林业工程	—	—	—
0830	环境科学与工程	桂林理工大学	B	32～46
		广西大学	C	78～93
		广西师范大学	C −	94～110
0831	生物医学工程	—	—	—
0832	食品科学与工程	—	—	—
0833	城乡规划学	—	—	—
0834	风景园林学	—	—	—

续表

一级学科		高校名称	评估结果	排名区间
代码	专业			
0835	软件工程	广西师范大学	B −	50 ~ 67
		广西大学	C +	68 ~ 82
		桂林电子科技大学	C +	68 ~ 82
		桂林理工大学	C −	102 ~ 117
0837	安全科学与工程	—	—	—

注："—"表示缺失学科。

资料来源：教育部学位与研究生教育发展中心2017年评估报告。

6. 工业贡献不足，主导产业作用弱化

一是工业对经济发展贡献。通过研究广西工业发展对经济增长的贡献率可以直观地看出工业对经济增长发挥的作用。2000 ~ 2018 年，工业对广西经济增长贡献率总体呈倒"V"形曲线（见图1 – 11），从2000年到2010年工业对经济增长贡献率逐渐提高，到2010年达到最高值55%，之后逐步开始下滑，到2018年工业对经济增长贡献率为22%。工业对经济增长贡献率的曲线与广西工业发展的实际情况相一致。自改革开放以来，广西高度重视工业的发展，提出了一系列的工业发展战略。从2000年到2010年工业总体发展稳中向好，主导作用日益凸显。2010年以后，工业快速发展的一些结构问题、发展方式问题日益凸显，"转

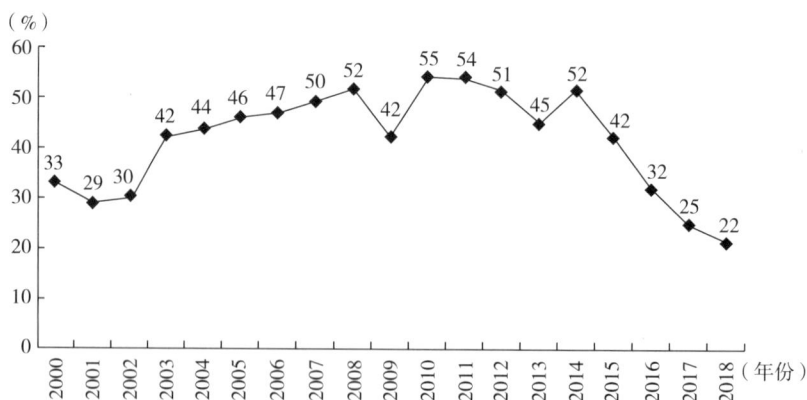

图1 – 11　2000 ~ 2018年广西工业对经济增长贡献率

方式、调结构、促增长"成为工业发展的主基调,特别是 2015 年之后提出供给侧结构性改革,广西工业结构进一步优化调整,大力发展新型产业,工业主导作用得到进一步优化。

二是工业细分产业贡献情况。基于前述分析可知,2000 年以来工业对经济增长贡献率总体呈倒"V"形曲线,工业的主导作用不断得到优化,由"量"的主导转变为"质"的主导。那么,具体每一个工业行业的主导作用如何呢?从单位产值财税贡献率和单位产值就业贡献率两个维度可以评价各个细分的工业行业主导作用的基本情况。

表 1-23 广西 2005 年、2010 年、2016 年工业细分行业单位产值贡献率统计表①

行业类	单位产值财税贡献率（%）			单位产值就业贡献率（%）		
	2005 年	2010 年	2016 年	2005 年	2010 年	2016 年
汽车制造业	8.721	3.123	2.243	1.532	0.896	0.533
机械行业	10.772	2.412	1.140	2.821	1.365	0.409
电子信息行业	3.557	0.861	0.818	2.769	2.840	0.572
医药制造行业	16.158	4.897	3.587	4.497	2.227	0.889
纺织服装行业	5.519	1.539	2.826	17.230	3.622	1.332
皮革加工行业	3.069	2.197	2.505	4.451	4.349	2.437
造纸及纸制品业	4.400	3.329	3.184	5.265	2.461	0.986
木材加工行业	8.344	2.495	2.176	7.067	2.808	1.099
电力行业	13.391	5.264	6.156	2.341	1.423	0.977
建材行业	8.279	4.256	2.975	9.430	2.525	1.059
有色金属行业	11.914	3.902	1.934	2.731	0.986	0.320
冶金行业	1.906	2.233	2.316	1.959	0.726	0.322
石油行业	11.823	4.415	8.889	0.670	0.123	0.075
化学及制品行业	7.847	2.210	2.240	4.029	1.779	0.688
食品行业	13.405	2.838	2.894	1.805	2.719	0.768
烟草制品业	47.623	12.207	9.722	0.465	0.279	0.170
高端装备制造业	—	—	2.026	—	—	1.308
废弃资源综合利用业	—	2.703	5.037	—	0.979	0.167

资料来源:根据历年《广西统计年鉴》计算而得。

---

① 由于 2006 年和 2011 年没有统计高端装备制造业、2006 年没有统计废弃资源综合利用业,故数据缺失。并且 2006 年工业分行业并没有统计应缴增值税,故采用利税总额代替。

基于表 1–23 可知，从三个阶段来看，大部分行业的单位财税贡献率呈下降趋势，主要与近年来财税体制改革有密切的关系。由于行业自身的特点，医药制造行业、造纸与纸制品业、电力行业、石油行业、烟草制品业单位产值财税贡献率相对较高。另外，上述全部工业行业的单位产值就业贡献率呈下降趋势，主要是近年来随着科技进步的发展、工业部门的进一步细分，工业各行业创造的有效就业岗位明显减少。从以上数据可以明显看出，传统的加工行业单位产值的财税贡献率相对较低，但是单位产值就业贡献率相对较高，而现代制造业的贡献率表现正好相反。

随着社会科技的进步，社会分工的细化，工业发展的自动化、机械化以及信息化水平越来越高，工业的主导作用正从劳动投入直接带动型主导转变为依托高科技智能化的产业链辐射带动型主导，工业必须要走转型升级之路，必须不断拓展产业链条，必须提高工业产品附加值，必须实现高质量发展①。

三、工业高质量发展新特征：四个新变化

（一）变化一：以规划政策引导工业高质量发展

近年来，广西先后出台加快新型工业化跨越发展和推动工业高质量发展的重大政策文件，围绕推进"新四化"同步协调发展，优化工业空间布局，强化科技创新，坚持扩量提质，扩大开放合作，充分发挥北部湾经济区、西江经济带

---

① 产业结构的演变是指一国或地区国民经济各产业部门及其内部之间关联的动态反映，体现经济发展的结构决定作用。综合有关产业结构演变动力源的理论研究，可以分为内生推进型模式和外生拉动型模式。内生推进型模式主要包括威廉·配第和科林·克拉克提出的配第—克拉克定理、西蒙·库兹涅茨提出的人均收入影响论、钱纳里提出的标准产业结构理论、霍夫曼提出的工业化经验法则、罗斯托提出的主导产业扩散效应理论、熊彼特提出的创新理论。外生拉动型模式则主要包括赤松要的雁行结构理论、弗农的产品生命周期理论以及波特的国家竞争优势理论。在此处，本书重点借鉴罗斯托的主导产业扩散效应理论，认为发挥工业的主导作用应该选择具有扩散效应的产业部门，主导部门的扩大会将其产业优势辐射到其他产业部门，即产生主导产业的扩散效应（具体参见罗斯托．经济成长阶段［M］．北京：中国经济出版社，2010）。并且产业结构的演进是沿着第一产业为主导到第二产业为主导，再到第三产业为主导的方向依次更替。具体到各行业中，则是按照以农业和轻纺工业为主导，以原料和燃料动力等基础工业为重心的重化工业为主导，以低度加工型的工业为主导，以高度加工组装型工业为主导，以第三产业为主导，以信息产业为主导的顺序依次转换。**基于此，作者认为工业的主导作用正从劳动投入直接带动型主导转变为依托高科技、智能化的产业链辐射带动型主导。**

"双核"驱动作用，突出改造提升传统优势产业，着力发展先进制造业，培育壮大战略性新兴产业。制定实施工业发展"1131工程"和十大行动计划，以实现产城互动发展；2017年提出广西机械工业二次创业实施方案，推动机械工业迈向中高端水平，实现机械工业可持续发展。深入实施"质量兴桂"战略，加快推进名牌创建。组织实施化解产能过剩矛盾和淘汰落后产能工作方案，实施工业企业"零土地"技术改造项目，从而降低企业成本，激发企业投资活力。推进清洁生产，开展万家企业节能低碳行动，创建国家低碳工业试点园区，推动绿色循环发展。

（二）变化二：以科技创新引领工业高质量发展

近年来，广西相继出台提高自主创新能力建设创新型广西的若干意见、深化科技体制改革实施方案以及工作要点、加强和改进自治区财政科研项目和资金管理实施办法、强化企业技术创新主体地位全面提升企业创新能力实施方案、技术创新示范企业认定管理办法（试行），以及鼓励企业技术创新、人才引进等系列政策措施，制定专业技术人才队伍建设和高技能人才队伍建设中长期规划。组织开展创建国家级创新平台和认定自治区级企业技术中心、研发中心等工作。加快实施科技重大专项、广西创新计划、千亿元产业重大科技攻关工程，大力推进创新能力项目、产学研用合作项目和新产品新技术开发及产业化项目建设。完善产学研用协同创新机制，加强与区外著名高校及科研院所合作。

（三）变化三：以重大项目推进工业高质量发展

近年来，广西坚持实施重大项目带动战略，发挥投资对调存量、优增量、推转型、促升级的作用。出台加快推进重大项目建设的实施意见，在着力加强交通、水利、能源、市政、环保、民生等重大项目建设的同时，突出抓好90个工业跨越发展"1131工程"超亿元项目和50个重大产业升级项目、25个自治区重点产业园区和30个产城互动试点园区建设，以及一批城市商贸物流中心、电子商务服务基地、创意广告产业园、农产品集散交易中心、旅游休闲度假区等项目建设。2018年，广西工业园区投资项目达510个，工业项目总投资额达1764亿元。"双百双新"项目的实施显著增强了工业发展后劲，加快了产业结构优化步伐。

（四）变化四：以绿色环保推动工业高质量发展

近年来，广西坚持生态建设产业化、产业发展生态化，大力推进生态工业、生态服务业和绿色经济、有机经济、循环经济一体发展，加快把生态产业打造成为新的支柱产业，通过发展生态经济促进产业转型升级。一方面，加快淘汰落后产能，按照"产业政策、能耗、环保、质量、安全、技术"等综合标准，依法依规推动落后产能有序退出，为经济高质量发展腾出资源要素空间；另一方面，推动绿色制造、绿色产业发展，从政策、资金、培训等方面扶持创建绿色工厂、绿色产品、绿色园区以及绿色供应链，培育绿色制造服务机构；鼓励工业企业采用节能节水、循环再制造等先进技术，实施节能改造和清洁化改造。同时，提高资源综合利用率，实施一批工业固废综合利用示范项目。

四、高质量发展：新时代工业发展的根本任务

当前，中国特色社会主义进入了新时代，我国经济发展也进入了新时代，基本特征就是我国经济已由高速增长阶段转向高质量发展阶段。2018年全国工业和信息化工作会议强调，"推动高质量发展是当前和今后一个时期确定发展思路、制定经济政策、实施宏观调控的根本要求"，为广西工业经济发展提供了重要依据。当前，广西工业发展仍然存在低端低效产能甚至是无效产能，进一步优化工业产能，降低工业发展成本，补齐工业发展短板仍然是未来一段时期内确保实现工业转型升级的关键前提。

一是强化创新引领。当前，广西很多产业处于全球分工和产业链的中低端位置，产业层次较低，质量和效益不高。党的十九大提出，创新是引领发展的第一动力，是建设现代化经济体系的战略支撑。这深刻阐明了创新对于促进经济社会发展的战略意义，指出了推进工业转型升级、增强工业主导作用的实践要求和实现路径。

二是聚力新旧动能转换。加快推进传统产业转型升级，继续以技术改造为重点推进糖业、铝业、机械、冶金等传统产业"二次创业"向纵深发展。围绕加快培育壮大新动能，着力推进电子信息、生物医药、智能制造、新材料等新兴产业实现新突破，努力实现新旧动能接续转换。

三是深化"放管服"改革，优化营商环境。营商环境是一个地区经济竞争力的综合体现。未来地区发展的竞争将是综合营商环境的竞争。优化营商环境才能挖掘发展潜力、释放市场活力、激发社会创造力。推动工业高质量发展，必须积极对标国际一流，主动接轨国际规则，打造更好、更优、更具吸引力的营商

环境。

四是推进两化融合。推进两化融合是实现工业高质量发展的关键路径，要推动互联网、大数据、人工智能与实体经济深度融合，培育新的经济增长点。要加强信息基础设施建设，加快智能制造发展。要推动软硬一体、网络互联、平台支撑、数据驱动等智能制造工程，加快发展分享经济、数字经济，提升工业高质量发展的信息支撑。

五是深化开放合作。开放是经济发展和社会进步的必由之路。推动广西工业高质量发展，必须深化开放合作，在扩大开放中倒逼改革，在深化合作中推动创新，充分激发动力活力。深度融入"一带一路"建设，积极融入粤港澳大湾区建设，主动接受发达地区的辐射带动，在加速向先进生产力靠拢中拓展发展空间。加快推进西部陆海新通道建设，拓展工业高质量开放合作空间。

专题二　把握新时代工业发展：新形势新趋势新经验

当前，全球格局正在发生深刻而持续的变化，面对百年未有之大变局，机遇和挑战都发生了深刻变化，成为最大的国际背景，也是最大不确定性因素。在百年大变局和新时代背景下，需要深入研判、审慎把控[①]，必须准确把握和摸清时代发展脉络，立足工业发展实际，从更长战略周期来思考和把握未来五年工业发展。总的来看，我国整体进入工业化后期的关键阶段，推进工业高质量发展成为必然选择。

一、工业高质量发展面临的外部环境

一是从国际来看，新一轮科技革命和产业变革正在兴起，利用信息通信技术提升传统制造业的竞争力正成为全球趋势，人工智能成为未来的发展方向。全球在"工业4.0"领域分为三个阵营：第一阵营是以德国和美国为代表，布局抢占第四次工业革命的话语权，积极争取成为全球标准的制定者。第二阵营是以日本、法国等为代表的发达国家，纷纷实施"再工业化"战略，重塑制造业竞争新优势，力求在后危机时代中占领科技制高点。第三阵营是以中国、印度、南非等发展中国家为代表的第四次工业革命追赶者，中国制造业整体尚处于由工业2.0向工业3.0过渡的阶段，要实现智能制造发展，建成制造强国，就需抢占制造业新一轮竞争制高点，这面临着严峻挑战。同时，中美贸易摩擦对中国制造强国战略实施带来了新的不确定性。

---

① 郭占恒．"十四五"规划的里程碑意义和重大趋势［J］．浙江经济，2019（9）．

二是从国内来看，近年来，随着全球工业4.0加快普及、国内经济下行压力进一步加大，制造强国、网络强国深入实施，各地纷纷出台了强有力的扶持政策，围绕制造业招商引资、产业孵化、科技创新，积极参与全球产业链、价值链、创新链的重构，着力在高端装备制造、电子信息产业、新材料、节能环保、生物医药等新兴产业和细分产业领域发力，建设新兴产业孵化基地、产业园区，抢占制造业发展制高点。2016年以来，20余座城市先后加入"抢人大战"，以北京、上海、广州、深圳为代表的一线城市，侧重于吸引行业"高精尖"技术人才，以武汉、西安、成都、重庆、长沙等为代表的新一线城市侧重于对中高端人才的吸引，寄希望于通过大量熟练劳动力的引入支撑地方工业的发展壮大和转型升级。在新时代下，对于经济发展水平不高、工业化技术积累不足的广西而言，在新一轮制造业变革和人才争夺战中，广西工业尤其是新兴产业所面临的竞争压力更加明显。

总体来看，广西工业发展长期滞后于东部沿海发达地区，甚至与中西部先进地区的差距呈现扩大趋势，工业在全区经济社会发展中的主导作用还没有得到充分发挥，工业发展低端、低效、低位特征还比较明显，加快工业高质量发展的压力巨大。广西工业增长已经由高速增长向中高速增长转变，且将成为持续性发展态势，工业发展呈现一定的高质量态势，但工业总量规模明显不大、产业结构明显不优，缺乏加快推进工业高质量发展的主要前提，同时，缺乏实现工业高质量发展的关键要素支撑，推动工业高质量发展，任重道远。

二、新时代广西工业发展的五大机遇

当前，广西工业经济伴随着区域开放格局的不断优化，紧跟时代发展机遇，实现了阶段性跨越发展，取得了显著成就。但总体来看，广西工业高质量发展水平明显不高，工业高质量发展的能源资源约束日益加剧，周边省区加快发展带来的竞争更趋激烈，实现工业高质量发展还存在不少问题，增强工业主导作用面临诸多挑战。

（一）党的十九大重新定义新时代社会主要矛盾，高质量发展成为统一共识

当前，中国特色社会主义进入新时代，我国经济社会已由高速增长阶段转向高质量发展阶段。推动高质量发展成为确定发展思路、制定经济政策、实施宏观

调控的根本要求。工业作为实体经济的主体，是国民经济的主导力量，工业强则国家强。当前，广西处于由工业化中期进入工业化后期的关键阶段，走广西的特色新型工业化道路，推进工业高质量发展，是工业发展必须要迈过的坎，是解决轻重工业发展不平衡、产业断层缺位、新旧动能接续转换能力不足等问题的关键所在，是保持全区工业经济可持续健康发展的必然要求。

（二）新一轮技术革命和产业变革蓄势待发为工业高质量发展带来全新机遇

新一轮科技革命和产业变革蓄势待发，颠覆性技术不断涌现，催生了大量新技术、新产业、新业态、新模式，其智能化、个性化和社会化特质塑造了灵活高效的供给体系，移动互联网与云计算、人工智能与先进机器人、3D 打印、新材料、合成生物学与生物工程、新能源等新兴领域取得了不同程度的突破，全球制造业正从以机器化、标准化、规模化为主要特征的传统制造时代向以智能化、信息化、柔性化为主要特征的先进制造时代迈进。虽然当前广西工业发展尚处于增长速度换挡期、结构调整阵痛期、前期刺激政策消化期"三期叠加"的阶段，但在新一轮科技革命、产业革命的推动下，全国各地加快工业转型升级和创新发展，除东部一线城市之外，中西部各省区之间的实力差距仍不明显，这给新时代广西工业高质量发展提供了后来居上的有利时机。抓住新技术和先进制造系统推广应用带来的发展契机，广西工业可以在转变生产方式、提高生产效率、优化生产组织结构等方面实现质的转变，还可以在产品设计、生产方面提供个性化服务，并根据顾客需要定制化制造产品和提供服务，从而改变传统的产业发展模式，激活产业升级的内生动力，提高产业竞争能力。

（三）国家赋予广西"三大定位"，围绕区位优势做强做优产业成为重点内容

国家赋予广西"三大定位"，得益于自身的独特区位优势，广西在国家新一轮对外开放格局中的地位和作用进一步凸显。广西落实好"三大定位"，必须围绕"一个独特优势"，依托"两个发展动力"，实现"三重发展目标"①。当前广西处于转型升级的关键时期，面临产业基础薄弱、体量较小、产业集中度偏低等问题，必须创新工业发展方式，稳步夯实产业基础，深度融入"一带一路"倡

---

① 一个独特优势是指发挥广西与东盟国家陆海相邻的独特区位优势。两个发展动力是指通过加快推动广西北部湾经济区和珠江—西江经济带的开放开发，形成大面积、规模化的现代产业繁荣。三重发展目标是指形成连接海上丝绸之路与丝绸之路经济带的现代产业带，构建起连接祖国大市场与东盟地区生产要素、中间品、终产品的大通道，以及由此形成辐射、带动我国西南、中南腹地发展的引领能力。

议，奋力壮大工业体量，不断丰富和扩大工业对外开放。

（四）区域合作与省际合作不断深化，促进区域资源整合和产业分工协作，广西工业发展外部环境不断优化

一是融入粤港澳大湾区建设，有利于成为粤港澳大湾区的战略延伸腹地。党的十九大、2018 年全国政府工作报告明确提出建设粤港澳大湾区，且《粤港澳大湾区发展规划纲要》，粤港澳大湾区进入实质性建设阶段。当前，广西应主动融入粤港澳大湾区建设，引进技术、资金、人才、创新等先进资源要素，助推广西工业高质量发展。二是西部陆海新通道建设，为广西工业高质量发展进一步拓展发展空间。2017 年 11 月，作为有机衔接"一带一路"国际陆海贸易的中新互联互通南向通道正式开通运营，随着西部陆海新通道加快推进建设，健全完善互联互通设施、提升通关便利化水平和工业开放水平，将交通通道建成物流通道、信息通道、产业通道，创新跨国、跨省产业合作新模式，为广西工业高质量发展拓展新空间。

（五）东盟地区经济发展拉动消费升级，"一带一路"建设机遇提速广西工业产品"走出去"步伐

近年来，随着东盟国家经济发展水平、城镇化水平的不断提高，东盟各国对工业制成品保持着强劲的需求，为广西工业发展提供了绝佳的机遇。2018 年，全国面向东盟出口 2686.3 亿美元，较 2017 年增长 13.8%。与东盟最主要的贸易商品仍为海关编码（HS 编码）第 16 类商品（机电、音像设备及其零件、附件），占中国出口至东盟商品总额的 49.7%，占中国自东盟进口商品额的 50.2%。广西应围绕东盟各国产品市场需求，针对性调整现有产业结构，鼓励工业产品加快"走出去"，抢占东盟的新兴市场。

表 2－1　2016～2017 年中国—东盟出口占比及产业内贸易指数

商品类（HS）		出口占比		产业内贸易指数	
		2016 年	2017 年	2016 年	2017 年
第 2 类	植物产品	3.15%	3.02%	0.907	0.919
第 3 类	动、植物油、脂、蜡；精制食用油脂	0.02%	0.03%	0.023	0.028
第 4 类	食品；饮料、酒及醋；烟草及制品	1.74%	1.65%	0.707	0.697
第 5 类	矿产品	3.72%	4.94%	0.583	0.601
第 6 类	化学工业及其相关工业的产品	6.07%	6.47%	0.733	0.789

商品类（HS）		出口占比		产业内贸易指数	
		2016 年	2017 年	2016 年	2017 年
第 7 类	塑料及其制品；橡胶及其制品	3.97%	4.12%	0.801	0.719
第 8 类	革、毛皮及制品；箱包；肠线制品	1.03%	1.10%	0.488	0.463
第 9 类	木及制品；木炭；软木；编织品	0.56%	0.59%	0.530	0.584
第 10 类	木浆等；废纸；纸、纸板及其制品	1.32%	1.16%	0.730	0.991
第 11 类	纺织原料及纺织制品	12.14%	11.58%	0.265	0.303
第 12 类	鞋帽伞等；已加工的羽毛及其制品；人造花；人发制品	1.81%	1.74%	0.542	0.629
第 13 类	矿物材料制品；陶瓷品；玻璃及制品	2.93%	2.64%	0.124	0.127
第 14 类	珠宝、贵金属及制品；仿首饰；硬币	0.13%	0.10%	0.123	0.097
第 15 类	贱金属及其制品	12.68%	10.91%	0.211	0.352
第 16 类	机电、音像设备及其零件、附件	34.31%	36.56%	0.968	0.976
第 17 类	车辆、航空器、船舶及运输设备	5.03%	4.59%	0.199	0.271
第 18 类	光学、医疗等仪器；钟表；乐器	2.67%	2.85%	0.982	0.975

资料来源：2017 年中国—东盟贸易报告。

三、新时代广西工业发展的五大挑战

（一）我国经济结构调整和发展方式转变给广西带来较大挑战

当前，支撑我国经济高速增长的外部环境和内在条件已经发生了新的变化，经济潜在增长率逐步下调，从高速增长向中高速平稳增长过渡。相比"十一五"和"十二五"期间我国工业增加值 11.3% 和 8% 的平均增速，"十三五"前 3 年的平均增速只有 5.99%，2016～2018 年工业增加值增速分别为 6.26%、5.89% 和 5.83%，下降趋势非常明显。在我国经济进入发展"新常态"的大背景下，广西既要补工业化发展之课，又要满足工业转型升级之需要，面临的任务非常繁重，实现追赶发展的挑战相当艰巨。这其中，包括整体环境日趋严峻带来的市场增长趋缓、投资增速下降、产能严重过剩、产品价格下跌等诸多挑战。由于广西支柱产业多为国家确定的产能过剩行业，在国家加大力度化解产能严重过剩矛盾、倒逼过剩产能退出的市场环境更趋严厉的环境下，工业增长的压力明显加大。

（二）工业发展的能源资源约束日益加剧

目前，能源瓶颈已经成为广西工业发展的主要制约因素。2018 年，广西常规能源消费总量折合标准煤 10823.39 万吨，为能源生产总量的 2.9 倍，缺口高达 7066.7 万吨。虽然能源供应紧张，但广西能源需求增长的势头短期内难以放缓。一方面，广西人均用能、用电量只相当于全国平均水平的 60% 左右，与发达地区相比差距更大。随着工业化和城镇化的快速推进，居民消费结构向空调、汽车等耗能产品升级，未来一段时期人均能耗将进一步向全国平均水平靠拢，会产生巨大的刚性能源消费需求。另一方面，一定时期内广西工业发展存在结构固性，结构节能的空间有限。随着北部湾经济区、桂西资源富集区和西江经济带加快发展，火电、石化、冶金、有色、制浆造纸等产业将继续保持一定规模增长，由此产生的能源需求也会不断增加。在这两方面的影响下，能源保障不足与经济快速增长的矛盾将更加突出。

（万吨标准煤）

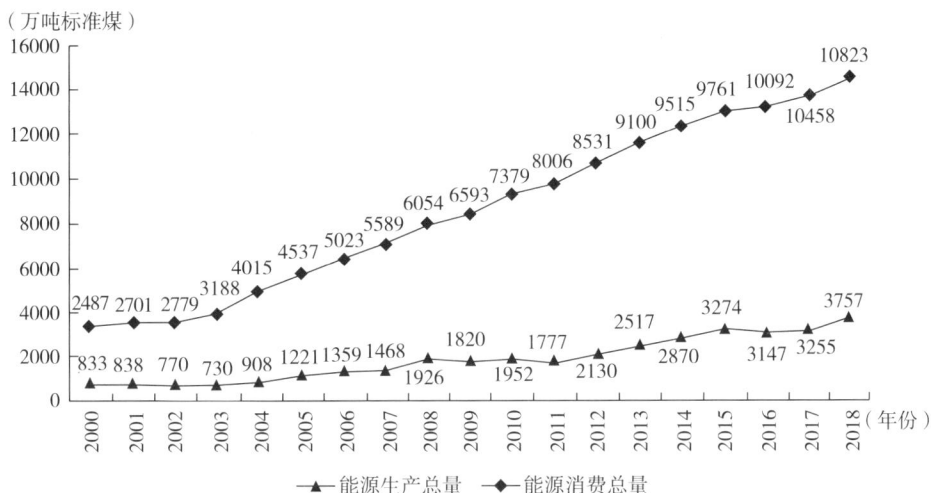

图 2-1　2000~2018 年广西常规能源生产与消费情况

（三）生态环境保护带来的发展约束加大

广西生态环境保护呈现问题多发、形势严峻的特点。目前，化学需氧量排放总量与减排目标尚有一定的差距，实现排放总量削减的压力较大。一方面，受工业高速发展、机动车保有量猛增、城市建设加快等因素影响，广西大气颗粒物污染加重趋势明显，呈现集中性、连续性和区域性特点。在主要矿区和涉重金属企业分布区，土壤环境问题严重，重金属超标问题积重难返，治理难度大。长期对资源的不合理开发还导致生态系统受到不同程度的破坏，原生植被不断减少，部分区域水土流失、石漠化扩展趋势尚未得到有效遏制，生态服务功能减弱甚至丧失。另一方面，未来广西工业发展面临的环保压力将进一步加大。工业结构调整将是一个缓慢的过程，清洁环保技术改造不可能一蹴而就。由于发展基础差、底子薄，一些主要行业的工艺技术和生产装备仍然非常落后。可以预见，在未来一段时期内，广西产业结构仍将以资源型产业为主，污染排放仍将维持在较高水平。

（四）周边及同类型省区加快发展带来的竞争更趋激烈

目前，四川、贵州、云南、重庆等地都在加大开放力度，利用中国—东盟自由贸易区平台，积极开拓东盟和南亚市场，抢先发展、竞争发展的态势非常明显。如果广西不能实现率先发展，人才、资源等生产要素将被周边地区所吸纳，存在被边缘化的可能，经济发展的"落差"会被进一步拉大。一方面，如云南沿边口岸在湄公河次区域开发合作已经取得很大优势，部分越南及东盟货物经过澜沧江—湄公河直接登陆云南，冲击了广西部分边境贸易货源。另一方面，随着周边地区发展加快，在一些产品领域与广西形成激烈竞争。在高耗能产业，如塑料、水泥、电解铝、钢材、电力等领域，广西都面临着来自贵州、云南、甘肃、新疆、宁夏等地的激烈竞争。在一些广西具有优势的产品领域，周边及相似资源优势地区的增速已经超过广西。尤其是电解铝行业，随着电价不断上调和省际电价差距拉大，新建产能向新疆、内蒙古、甘肃、青海和云南等煤炭、水力资源丰富的省区转移的趋势依然较难改变。

（五）"放管服"改革不够深化，营商环境仍待优化

根据粤港澳大湾区研究院发布的《2017年中国城市营商环境报告》，中国城市营商环境最优的前五名为广州、北京、深圳、上海、重庆，南宁排全国后十名。因此，当前广西的营商环境亟待改善，营商环境也是生产力，要将其作为经

济发展的"检测仪"和"风向标"，从企业最关切的问题入手，拿出"刮骨疗毒"的勇气，全面深化改革创新，努力打造一流的营商环境。优化营商环境是一个系统工程，既要改善基础设施等硬环境，也要在提高服务水平、营造法治环境等软环境建设上取得新的突破，更好地发挥制度的支撑、保障、激励作用。公共服务是营商环境的试金石，要进一步做好简政放权的"减法"、做强监管的"加法"和优化服务的"乘法"，更好地发挥政府作用，以主动服务、优质服务让群众舒心、企业顺心。社会主义市场经济本质上是法治经济，要严格依法平等保护各类产权，坚持维护契约、公平竞争等基本导向，保障不同所有制企业在资质许可、政府采购、科技项目、标准制定等方面的公平待遇，坚决查处滥用行政权力排除和限制竞争的行为，使市场在资源配置中起决定性作用，努力营造稳定、公平、透明、可预期的营商环境，给各类市场主体吃上"定心丸"。

四、新时代下工业高质量发展的六大新趋势

当前，我国新型工业化和新型城镇化全面进入高质量建设发展阶段，两化融合程度将进一步深化，能源资源和生态环境约束将进一步强化。广西推进工业转型升级，进一步增强工业主导作用，必须紧紧抓住西部大开发战略深入实施、粤港澳大湾区和西部陆海新通道国内发展重大机遇，紧紧围绕"一带一路"建设、打造中国—东盟自由贸易区升级版等国际重大机遇，积极适应国内外产业发展环境变化。在经济高质量发展下，特别是国家提出加快供给侧结构性改革、加快出台"三去一降一补"政策背景下，广西工业高质量发展要处理好结构转型过程中质量效益与增速的关系、处理好"传统三驾马车"与"新三驾马车"的关系、处理好结构调整与经济向前持续性发展的关系、处理好"来产能"与"去产能"的关系，同时，在高质量发展的过程中，创新更是不容忽视的关键因素。把握好经济发展趋势，就能在工业高质量发展过程中抓住发展机遇，实现工业赶超跨越发展。

趋势之一：发挥"新三驾马车"对工业高质量发展的关键作用。在工业转型发展过程中，我们不能忽视投资、消费、出口传统"三驾马车"的作用，但更要重视人才、技术、资本"新三驾马车"的力量，在肯定改造升级旧动能成果的基础上，更要把握新动能积蓄势力的态势。

趋势之二：把握工业增长速度向中高速调整的关键时期。进入新常态之后，广西工业增速逐步下调，而且可能还将持续一段时间。在这个过程中，我们既要勇于承认经济增长调速换挡，更要善于发现质量、内涵的深刻变化；既要看到经济下行压力作用下的换挡，更要看到我们主动作为下的调速，特别是要重点关注有质量、有效益的增长。

趋势之三：善于抓住"新要素"在工业高质量发展过程中的作用。从要素条件来看，过去支撑广西工业高速增长的要素红利正在发生变化，低成本要素的保障程度不断下降，工业增长面临着全方位的高成本约束，原有的"低成本投入、低水平扩张、低价格竞争"的增长模式面临重大挑战。在新一轮的竞争过程中，要素质量提升和创新驱动成为新动力。工业转型升级动力全面转向创新驱动，让位于更多依靠人力资本和技术进步的质量效率型集约增长方式。

趋势之四：抢抓先进制造模式的推广和应用有利之机。在新的形势下，制造业仍是广西经济发展的主导力量和实现"两个建成"目标的关键支撑，但广西目前制造业的发展水平仍然明显滞后。因此，广西推进工业转型升级、进一步增强工业主导作用必须充分借助国家启动先进制造模式发展之机，实现制造业跨越发展。

趋势之五：顺应工业发展政策向市场决定转变的趋势。传统的规模赶超型工业发展政策逐步向市场机制决定的竞争型工业发展政策转变，无论是财政政策还是金融信贷政策均以定向定准方式调控工业引导企业。工业发展突破路径依赖，在政府与市场边界清晰的市场环境中竞争发展。政府不再直接干预竞争性产业活动，致力于通过加强战略规划、法律法规、政策标准和执法监管，营造公平竞争的市场环境，支持创新、人才、资金、信息等产业支撑要素保障，保持宏观稳定和微观活力。不断增加公共产品供给，完善提升公共服务，有效弥补市场失灵。

趋势之六：优化营商环境成为增强发展活力的关键举措。2018 年的政府工作报告提出：优化营商环境就是解放生产力、提高竞争力，要破障碍、去烦苛、筑坦途，为市场主体添活力，为人民群众增便利。深化"放管服"改革，降低制度性交易成本，对于广西推进工业转型升级，进一步增强工业主导作用具有重要的示范引导意义。必须不断完善政企互动机制、构建新型政商关系，不断激发创新创造潜能，大力弘扬优秀企业家精神和工匠精神，不断提高企业的市场竞争力，增强工业企业的主导作用。

五、推动工业高质量发展经验：新探索和新启示

党的十八大以来，各地围绕新时代、新要求、新形势，积极谋划发展"四新经济"，纷纷出台各项政策举措，推动新旧动能接续转换，加快质量变革、效率变革、动力变革，总的来看，主要有以下经验值得参考和借鉴。

（一）适应发展新要求，构建具有地方特色的现代化工业体系

1. 江苏省：构建自主可控的现代化产业体系

2018 年 6 月，江苏省委提出产业发展着力点要放在控制力和竞争力上，把丰富的产业、科技、人才资源整合起来，打造全国乃至全球具有影响力的自主可控的现代产业体系。一是建设创新型省份，以科技创新引领现代化产业体系建设。建设南京、苏州等创新型城市和国家产业创新中心，建设南京江北新区、无锡国家传感网创新示范区，布局"科技创新 2030"等国家重大项目，聚焦人工智能、未来网络、石墨烯、集成电路、高端装备等前瞻领域，掌握产业核心、"卡脖子"环节和技术"命门"。二是大幅度放宽市场准入，建立与国际接轨的制度体系、市场秩序。培育引进一批海内外高层次创新人才和团队，加速汇聚人才、技术、信息等高端要素，推动产业加快融入全球价值链中高端。

2. 四川省：构建"5 + 1"①现代化产业体系

四川省委十一届三次全会作出了"构建具有四川特色优势的现代产业体系"的战略部署，现阶段主要聚焦在"5 + 1"产业体系上，将其作为实现经济高质量发展的必由之路。一是推动"5 + 1"产业规划图变施工图。推动五大支柱产业重点领域突破发展，创建制造业高质量发展国家级示范区和打造世界级产业集群，培育数字经济，争创国家数字经济创新发展试验区。二是建立"省领导指导 + 责任单位主抓 + 工作专班落实"的重点领域培育工作机制，将 5 个万亿元支柱产业细分为 16 个领域重点打造，建立了 16 个省领导联系指导 16 个重点领域和数字经济发展工作推进机制。

3. 安徽省：着力构建创新型现代化产业体系

2018 年，安徽省提出着力构建创新型现代化产业体系，把科技创新作为第

---

①　"5 + 1"现代产业体系是指打造电子信息、装备制造、食品饮料、先进材料、能源化工 5 个万亿元产业集群和谋划布局 1 个数字经济产业。

一动力、转型升级作为主攻方向、实体经济作为着力重点。一是实施"三重一创"。制定《支持"三重一创"建设若干政策》，推进重大新兴产业基地、重大新兴产业工程、重大新兴产业专项建设和研发创新平台建设。二是全面加强"四个一"创新主平台建设。建设"一中心"即合肥综合性国家科学中心、"一城"即合肥滨湖科学城、"一区"即合芜蚌国家自主创新示范区①、"一省"即系统推进全面创新改革试验省。三是创新科技政策支撑。出台了《支持科技创新若干政策》《支持科技创新若干政策实施细则》等政策，以奖励、股权投资和债权投入等多种方式，支持科技研发和成果转化。

（二）谋划布局新经济，引领带动产业高质量发展

1. 贵州省：以大数据引领新兴产业发展，举办中国国际大数据产业博览会

2013 年以来，出台《关于加快大数据产业发展应用若干政策的意见》等政策文件，实施"大数据＋产业深度融合计划"。2015 ～ 2018 年，贵州省数字经济增速连续 4 年全国第一，大数据对全省经济增长的贡献率超过 20%。同时，贵州省以千亿级工业产业提振发展动能，把十大千亿级工业产业作为主攻方向，采用省领导领衔推进十大千亿级工业产业工作机制，以重点产业的突破性进展带动工业经济整体高质量发展。

2. 浙江省：深入实施数字经济"一号工程"，举办世界互联网大会

将发展以互联网为核心的数字经济作为支撑未来发展的八大万亿产业之首，发挥互联网先发优势，注重运用信息技术来改造提升传统产业和振兴实体经济。一是着力打造工业信息化基础性平台。支持阿里云、浙江中控、之江实验室及省内外优势企业和科研机构强强联合，打造具备国际领先的技术处理能力、数据智能引擎、安全保障体系和合作伙伴生态的工业互联网基础性平台。二是培育一批行业级、区域级、企业级平台。鼓励互联网企业、工业信息工程服务商、软件企业等牵头建设具有专有技术、专业知识、开发工具的行业级平台。鼓励依托小微企业园、特色小镇、产业集聚区等建设区域级平台。三是提升平台服务能力。鼓励各类开发者基于平台开发一批特定行业、特定场景的工业 APP，一批应用价值高、带动力强的行业通用工业 APP，一批普适性强、复用率高的基础共性工业 APP，组建工业互联网平台联盟。四是推进融合应用。推动工业企业上平台用平台，加快工业大数据开发应用，构建工业互联网标准体系。

---

① 合芜蚌国家自主创新示范区于 2016 年 6 月设立，2016 年 6 月国务院常务会议决定建设福厦泉与合芜蚌两个国家自主创新示范区，引领带动体制创新和科技创新。

3. 江西省：以物联网＋AR引领带动新旧动能接续转换，举办江西国际移动物联网博览会和世界VR产业大会

一是培育数字经济新动能。发展以物联网、VR为核心的数字产业，打造"物联江西"品牌。举办世界VR产业大会，全力打造VR产业"江西高地"。推进人工智能产品和技术应用，打造若干人工智能产业集聚区。二是深化"互联网＋先进制造业"融合发展。实施两化融合"个十百千万"工程、智能制造"万千百十"工程，加快企业数字化改造升级，推动企业上云上平台。制定实施互联网＋先进制造业发展工业互联网实施意见。三是加强数字化技术应用。实施一批"互联网＋""大数据＋""人工智能＋""VR＋""移动物联网＋"等试点示范工程，促进数字经济新动能爆发式增长。

4. 湖南省：以人工智能引领现代产业发展，助力制造强省和网络强省建设，举办中国（长沙）国际智能制造博览会

近年来，湖南省人工智能产业链不断完善，已初步形成具有国内重要影响力的人工智能创新引领区、人工智能产业集聚区和人工智能应用示范区。一是强化顶层设计。出台了《湖南省人工智能产业发展三年行动计划（2019～2021年）》，提出实施五大计划①。二是注重人工智能平台和企业发展。创建了国家超级计算长沙中心（湖南大学）、机器人视觉感知与控制技术国家工程实验室、湖南人工智能学会、自兴人工智能研究院、湖南先进传感与信息技术创新研究院等科研机构以及一批创新型企业。三是推动人工智能全产业链②发展。人工智能产业链企业达到400家，初步形成上游有一批人工智能研发机构，中游有云计算、大数据和GPU芯片、高端传感器、深度学习，下游有各类智能终端的全产业链。

（三）推进全方位开放，构建"1＋N"区域发展格局

1. 四川省：构建"1＋5"③区域发展新格局，制定产业布局优化指导目录

一是强化顶层设计。2018年12月，四川省政府印发《关于优化区域产业布局的指导意见》及《产业布局优化指导目录》，明确了21个市州重点布局产业及重点发展领域，成立推进区域协同发展领导小组，分区域建立协同发展联席会议制度。二是做强成都"主干"，发挥引领辐射带动作用。支持成都加快建设全面体现新发展理念的国家中心城市，进一步增强对全省其他区域的引领辐射带动

---

① 五大计划：关键技术创新计划、智能产品创新计划、重点领域创新应用计划、集约集聚发展计划、支撑体系构建计划。
② 人工智能全产业链，基本形成上游有研发、中游有技术、下游有终端产品的全产业链。
③ "1＋5"即形成"一干多支、五区协同"区域协调发展格局。

能力，高水平打造引领四川发展的"主干"。三是强化区域产业统筹，大力促进"五区协同"发展。推动成都平原经济区（含成都和环成都经济圈），加快川南经济区一体化发展，推动川东北经济区振兴发展，推动攀西经济区转型升级，建成攀西国家战略资源创新开发试验区，打造川西北生态示范区，加快五区协同发展。

2. 江西省：构建"123"① 区域发展新格局

为解决区域发展不充分不平衡、龙头核心引领带动力不强、区域协调发展机制不完善、同质化竞争比较严重、产业空间集聚度不高等问题，实施全方位扩大开放。2018 年 7 月，江西省委十四届六次全体（扩大）会议提出，在"龙头昂起、两翼齐飞、苏区振兴、绿色崛起"的基础上，着力打造"一圈引领、两轴驱动、三区协同"的区域发展新格局，即以融合一体的大南昌都市圈为引领，以沪昆、京九高铁经济带为驱动轴，以赣南等原中央苏区振兴发展、赣东北开放合作、赣西转型升级为三大协同发展区，形成层次清晰、各显优势、融合互动、高质量发展的新格局。

（四）优化发展环境，建立现代化要素体系

黑龙江省：一是建立线上政府服务平台。全面推行"马上办、网上办、就近办、一次办、我帮办"工作机制。大力推进"互联网＋政务服务"，统筹建设全省一体化在线政务服务平台，推行跨部门、跨地区、跨层级政务信息共享，实行"一网通办"，提高政府服务水平和监管效能。二是营造良好的市场环境。建立政府违约失信责任追究机制，开展政府违约失信问题的清理、整治，保持政策的连续与稳定。完善社会信用信息共享平台建设，建立跨部门、跨地区、跨层级的守信联合激励和失信联合惩戒机制，建立以信用为核心的新型监管和治理方式。三是搭建银企信息对接服务平台。引导金融机构对制造业企业实施差别化信贷政策，引导金融机构积极发展能效信贷、排污权抵押贷款等绿色信贷业务，推动开展权益类资产质押融资、企业债券融资等金融服务。开展产业链金融服务，拓宽产业链上下游企业的融资渠道。

---

① "123"即一圈引领、两轴驱动、三区协同。一圈引领：以南昌为核心，以赣江新区为引擎，以九江、抚州为支撑，打造融合一体发展的大南昌都市圈。两轴驱动：构建京九（江西）、沪昆（江西）两大产业驱动轴。三区协同：支持赣南原中央苏区重点打造中国稀金谷、青峰药谷、新能源汽车城等，支持吉安电子信息产业做大做强，打造江西南部重要增长板块。支持赣东北加快开放合作发展，建设上饶大数据产业基地、鹰潭物联网产业基地等，打造先进制造业基地。推进赣西转型升级发展，大力建设新能源、新材料等产业基地。

上海市：建立资源利用效率评价制度和资源要素差别化配置机制。优化土地盘活改造政策。制定低效用地再开发专项规划，优化工业用地土地储备机制，研究土地增值收益分配办法，各区可制定工业用地收储年度计划，土地权利人可向市、区土地储备机构申请土地使用权收储。在符合规划、不改变用途的前提下，鼓励原工业土地使用权人自主或联合改造开发。试点财政支持政策，由各区出资收储并经市政府认定的用于二次开发的工业用地，其土地出让收入全额缴入区级国库。建立"腾笼换鸟"专项资金，适当提高产业结构调整专项资金的规模和补贴力度，支持存量土地二次开发工作。

四川省：突出资金和用地保障。一是强化政策性资金支持力度。加大对企业重大技术装备首台（套）、新材料首批次、软件首版次产品研制和应用支持力度。推进产融合作试点，推广首台（套）、首批次、首版次保险模式。扩大"园保贷"试点①，政策性融资担保业务费率不超过1.2%。二是加强项目用地保障。支持符合全省产业发展方向和区域产业布局要求的重大工业项目列入省级重点项目。对新引进的重点产业项目和重点创新型项目，其新增建设用地指标按照省级匹配70%、地方匹配30%执行。成都市每年将新增建设用地指标的40%用于工业项目。

郑州市：创新用地措施。一是保障用地指标。出台郑州市制造业项目用地保障办法，确保制造业项目用地需求。六县（市）、上街区、航空港区、经开区和高新区要将每年新增建设用地指标的30%以上用于工业项目。二是建立工业用地收储制度。每个重点县（市）区要确保2000亩以上工业收储用地规模，实现工业用地即收即用。鼓励开发区与县（市）联合共建、托管新型产业园，指标数据共用、利益共享。三是探索混合用地模式。推行土地功能混合利用，引导土地利用从单一功能向综合功能转型。对工业用地配套的非经营性地下空间不再增收土地价款。

（五）编制产业地图，构建产业发展生态圈

1. 上海市：编制产业地图、产业用地指南

围绕资源禀赋，绘制产业地图，提高产业发展集中度和显示度，对标国际一流，打造世界级产业集群。一是编制《上海市产业地图》。聚焦融合性数字产

---

① "园保贷"是指由省级财政补偿金和产业园区补偿金按1∶1的比例设立风险补偿资金池，建立银、园、企风险分担机制。产业园区贷款逾期金额达到产业园区补偿金余额2倍时，合作银行暂停园区"园保贷"新业务。发生贷款风险损失时，由合作银行、省级财政和园区财政分别按50%、25%、25%比例进行风险分担。

业、战略性新兴产业等，从空间和产业两个维度，形成现状图和未来图。在产业地图上梳理标识了企业和创新资源，为各方寻找技术、标准、人才服务和产业链合作提供指引。二是建立市、区、镇三级工作机制。市级统筹全市产业规划布局，区级强化区域发展资源和招商引资工作统筹，镇级弱化优化招商引资职能并做好安商稳商服务。三是严格产业项目准入和结构调整管理。及时更新产业用地指南，建立核定项目用地规模，实施项目准入、退出评估的工作机制。四是建立产业园区高质量发展评价机制。实施园区开发主体名录制备案管理，开展园区开发主体综合评价，评价结果与园区主体认定等工作相挂钩。

2. 成都市：建设产业功能区，构建产业生态圈

一是强化顶层设计，制定政策。2018 年 5 月，出台《成都市制造牵引产业生态圈建设五年行动计划》，率先开展产业生态圈的构建和产业功能区的建设，指导产业功能区编制"三图一表"。2019 年 4 月，出台《优化调整后的成都市产业功能区名单》，形成了"16 + 1（军民融合）"的产业生态圈战略布局。二是推动资金、土地、人才等要素向 66 个产业功能区集聚倾斜。每个功能区有一个主办牵头行，每个企业有一个主办银行，做到金融服务"全覆盖"。建立"5 + 5 + 1"① 产业引导基金，持续推进产业基金向产业功能区内项目倾斜。探索依托产业功能区发行专项债务融资工具。持续推进以产出为导向的土地资源配置制度改革，优先保障产业功能区项目用地需求。发布《成都市人才开发指引〔2019〕》，以"16 + 1"各产业生态圈为单位，组织有关产业功能区开展协同推介和专业化人才引进系列活动。

3. 南京市：编制产业地图

制定出台《南京市产业地图》，打造"4 + 4 + 1"② 的主导产业格局，通过发挥产业地图的指南作用，有效服务各类投资者，推动重大项目与产业地图精准匹配、快速落地，引导社会资本向重点区域集聚，加快构建集产业链、创新链等于一体的产业要素体系，推动经济高质量发展，提升城市经济密度。

---

① "5 + 5 + 1"是指 5 大重点产业、5 大重点领域和 1 个现代化产业体系。5 大重点产业为电子信息、装备制造、医药健康、新型材料和绿色食品，5 大重点领域为会展经济、金融服务业、现代物流业、文旅产业和生活服务业，1 个现代化产业体系是指发展新经济，培育新动能，聚焦构建开放型产业体系。

② "4 + 4 + 1"是指 4 大先进制造业、4 大服务业、1 个未来产业，4 大先进制造业为新型电子信息、绿色智能汽车、高端智能装备、生物医药与节能环保新材料，4 大服务业为软件和信息服务业、金融和科教服务业、现代物流和高端商务商贸、文旅健康产业，1 个未来产业，围绕具有重大产业变革前景的颠覆性技术及其新产品、新业态，布局发展人工智能、未来网络、增材制造以及前沿新材料、生命健康等交叉应用领域。

（六）对广西推动工业高质量发展的五个启示

通过对国内相关地区加快推进工业转型升级和工业高质量发展政策措施、实践经验的系统梳理和综合分析，主要有以下共性经验和突出特征。

1. 围绕强龙头补链条聚集群，构建现代化产业体系

党的十九大以来，各地纷纷出台工业高质量发展政策措施，立足产业特色，构建具有特色优势的现代化产业体系，突出金融、人才等要素协同发展，如江苏省构建自主可控的现代化产业体系、四川省构建"5＋1"现代化产业体系、安徽省构建创新型现代化产业体系、江西省构建数字经济引领的现代化产业体系。要按照"强龙头、补链条、聚集群"发展主路径，全面构建起前端有技术支撑、中端有生产协同、后端有市场营销的现代化产业体系。

2. 适应全方位开放，构建"1＋4＋5"区域发展新格局

各地围绕全方位开放要求，构建区域发展新格局，如四川省构建"1＋5"区域发展新格局，江西省构建"123"区域发展新格局。围绕"南向、东融、北联、西合"开放新格局，构建"首府引领、四区协同、五大基地"的区域发展新格局，"首府引领"即构建南宁首府工业圈，突出南宁市全方位对外开放合作的引领作用。"四区协同"即推动桂东承接产业转移集聚区、北部湾临海工业集中区、桂西资源富集区、桂北先进制造示范区协同发展。"五大产业基地"即着力打造国家级石化产业基地，全国重要的钢铁、铜、铝金属材料生产基地，电子智能终端设备制造基地，机械和汽车制造基地，建筑新材料生产基地。

3. 打造平台载体优势，举办具有国际影响力的产业专业博览会

各地围绕产业基础，举办具有国际影响力的产业博览会，带动产业发展，如贵州省举办中国国际大数据产业博览会、浙江省举办世界互联网大会、江西省举办江西国际移动物联网博览会和世界 VR 产业大会。广西拥有中国—东盟博览会等具有区域性国际影响力的平台，但工业或服务型制造领域缺乏具有国际性影响力的平台，这是造成当前工业新旧动能转换滞后的一个关键因素。广西要加快建设办具有国际影响力的产业平台载体，如发挥旅游资源优势和生态环境优势，举办中国大健康产业大会，积极探索组办模式，举办中国—东盟国际工业设计创新大赛，集聚中国—东盟工业设计创新要素。

4. 构建适应现代化发展和市场需求的资源要素体系、产业发展环境

各地为破瓶颈、解难题，强化资源要素保障，建立现代化要素体系，如黑龙江省建立线上政府服务平台、搭建银企信息对接服务平台，上海建立资源利用效率评价制度和资源要素差别化配置机制。广西须结合新时代产业发展要求，创新

产业发展政策，加大对金融机构制造业贷款考核力度，推进绿色金融改革创新试验区建设，建立工业用地收储制度，每年将新增建设用地指标的 40% 用于工业项目，构建现代金融、土地、人才等资源要素协同发展的政策体系。继续深化"放管服"改革和"简易办"改革，建立高效的行政审批体制机制，推进审批流程集成式改革和"区域环评＋环境标准"改革，大幅缩减工业项目行政审批事项、缩短审批时限。破除中阻梗和不作为、乱作为，营造守约践诺的诚信环境，打造"诚信广西"名片。支持具备条件的城市探索建立"政府事务代表"制度，向行业龙头企业派驻机关干部作为政府事务代表，协调解决各类政府事务。

5. 编制产业地图，构建产业发展生态圈

围绕资源禀赋，绘制产业地图，提高产业集中度，如上海市和南京市编制产业地图和产业用地指南，成都市建设产业功能区、构建产业生态圈。广西支持各市立足产业发展实际，重点发展 3 个主导产业，梳理标识企业和创新资源，探索编制产业地图和产业发展指南，为各方寻找技术、标准、人才服务、项目落地和产业链合作提供指引。在南宁、柳州、桂林、北海等市开展产业生态圈的构建和产业功能区建设试点，绘制主导产业产业链全景图、产业生态发展路径图，编制重点企业和配套企业名录。

专题三　战略选择：方位、思路、目标和路径

　　面对新时代的新趋势和新特征，加快广西工业高质量发展必须着力推进战略性转型升级，紧抓新时期对工业高质量发展提出的新要求，厘清工业高质量发展的时代功能定位，明确推进广西工业高质量发展的总体思路和目标考虑，确定实现工业高质量发展的关键路径选择。

一、新时代广西工业发展方位及坐标

　　党的十九大明确提出中国特色社会主义进入了新时代，我国经济已由高速增长阶段转向高质量发展阶段，这是我国经济社会发展新的方位。这个新方位也是谋划好广西工业高质量发展的时代坐标和根本依据。

　　立足区情。广西工业发展面临三个"基本事实"：一是经济发展规律趋势要求广西工业必须走高质量发展道路。目前，广西处于工业化中期阶段，制造业比较优势逐步削弱，亟须跨越转方式、优结构、换动力的关口。二是欠发达地区的区情要求广西工业高质量发展必须总量、质量两手抓，必须立足产业基础，着眼产业未来发展，抓住新一轮科技革命和产业变革的历史性机遇，选择一批重点产业和领域予以重点突破。三是解决发展先进制造业与创新驱动能力不足的矛盾，需要广西在推进工业高质量发展过程中，有效解决产业创新力不强、创新投入不足、科技成果转化不好等重大问题，切实增强产业创新发展能力。

　　放眼全球。新一轮科技和产业革命蓄势待发，数字经济、共享经济加速发展，新产业、新模式、新业态层出不穷，人工智能、量子科学等新技术不断取得突破，新的增长动力不断积累，工业加速向高端、智能、绿色、服务发展转变，世界主要国家都在加紧对高端领域布局，力图抢占未来竞争制高点。广西必须紧

密结合新时代新要求，抢抓全球化的产业重构，紧紧把握新技术革命所带来的发展机遇，消除一切不利于创新的体制机制障碍，全面深化破除妨碍发展的体制机制障碍，激发市场活力，加大创新投入，转变发展方式，培育新的经济增长点。

面向未来。随着社会主要矛盾的变化，当前广西工业高质量发展面临诸多不平衡不充分问题，集中表现为"六个不适应"①。全区工业发展形势的变化意味着工业在全区经济社会发展中的地位和意义发生重大变化，将从经济增长的主要动力逐步转变为技术创新的基础依托和实现经济良性循环、把控经济命脉的关键；意味着广西特色新型工业化道路进入战略攻坚期，将从量的积累、点的突破逐步转变为质的飞跃和系统能力的提升；意味着广西产品、广西企业、广西制造将必须更多地在价值链高端深度参与国际竞争合作。这些变化是全面深刻的变化、影响深远的变化，工业发展策略也必须做出相应的调整。广西必须立足长期积累形成的战略优势，紧扣社会主要矛盾的新变化、新要求，大力推进质量变革、效率变革、动力变革，集中力量提升中高端供给能力、价值创造能力、核心技术掌控能力、绿色发展能力、生产力布局调控能力和大中小企业融通发展能力，加快建成适应科技新变化、人民新需要、优质高效多样化的产业供给体系。

二、新时代工业高质量发展功能定位

在实体经济发展的逐步回归和信息化与制造业深度融合背景下，未来以工业发展为代表和支撑的实体经济发展在国民经济和社会发展中的地位和作用将更加突出、更加重要。工业高质量发展的战略功能将重点体现在五大方面：一是工业高质量发展的经济功能。工业是国民经济的关键构成部分，工业高质量发展是实现经济高质量发展的关键支撑，高质量的工业发展将提供更具科技含量、更加生态环保的经济财富，实现国民经济的持续健康增长。二是工业高质量发展的创新功能。企业是推动科技创新的主体，企业高质量发展是实现产业协同创新的关键环节，高质量的工业发展将构建更具竞争力、更具活力的发展环境。三是工业高质量发展的社会功能。工业是社会生产力的组成部分，工业高质量发展是提升社

---

① 即中高端供给能力与人民对美好生活的需要不适应、价值创造能力与产业迈向全球价值链中高端的需要不适应、核心技术掌控能力与日趋严峻的安全风险形势不适应、绿色发展能力与"既要绿水青山，也要金山银山"要求不适应、生产力布局调控能力与区域城乡之间包容普惠发展要求不适应、大中小企业融通发展能力与产业国际竞争的体系化态势不适应。

会生产能力的关键因素，高质量的工业发展将创造更加美好、更加多样的新供给。四是工业高质量发展的生态功能。生态工业是工业高质量发展的根本之路，构建良好的生态环境是推动工业可持续发展的重要条件，高质量的工业发展将提供更加环保、更加绿色的生态环境。五是工业高质量发展的民生功能。工业是实现扶贫攻坚的高效途径，工业高质量发展是实现脱贫致富的根本出路，高质量的工业发展将创造更多的就业岗位。

三、实现工业高质量发展的总体思路

对工业高质量发展的设定，首先应当从以下三个方面进行理解：

（一）要坚持以供给侧改革为主线

当前全区工业发展下行压力增大、后劲不足，很大原因是工业发展存在工业产品低端低效低质、生产技术落后、要素成本偏高等问题。新时代，要实现做大总量规模、保证发展质量、优化产业结构、提升产品层次、提高综合效益的工业高质量发展要求，以供给侧改革为主线是必然的要求。就是要以产业结构调整为主攻方向，抓新整旧，形成一批附加值高、技术含量高和市场潜力大的工业精品；以产业技术创新为根本途径，着力提高工业全要素生产率，加快形成工业发展的新动能，提升工业供给质量和效益。

（二）要把创新作为工业高质量发展的第一动力

对工业的高质量发展而言，新时代应积极关注三个方面的创新。一是推进产品创新升级。大力开展技术创新和技术改造，提升智能制造水平，鼓励企业开发新产品，加大质量品牌建设，提升产品品质和市场竞争力。二是推进管理和营销模式创新。企业家应树立互联网思维，推进企业扁平化管理，推行线下体验和宣传推广产品、线上卖产品的经营模式。三是推动投融资方式创新。搭建投融资平台，发挥财政资金杠杆作用，引导银行业金融机构、非银行业金融机构和社会资本，投资以工业为重点的实体经济。鼓励企业多渠道融资，推进建立现代企业制度，推行企业股改。

（三）要把践行新发展理念和实现三个变革作为高质量发展的总体目标

高质量发展是一个综合性的概念，涉及多个层面。新发展理念和三大变革

（质量变革、效率变革、动力变革）是实现高质量发展的最直接表现。要践行新发展理念和实现三个变革，对于广西而言，要努力推进工业发展从劳动密集型向技术密集型转变、从资源消耗型向绿色集约型转变、从规模扩张型向质效提升型转变、从中低端发展向中高端发展转变、从投资驱动型向创新驱动型转变，以此响应国家提出的高质量发展要求。

实现工业高质量发展的总体思路应当是：全面贯彻党的十九大和十九届二中、三中、四中全会精神，以习近平新时代中国特色社会主义思想为指导，深入贯彻落实习近平总书记视察广西重要讲话精神，坚持稳中求进工作总基调，坚持新发展理念，把握高质量发展这一根本要求，紧紧围绕统筹推进"五位一体"总体布局和协调推进"四个全面"战略布局，深入实施制造强国、网络强国战略，以供给侧结构性改革为主线，持续推进"工业强桂"战略，着力强龙头、补链条、聚集群，着力抓创新、创品牌、拓市场，着力提升传统产业、壮大新兴产业、振兴轻工业，着力提升智能化、数字化、网络化水平，着力破除制约工业发展的机制障碍，加快推动新旧动能转换，实现工业创新绿色高效发展，努力构建供给质量更高、要素结构更优、创新创业更活的工业高质量发展体系，奋力谱写新时代广西工业发展新篇章。

实现工业高质量发展的基本原则是：坚定不移实施工业强桂战略，持续做强、做优工业，是壮大经济实力、实现高质量发展的根本之策，是补齐发展短板、实现跨越赶超的必由之路。

一是坚持龙头带动。聚焦重点产业和重点领域，发挥龙头企业在构建产业生态中的核心引领作用，实施"引、育、扶"政策，做大、做强、做优一批龙头企业。充分发挥龙头企业在培育"工业树"、打造"产业林"中的主干支撑作用，全面实施中小企业梯度培育计划，培育一批竞争力强的主导企业和"专精特新尖"的中小企业，催生一批"独角兽"企业、行业"小巨人"和行业"隐形冠军"，加快形成大企业顶天立地、中小企业铺天盖地的发展局面。

二是坚持延链补链。树立全产业链思维，分区域、分层次、分领域提升产业链水平，推动产业链现代化。实施建链补链延链强链计划，鼓励引进相互关联的企业纵向配套、横向协作。围绕产业链关键产品、环节和项目，开展产业链精准招商引资，着力引进补链、壮链、延链项目，推动产业迈向价值链的中高端。立足产业发展实际，依托龙头企业，推动产业链向上下游延伸，形成分工有序、相互协作、前后配套、链接紧密的发展格局。

三是坚持集群集聚。立足产业基础和资源禀赋，聚焦主导产业和特色产业，高标准制定产业集群发展规划和产业准入条件、政策措施，推动关联产业、上下游配套企业和各类资源要素向园区集聚，着力打造资源型、制造型、消费型三大产业集群，打造一批在全国有竞争力的千亿级产业集群。发挥优势、突出特色、错位发展，合理布局各市产业集群，推动产业差异化发展。

四是坚持创新驱动。深入实施"创新驱动"战略，把提升创新发展能力摆在更加突出的位置，瞄准工业科技前沿，强化企业创新主体地位和学科建设，深化产学研合作，开展共性基础技术、关键核心技术攻关，打好产业基础。汇聚创新资源、集聚创新力量，打造一批共性技术基础服务平台，协同推进技术创新、产品创新、业态创新、管理创新，打造创新链、形成创新优势，构建全产业链协同创新体系。

五是坚持开放发展。坚持"南向、北联、东融、西合"，高水平对外开放合作，实现内外联动、多维开放，紧紧抓住中国（广西）自由贸易试验区、西部陆海新通道建设契机，深入参与"一带一路"建设，深度融入粤港澳大湾区，加强与云南、贵州、湖南、四川、重庆等省市跨省区域合作，利用好国际国内两个市场、两种资源，不断拓展产业集群发展空间，增创开放型经济新优势。

四、实现高质量发展的总体目标考虑

根据党的十九大对新时代经济社会发展由高速增长阶段转向高质量发展阶段的判断，党中央、国务院对经济高质量发展的总体部署，必须坚持质量第一、效益优先，以供给侧结构性改革为主线，推动经济发展质量变革、效率变革、动力变革，提高全要素生产率。结合上海、广东、江西、贵州、四川、安徽、浙江等省份对工业高质量的总体部署及考虑。构建广西工业高质量发展指标体系，必须准确把握广西工业高质量发展内涵，衔接工信部对推动工业高质量发展的相关部署和要求。从广西工业发展动力不足这个最核心问题入手，围绕新动能、智能化、绿色化，在坚持总量壮大和效率提升的前提下，广西工业高质量发展指标体系应着重体现三个方面：

（一）立足五大发展理念，突出质量变革、效率变革和动力变革对工业高质量发展的支撑作用

1. 质量变革

新动能得到进一步壮大，成为工业高质量发展的主要动力，主要发展目标和

评价指标包括：工业增加值年均增速；战略性新兴产业增加值占规模以上工业增加值的比重，高技术产业增加值占规模以上工业增加值的比重；规模以上工业企业研发与试验发展经费占企业主营业务收入比重等。

2. 效率变革

智能化水平进一步提升，企业生产能力得到改善，主要发展目标和评价指标包括：全员劳动生产率、规模以上工业企业利润率、工业增加值率或制造业产品质量合格率、两化融合工业应用指数、生产性服务业产值占服务业产值比重、5G工业企业普及率等。

3. 动力变革

产出效率大幅提升，绿色发展得到强化，主要发展目标和评价指标包括：制造业增加值占地区生产总值比重，规模以上工业单位增加值能耗，单位工业增加值二氧化碳排放，一般工业固体废弃物综合利用率等。

（二）突出工业特别是制造业在国民经济和社会发展中的主导作用

以发展提升制造业作为经济社会发展的战略导向，巩固制造业在经济发展中的地位，把制造业占GDP比重作为衡量高质量发展的关键指标，确保工业占GDP比重保持相对稳定。

（三）充分体现广西高质量的特征

从广西当前阶段高质量发展主要特征（即创新能力更强、融合程度更深、供给质量更高、产业结构更优、经济效益更好、资源消耗更少）。综合上述考虑，从产业规模、创新能力、质量效益、绿色发展、融合发展五个方面提出17项指标，构建广西工业高质量发展指标体系。

表3-1　广西工业高质量发展指标体系

指标类型	代码	代表性指标	单位
产业规模	A1	制造业增加值占地区生产总值比重	%
	A2	工业增加值年均增速	%
	A3	制造业投资占全社会固定资产投资的比重	%
创新能力	B1	规模以上工业企业研究与试验发展经费支出占企业主营业务收入比重	%
	B2	规模以上工业企业中有研发活动的企业占比	%
	B3	高新技术产业增加值占全区规模以上工业增加值比重	%
	B4	战略性新兴产业增加值占全区规模以上工业增加值比重	%

指标类型	代码	代表性指标	单位
	C1	全员劳动生产率	万元/人
质量效益	C2	规模以上工业企业利润率	%
	C3	工业增加值率或制造业产品质量合格率	%
	D1	单位工业增加值能耗	吨标准煤/万元
绿色发展	D2	单位工业增加值用水量	吨/万元
	D3	单位工业增加值主要污染物排放量	吨/万元
	D4	一般工业固体废弃物综合利用率	%
	E1	两化融合应用指数	%
融合发展	E2	5G工业企业普及率	%
	E3	生产性服务业产值占服务业产值比重	%

五、推动工业高质量发展的路径选择

围绕提升制造业在国民经济社会中的基础和支柱作用，巩固工业作为驱动经济长期稳定增长的核心引擎，振兴实体经济，必须把深度融合、提升产业链水平、扩大开放合作、绿色发展、科技创新、增强企业活力作为主要路径，协同发力，提高现代化制造业体系供给质量。

（一）坚持把推进深度融合作为发展主线

加快推进两化融合、两业融合、产城融合，通过融合提升制造业在产业链价值链中的地位，构建或打造制造业产业链发展竞争新优势。一是两化融合。推进工业互联网、云计算、大数据等新一代信息技术与制造业深度融合，坚持以智能制造为主攻方向，推动产业技术变革和优化升级。深入实施智能制造工程，实施制造业数字化转型升级行动，大力发展智能产品、智能生产、智能服务。二是两业融合。推进先进制造业与现代服务业深度融合，重点发展现代物流、工业设计、现代金融服务业等生产性服务业，培育个性化定制、共享制造业、网络协同制造等新业态新模式，加快制造业向服务型制造转型。三是产城融合。按照"以产兴城、以城促产、产城一体、融合发展"模式，指导各市、县编制国土空间规划，强化园区规划与土地利用规划、城镇规划相统一，全面提升公共服务和基础设施水平，促进园区、城镇协同发展，推进生产生活空间有机交融，打造宜居宜业、产城融合的现代化新型园区，提高劳动力的根植性和产业对人才的吸附力。

（二）坚持把提升产业链水平作为战略重点

围绕构建立足国内的安全可控、自主开放内源产业链，支持上下游企业加强产业链协同和技术合作攻关，在开放合作中形成更强创新力、更高附加值的产业链，打好产业基础高级化、产业链现代化的攻坚战。一是分区域创群，培育在全国具有影响力的产业集群。支持各市围绕区位资源、比较优势、产业基础等，发展 2~3 个主导产业。支持各县（区）围绕特色资源优势，发展 1 个特色产业。支持北部湾经济区将石化、钢铁打造成为在国内具有重要影响的产业集群。支持各市选择自己在全区处于前三、在区域具有一定影响力的 1~2 个产业，打造先进制造业产业集群。支持各市选几种拥有"专精特新"冠军企业的基础产品，形成"专精特新"基础产品产业集群。二是分层次补链，完善产业链薄弱环节。实施"突破工程"，突破关键核心技术、"卡脖子"技术，适时布局前沿产业。实施"短板工程"，集中力量攻克基础元器件、基础材料等"短板"基础技术和电子制造装备、智能检测装备等"短板"关键装备。三是分领域强链，强化三类产业链。优先补强汽车、机械及内燃机等制造型产业链短板，加大基础研究和共性技术研究的支撑力，突破产业链关键环节，率先实现产业链现代化。优化升级钢铁、石化、铝精深加工、锰精深加工、碳酸钙等资源型产业链，促进产业迈向产业链中高端水平。振兴发展粮油加工、制糖、木材加工及造纸、生物医药等消费型产业链，着力提升原始创新能力，加快向产业链后端延伸。

（三）坚持把扩大开放合作作为根本出路

扩大高水平对外开放合作，深化制造业国际国内产业合作，推动企业"走出去""引进来"，在更加开放的环境下推进工业高质量发展。一是紧抓中国（广西）自由贸易区、中国—东盟金融开放门户、中国—东盟信息港等平台加快建设的机遇，强化产业链、产业生态精准对接，重点抓好央企入桂、民企入桂、湾（大湾区）企入桂、外企入桂、桂商返桂，想方设法引进一批龙头企业、补链企业、优质项目。二是突出工业东融，加快与广东建立对口承接产业转移机制，申报创建国家级产业承接转移示范区；建立与粤港澳大湾区良好的分工协作关系，成立广西工业东融指挥部、与大湾区关键部门常态化联动机制、与大湾区重大项目和产业对接机制，重点承接大湾区八大产业，推动六大产业融入大湾区。三是全面提升对外开放合作水平。深度融入"一带一路"、西部陆海新通道建设①，主动参与国际、国内产业链分工。深化制造业国际产能合作，引导优势产业和龙头企业抱团"走出去"，在东盟国家、"一带一路"沿线国家布局。高水平"引进来"，完善外商投资产业指导目录，引导外商投资投向先进制造业。主动吸引在东南亚布局的中资企业回广西布局。

（四）坚持把产业科技创新作为第一动力

以改革创新引领高质量发展，建立适应新时期工业高质量发展的创新体系，提升产业基础能力，突破关键核心共性技术，强化企业创新主体作用，加快重构创新链。一是搭建一批基础共性平台。加强发改、科技、工信、高等院校等组织协调，全面整合各类科技创新资源，加快重构科技创新载体，建设一批面向行业发展需求的开放、协同、高效共性技术创新平台，打造在国内具有影响力的综合性科技中心。二是突破一批行业共性技术。实施工业强基工程（短板工程），聚焦基础研究和交叉基础研究，瞄准关键核心技术、"卡脖子"领域，遴选核心关键零部件（元器件）、关键基础材料和先进基础工艺，集中力量攻关，推动重点行业关键共性技术取得新突破。三是发挥企业在创新中的主体地位。建立以企业为主体的创新体系，优先向企业倾斜配置科技创新资源，建立自主创新技术、产品的政府和重大工程项目采购政策；支持企业作为主体承担重大课题攻关项目，鼓励核心优势企业向创新前端跨越，向基础研究、应用基础研究拓展。四是构建科教成果转化通道。推动科技创新体制机制改革，建立科教成果转化体系，完善重大产业技术创新成果转化机制，加快发展技术交易市场。建立科研成果与企业科技需求对接机制，定期编制发布企业技术需求目录和高校、科研院所可供转化的科技成果目录。

（五）坚持把增强企业活力作为改革重点

充分发挥市场机制的决定性作用，强化竞争政策的基础性地位，制定激发企业主体活力的政策和实施机制，推动产业政策从差异化选择性向普惠化功能性转变，促进公平竞争、优胜劣汰，建立公平竞争、优胜劣汰的市场环境，最大限度

---

① "西部陆海新通道"是中新（重庆）战略性互联互通示范项目的重要组成部分，该通道利用铁路、公路、水运、航空等多种运输方式，由重庆向南经贵州等省份，通过广西北部湾等沿海沿边口岸，通达新加坡及东盟主要物流节点，运行时间比经东部地区出海节约 10 天左右。西部陆海新通道位于我国西部地区腹地，北接丝绸之路经济带，南连 21 世纪海上丝绸之路，协同衔接长江经济带，在区域协调发展格局中具有重要战略地位（资料来源：《西部陆海新通道总体规划》，2019 年 8 月）。

激发企业的创新创业活力。一是做强一批龙头企业。实施龙头企业培育计划，建立所属行业上下游配套协作机制，对龙头企业引进关键配套企业、技改和科技创新项目给予支持，培育一批掌握产业链核心关键节点的生态型主导企业，提高对产业链关键节点控制率，提升在全球化过程中的产业链安全保障能力。二是培育一批"专精特新"中小企业。支持中小型企业走"专精特新"道路，聚焦基础零部件、材料等制造业中上游领域，引导中小企业做强做精主业，提升专业化发展能力。加强中小企业公共服务体系建设，建立"专精特新"隐形冠军企业培育库，培育一批在细分行业市场占主导地位的"专精特新"中小企业。

（六）坚持把绿色低碳发展作为必然要求

深入贯彻"绿水青山就是金山银山"理念，坚决守住生态底线和环保红线，以绿色低碳技术突破和循环经济发展持续推进工业绿色升级发展。一是推动绿色转型。大力推进工业绿色发展，构建绿色制造业体系，建立绿色制造第三方评价机制，创建绿色工厂、绿色园区，开发绿色产品，壮大绿色企业，发展新能源汽车、节能环保等绿色产业，建设绿色供应链。二是倒逼企业节能降耗。实施能效领跑者计划，鼓励企业瞄准国际先进水平、对标国内同业标杆，应用节能与清洁生产技术，实施能效提升、循环利用等专项技术改造。三是大力发展循环经济。开展园区循环化改造，积极开展工业固废综合利用，大力发展汽车关键零部件、机电、工程机械等再制造，推动再生资源高效利用。

专题四　工业高质量发展主导产业的选择与评价

主导产业是指经济发展到某一阶段对产业结构和经济发展起着导向性和带动性作用，并具有广阔的市场前景和技术创新能力的产业。这些产业是一个国家或地区经济的"龙头"，并在产业结构优化中具有导向功能，对其他产业起着引导作用，又对国民经济和社会发展起着支撑作用。近年来，广西工业对国民经济社会的贡献作用逐步下降，其主导作用逐渐弱化，其核心在于工业主导产业的发展后劲和潜力不足。特别是进入新时代，高质量成为工业发展根本要求的背景下，对于广西来说，要实现工业高质量发展，关键在于进一步梳理明确工业主导产业、突出其核心地位，把做大做强主导产业作为工业高质量发展的基石。

一、主导产业选择与评价的理论回顾

自罗斯托开创了主导产业研究以来，国外对主导产业展开了广泛研究。从已有的研究成果来看，国外主要集中在主导产业的基本经济功能，选择基准以及如何从量化的角度来识别主导产业。我国学者则应用国外的研究成果，结合我国国情，提出了有别于国外的主导产业选择方法，形成了具有中国特色的主导产业理论。

（一）国外对主导产业的选择基准研究

1. 赫希曼关联度基准

美国经济学家赫希曼在其《经济发展战略》中提出了主导产业选择的关联度基准[①]。赫希曼指出，在产业关联链中必然存在一些与其具有关联关系的前向

---

① 赫希曼.经济发展的战略［M］.曹征海，潘照东译.北京：社会科学出版社，1991.

产业和后向产业，在投入产出关系中关联系数较大的产业的发展对其前后向产业的发展有较大的影响，可以促进或带动其前后向产业，以主导产业带动其他产业的发展。所以，应该选择关联强度较大，能对其前后向产业起较大带动作用的产业作为主导产业。根据赫希曼的观点，前向关联将永远也不可能以纯粹的方式出现，它必将伴随着"需求压力"所造成的后向关联而发生。前者的作用效果在短期内就明显地表现出来，而后者的作用效果有时需要一个较长的时间跨度才得以显现。赫希曼提出了"有效投资系列"，其中心思想是优先发展后向关联效应大的产业部门，从需求方面形成压力，从而带动整个经济发展。

2. 筱原三代平"二基准"

20 世纪 50 年代，日本经济进入了高速发展时期，日本经济学家筱原三代平从需求和供给两个方面提出了"需求收入弹性基准"与"生产率上升率基准"。按此基准选择主导产业，从需求角度来看，应该选择那些随着人均国民收入增加其需求量也大幅增加的产业作为主导产业。这是因为随着国民经济的发展，这类产业有良好的市场前景和发展潜力，对进一步推动经济增长有更大的作用。按此基准，应选择那些技术进步最快、产品附加价值最高的产业为主导产业。技术进步可以降低生产成本，因而技术进步快的产业，可以获得比其他产业更快的发展，从而可以通过技术的扩散，促进整个产业结构系统的技术进步①。

3. 过密环境基准与丰富劳动内容基准

20 世纪 60 年代，日本提出了过密环境基准，以缓和和解决发展与环境、经济与社会之间的矛盾。过密环境基准要求选择那些污染少，不会造成过度集中问题的产业优先发展，主导产业的选择要以改善环境为基本取向。

丰富劳动内容基准要求在选择主导产业时要考虑到发展能为劳动者提供舒适安全和稳定劳动场所的产业。这一基准与过密环境基准的一个共同之处是反映了日本当时经济发展与社会发展如何协调的问题。丰富劳动内容基准的提出，标志着已经到了将发展经济的最终目的与提高劳动者的满意度如何联系的时代②。

（二）国内对主导产业的选择基准研究

我国学者在广泛引用罗斯托、赫希曼、筱原三代平等学者关于主导产业选择基准的研究成果基础上，结合我国经济发展实际与产业结构状况，提出了主导产业选择的基准，并用于指导国内主导产业选择问题。

---

① 李悦. 产业经济学（第三版）[M]. 北京：中国人民大学出版社，2008.

② 张乃丽，牟小楠. 战后中日主导产业与非主导产业的政策比较——基于产业政策史的视角 [J]. 山东大学学报，2010（5）.

1. 周氏三基准

周振华指出主导产业的选择应遵循增长后劲基准、瓶颈效应基准和短缺替代弹性基准[①]，学术界将其称为"周氏三基准"。我国作为后发国家，要发挥后发优势，必须选择具有增长后劲的产业作为主导产业，重点扶植那些对产业体系整体的持续发展有重大意义的产业，为这类产业创造良好的条件，促进其快速发展。当然，有时这类产业并不一定有很高的全要素生产率，但其具有支撑整个经济持续增长的能力，以发挥我国作为发展中国家的后发优势。短缺替代弹性基准是选择那些目前国民经济中短缺的产业作为主导产业，这类产业无法强制替代，但又是社会迫切需要的。坚持按照该基准选择主导产业，能够满足社会发展的紧缺需要。客观来看，周氏三基准对于广西这样的欠发达后发展地区而言，依然具有较强的实践价值和指导意义。

2. 主导产业选择的"六基准"

关爱萍等（2002）提出了主导产业选择的"六基准"，即持续发展基准、需求基准、效率基准、技术进步基准、产业关联基准、竞争优势基准，作为主导产业选择的基本依据[②]。在"六基准"中，持续发展基准很好地体现了主导产业"具有持续的市场需求"，着眼于主导产业对产业结构系统和国民经济的长远贡献，而不仅是为了当前短期的产值目标，这对我国主导产业选择有着很强的指导意义。竞争优势基准，是指主导产业与其竞争对手相比，拥有资源优势、先进的运作模式、更适合市场需求的产品和服务，以此形成核心竞争力。需求基准是指主导产业的选择要有市场需求做保证，这是"创新，并导致持续的市场需求"特征的写照，主导产业要以满足市场需求作为出发点，同时市场需求又能为主导产业的进一步发展提供支撑。效率基准是指主导产业的选择要能够有效提高配置资源效率，技术进步基准是从供给能力、创新和吸收创新能力方面来界定主导产业的。上述六个基准是一个有机统一体，从供给、需求、产业发展空间、竞争优势等维度提出了主导产业选择的依据，也是对我国在主导产业选择中曾经出现过的诸如采用产业发展的总量指标作为主导产业等问题的一种纠错。

3. 主导产业选择的"七基准"

王稼琼等（1999）提出，主导产业选择应考虑市场前景和市场竞争力、产业之间的带动、创新与进步、吸纳劳动能力、动态比较综合优势、世界市场竞争

---

① 周振华. 产业结构优化论 [M]. 上海：上海人民出版社，1992.
② 关爱萍，王渝. 区域主导产业的基准研究 [J]. 统计研究，2002（12）.

力、可持续发展基准①。王稼琼等（1999）的主导产业选择基准考虑了主导产业在国内、国际两个市场上的竞争能力，由于我国仍是一个劳动力资源相对充裕的国家②，吸纳劳动能力，提供更大就业机会，就有很强的现实意义。创新与进步、产业之间的带动很好地体现了主导产业自身的基本特征，可持续发展问题是关系到当代人与后代人之间利益协调的问题，在面临着资源、环境约束的时代背景下，可持续发展问题具有重大意义，将其纳入主导产业选择基准中，体现了学者们对人类社会发展问题的反思，是对线性工业增长模式的一种"扬弃"。

二、广西工业主导产业选择原则

主导产业选择是为了优化产业结构，推动工业转型升级，争取动态比较优势和促进经济发展，而在一定阶段、一定条件下从一定范围的产业群体中筛选出的，预期将在未来某一阶段起主导作用的产业。广西作为欠发达后发展地区，经济发展水平不高，市场体系尚不健全，基础产业薄弱，在选择主导产业时，应遵循以下基本原则：

（一）经济效益原则

长期以来，广西工业发展滞后于东部沿海发达地区，甚至与中西部先进地区的差距呈现扩大趋势，工业在全区经济社会发展中的主导作用还没有得到充分发挥，在工业主导产业的选择中必须高度重视产业的经济效益。只有具备良好的经济效益，才能更好地实现主导产业在整个国民经济中应有的作用。

（二）竞争优势原则

产业竞争优势原则要求选择那些具有竞争优势的产业作为主导产业。产业的竞争优势来源于创新能力、市场需求、原材料供应、成本优势、相关产业和支持

---

① 王嫁琼，李卫东．城市主导产业选择的基准和方法再分析［J］．数量经济与技术经济研究，1999（5）．

② 从我国人口生育率增长趋势来看，我国正在步入"老龄化"社会，人口红利对经济增长的贡献趋弱，但由于我国仍拥有大量的劳动力资源，未来从劳动力资源向人力资源的转变将是实现转型升级的重要支撑。广西必须加快推进低质低效的劳动力资源向高质高效的人力资源尤其是人才资源转变，实现和发挥人才在工业高质量发展中的第一作用力。

产业等方面。主导产业首先要有创新能力，形成新的生产函数，并促进技术进步。创新是产业发展的关键动力，具有创新能力的产业就具有较强的竞争优势。同时，主导产业的发展需要支撑产业和配套产业为其提供基本服务。支撑产业的发展水平较高，可以避免主导产业在市场竞争中孤军奋战，形成范围经济，对主导产业竞争优势的形成有着很大的作用。市场需求是主导产业竞争优势形成的根本原因，是其持续发展的保证。产业竞争优势基准对于指导广西主导产业选择有着很强的现实意义。

（三）增长潜力原则

市场增长潜力原则要求主导产业选择时要以持续的市场需求为导向，选择那些具有广阔市场前景的产业，是筱原三代平的需求收入弹性基准的具体应用。广西城乡居民收入水平相对较低，需求对产业发展的制约比较明显。因此，在选择主导产业时就要考虑市场需求的因素，该基准要求选择主导产业时，要瞄准产业结构和需求结构的变动方向，符合社会需求变化的规律和趋势，能够具有持续市场增长的潜力，同时要求主导产业本身能够创造出新的市场需求，这样才能保证主导产业的持续发展。

（四）就业贡献原则

就业贡献原则要求主导产业能够以解决社会就业为基本出发点，是日本产业协会提出的丰富劳动内容基准在广西的具体应用。广西劳动力在三次产业中的分布结构不合理，占 15% 左右的农业产值却集中了 52% 左右的就业人口，而占38% 的工业产值却只解决了 3.5% 的就业人口。这种状况说明了农业的劳动生产率低，工业以能源、资源开采、石油化工等资本密集型的产业为主，产业在解决就业上的功能不强。因此，在广西主导产业选择中，要选择就业贡献大的产业为主导产业，以解决社会就业为出发点，提高广西整体就业水平，从而增加劳动者的收入，才能进一步推进主导产业发展和区域经济增长。

（五）环境保护原则

党的十九大提出，建设生态文明是中华民族永续发展的千年大计，把坚持人与自然和谐共生作为新时代坚持和发展中国特色社会主义基本方略的重要内容，把建设美丽中国作为全面建设社会主义现代化强国的重大目标，把生态文明建设和生态环境保护提升到前所未有的战略高度。随着社会经济的发展，人类社会面临的环境问题越来越突出，人类必须寻求经济发展与环境兼容的道路，不能将经济的发展建立在对环境破坏的基础之上。因此，在广西主导产业选择中应坚持环境保护原则。

三、广西工业主导产业的选择与评价研究

本节主要是论述广西工业主导产业的选择与评价的方法。主要以《广西统计年鉴》（2017）、《广西统计年鉴》（2016）以及《中国统计年鉴》（2017）为数据来源，采用因子分析方法，建立多元化指标体系得出广西工业主导产业的选择范围。然后结合相关研究成果和广西工业发展实际情况，综合评估出广西的工业主导产业。

（一）广西工业主导产业选择的指标设计

1. 指标设计

根据前文的分析，并结合实际情况，广西工业主导产业选择的指标体系设计如图 4 - 1 所示。

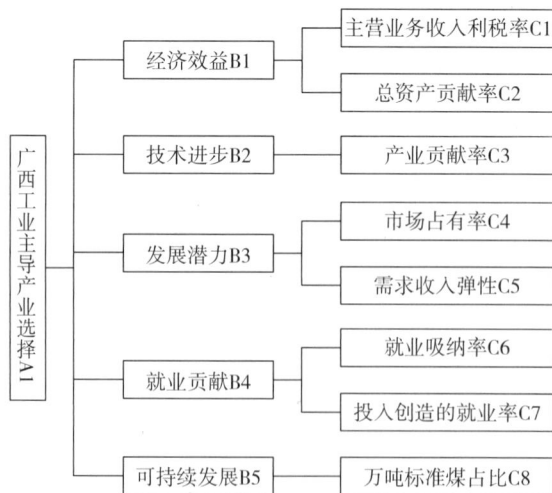

图 4 - 1　广西工业主导产业评价体系

各指标含义及计算过程如下：

（1）经济效益（B_1）。

主营业务收入利税率（C_1）：

$$C_1 = \frac{P_i}{M_i}$$

其中，C_1 代表主营业务收入利税率，P_i 代表 i 产业的利税总额，M_i 代表 i 产业的主营业务收入。它是衡量企业销售收入的收益水平，反映企业盈利水平的一项指标，同时又反映企业贡献程度。一般认为主营业务收入利税率越高，其企业对社会的贡献程度越大。

总资产贡献率（C_2）：

$$C_2 = \frac{P_i}{T_i}$$

其中，C_2 代表总资产贡献率，P_i 代表 i 产业的利税总额，T_i 代表 i 产业的资产总额。反映企业全部资产的获利能力，是企业经营业绩和管理水平的集中体现，是评价和考核企业盈利能力的核心指标。

（2）技术进步（B_2）。

产业贡献率（C_3）：

$$C_3 = \frac{\Delta P_i}{\Delta G}$$

其中，C_3 代表产业贡献率，ΔP_i 代表 i 产业的产值增加值，ΔG 代表广西 GDP 的增加值。此处借鉴赵元笃（2011）的研究方法，将其用于衡量技术进步，产业贡献率越高，代表其技术进步水平越高。

（3）发展潜力（B_3）。

市场占有率（C_4）：

$$C_4 = \frac{S_i}{T_i}$$

其中，C_4 代表市场占有率，S_i 代表广西 i 产业的销售收入，T_i 代表全国 i 产业的销售收入。市场占有率在很大程度上反映了企业的竞争地位和发展潜力，其市场占有率越高说明其发展潜力越好。

需求收入弹性（C_5）：

$$C_5 = \frac{\Delta X_i}{X_i} \frac{y}{\Delta y}$$

其中，C_5 代表需求收入弹性，$\Delta X_i / X_i$ 代表 i 产业产品的需求增长率，$\Delta y / y$ 代表人均收入增加率。C_5 代表了国内收入变化对 i 部门产业产品需求的变化的影响。当 $C_5 > 1$ 时，说明 i 产业部门产品需求低于国民收入增长率，反之则 i 产业部门产品需求高于国民收入增长率。

（4）就业贡献（B_4）。

就业吸纳率（C_6）：

$$C_6 = \frac{L_i}{\sum_{i=1}^{n} L_i}$$

其中，C_6代表就业吸纳率，它是某一产业从业人员的总数占全部产业从业人员总数的比例。其中，L_i就是i行业全部的从业人数，反映了某产业创造就业机会的能力。

投入创造的就业率（C_7）：

$$C_7 = \frac{\overline{L_i}}{\overline{F_i}}$$

其中，C_7代表投入创造的就业率，$\overline{L_i}$表示i产业年平均就业人数，$\overline{F_i}$表示i产业年平均固定资产净值。该指标是衡量某产业就业功能的重要指标。

（5）可持续发展（B_5）。

万吨标准煤占比（C_8）：

$$C_8 = \frac{S_i}{\sum_{i=1}^{n} S_i}$$

其中，C_8代表万吨标准煤占比，S_i代表i产业每万元产值消耗的万吨标准煤。该指标为逆向指标，使用时取其倒数。

2. 产业归类

《广西统计年鉴》将广西工业产业划分为煤炭的开采和洗选业、石油和天然气开采业、黑色金属矿采选业、有色金属矿采选业等共42个产业。本书根据《广西壮族自治区工业与信息化发展"十三五"规划》的产业分类指导，将42个产业归类为食品产业、石化产业、有色金属产业、冶金产业、建材产业、电力产业、造纸与木材加工产业、纺织服装与皮革加工产业、汽车产业、机械产业、电子信息产业、医药制造产业12大产业，并根据本书提出的广西工业主导产业的选择原则，最终选择食品产业、有色金属产业、冶金产业、建材产业、电力产业、造纸与木材加工产业、汽车产业、机械产业、电子信息产业、医药制造产业10大产业作为研究对象。

（二）广西工业主导产业的选择分析

1. 模型构建

在确立了主导产业相关评价指标后，可以构建广西工业主导产业评价模型，如下所示。

$$F_i = \sum_1^8 W_i X_i$$

其中，W_i是指标i的权重，X_i是指标i的得分。根据上文交代，各项指标已经处于同一量纲，无须再次标准化。关于模型中各指标权重的确定以及得分，本书采取因子分析法进行评价。

2. 指标相关性及模型适用性检验

运用 KMO 样本测度法和 Bartlett 球形检验法对样本进行检验。KMO 样本测度法用来检验是否适用因子分析，Bartlett 球形检验是通过转换为统计量来完成变量之间是否相关的检验。用 SPSS22.0 对原始数据进行处理，检验结果显示：KMO 值为 0.613，Bartlett 球形检验的统计值为 47.158，显著性概率为 0.013，故拒绝指标间不相关的原假设，而且指标间相关性比较高，适合于作因子分析。

3. 提取公共因子、求解旋转后的因子载荷矩阵

采用主成分分析法求初始公共因子特征值、方差贡献率及累计方差贡献率。计算结果表明，提取的公共因子累计方差贡献率达到85.164%，说明提取的公共因子能够解释 8 个原始变量的85%，如表 4 - 1 所示，较为充分地保留了原始变量信息，有比较好的代表性。用 Kaiser 标准化最大方差法对提取的公共因子建立因子载荷矩阵，如表 4 - 2 所示，经 5 次迭代后收敛循环，由表 4 - 2 的结果并结合图 4 - 1 指标可知：公共因子 F_1 在 C_2 上载荷较大，可以命名为 "经济效益" 因子；公共因子 F_2 在 C_6 上载荷较大，可以命名为 "就业贡献" 因子；公共因子 F_3 在 C_3 上载荷较大，可以命名为 "技术进步" 因子。

表 4 - 1　总方差解释表

元件	提取载荷平方和			旋转载荷平方和		
	总计	方差（%）	累计（%）	总计	方差（%）	累计（%）
F_1	4.028	50.349	50.349	3.116	38.945	38.945
F_2	1.940	24.254	74.603	2.233	27.907	66.852
F_3	0.845	10.561	85.164	1.465	18.312	85.164

注：提取方法：主成分分析。

表 4 - 2　旋转后的成分矩阵

	公共因子		
	F_1	F_2	F_3
C_2	0.981	- 0.081	0.085
C_7	0.903	- 0.410	0.024

	公共因子		
	F_1	F_2	F_3
C_5	0.786	0.106	0.463
C_8	0.785	− 0.239	0.481
C_6	− 0.132	0.916	0.006
C_1	0.057	− 0.854	− 0.190
C_4	− 0.183	0.647	− 0.373
C_3	0.224	0.047	0.915

提取方法：主成分分析法。旋转方法：具有 Kaiser 正规化最大变异法。

a. 在5次迭代中收敛循环。

4. 求解因子得分和综合得分

用SPSS22.0基于因子得分系数矩阵与原始变量标准化值求解因子得分，然后根据各公共因子得分（见表4-3），有如下结果：

表4-3 主成分评分系数矩阵

	公共因子		
	F_1	F_2	F_3
C_1	− 0.045	− 0.406	− 0.127
C_2	0.369	− 0.060	− 0.267
C_3	− 0.211	− 0.018	0.783
C_4	0.151	0.329	0.343
C_5	0.239	0.141	− 0.146
C_6	0.084	0.440	− 0.026
C_7	0.440	0.114	− 0.266
C_8	0.175	− 0.032	0.194

注：提取方法：主成分分析法。旋转方法：具有 Kaiser 正规化的最大变异法。

$$F_1 = -0.045 \times C_1 + 0.369 \times C_2 - 0.211 \times C_3 + 0.151 \times C_4 + 0.239 \times C_5 + 0.084 \times C_6 + 0.440 \times C_7 + 0.175 \times C_8$$

$$F_2 = -0.406 \times C_1 - 0.060 \times C_2 - 0.018 \times C_3 + 0.329 \times C_4 + 0.141 \times C_5 + 0.440 \times C_6 + 0.114 \times C_7 - 0.032 \times C_8$$

$$F_3 = -0.127 \times C_1 - 0.267 \times C_2 + 0.783 \times C_3 + 0.343 \times C_4 - 0.146 \times C_5 -$$
$$0.026 \times C_6 - 0.266 \times C_7 + 0.194 \times C_8$$

再根据各公共因子特征值方差贡献率作为权数，计算反映广西各个工业产业发展状况的综合测评得分：广西工业产业发展状况的综合测评得分 = 38.95% × F_1 + 27.91% × F_2 + 18.31% × F_3。

由以上方法得出广西各个工业产业的综合得分与排序，见表 4 - 4。

表 4 - 4　广西工业产业的综合得分与排序表

	F1 得分	比重	F2 得分	比重	F3 得分	比重	最终得分
电子信息产业	106.08	0.39	-19.09	0.28	85.24	0.18	51.60
汽车产业	24.57	0.39	-3.31	0.28	15.79	0.18	11.54
机械产业	23.46	0.39	-2.77	0.28	11.70	0.18	10.51
医药制造产业	21.98	0.39	-5.97	0.28	4.43	0.18	7.70
造纸与木材加工产业	10.30	0.39	4.38	0.28	-0.58	0.18	5.13
冶金产业	5.48	0.39	9.73	0.28	-0.93	0.18	4.68
食品产业	13.67	0.39	-3.80	0.28	-6.16	0.18	3.13
建材产业	11.44	0.39	-1.13	0.28	-7.16	0.18	2.83
有色金属产业	5.02	0.39	0.89	0.28	-0.41	0.18	2.13
电力产业	5.28	0.39	-4.31	0.28	0.70	0.18	0.98

综上所述，基于因子分析可知，广西工业产业综合得分排名为电子信息产业、汽车产业、机械产业、医药制造产业、造纸与木材加工产业、冶金产业、食品产业、建材产业、有色金属产业和电力产业。

（三）基于三维分析模型的广西工业主导产业再分析

根据上文的因子分析可知，"经济效益"因子累计方差贡献率达 38.9%，而"就业贡献""技术进步"因子累计方差贡献率分别为 27.9% 和 18.3%。基于科学、全面地评价原则并结合实际情况，确定评价的基准为经济效益、技术进步、就业贡献、创新发展、绿色发展以及发展潜力。为了更加科学、全面地评价广西的工业产业，在三维分析模型中，本书进一步细化广西工业产业主导作用的分析，结合《广西统计年鉴》（2017）和《广西壮族自治区工业与信息化发展"十三五"规划》，将评价的产业细分为 20 个行业。

在分析过程中，经济效益采用利税总额来评价，就业贡献采用就业吸纳率来评价，技术进步采用产业贡献率来评价。根据细分的 20 个行业的已有数据，分别计算出主营业务收入利税率和产业贡献率，如表 4-5 所示。

表 4-5　广西工业产业细分行业相关数据表

行业	利税总额	就业吸纳率	产业贡献率
汽车制造业	339	0.090	0.162
机械行业	386	0.083	0.104
电子信息行业	152	0.117	0.208
医药制造行业	149	0.162	0.025
纺织服装行业	197	0.078	0.015
皮革加工行业	67	0.081	− 0.002
造纸及纸制品业	162	0.064	0.003
木材加工行业	645	0.081	0.138
电力行业	312	0.172	0.057
建材行业	864	0.128	0.147
有色金属行业	175	0.068	0.087
冶金行业	377	0.019	0.183
石油行业	25	0.376	− 0.019
化学及制品行业	582	0.091	0.060
食品行业	798	0.101	0.208
烟草制品业	2	0.687	− 0.014
高端装备制造业	44	0.105	0.015
废弃资源综合利用业	33	0.098	0.017
燃气生产和供应业	15	0.182	0.006
水的生产和供应业	42	0.239	0.003

根据表 4-5，为了更科学、直观地研究广西工业细分行业的相关情况，构建以 X 轴表示产业贡献率，Y 轴表示就业吸纳率，圆形大小代表行业的利税总额的评价模型，详见图 4-2。

散点图分析是厘清发展主体关系和发展指标趋势的有效手段，通过对广西工业产业细分行业的散点图分析可以看出，电子信息行业、食品行业、汽车制造业、建材行业整体评价良好，可以考虑作为主导产业发展。而机械行业、冶金行业、电力行业、木材加工行业、有色金属行业主导优势不太明显，有待于进一步发展。其他各行业整体评价一般，不适合作为主导行业发展。

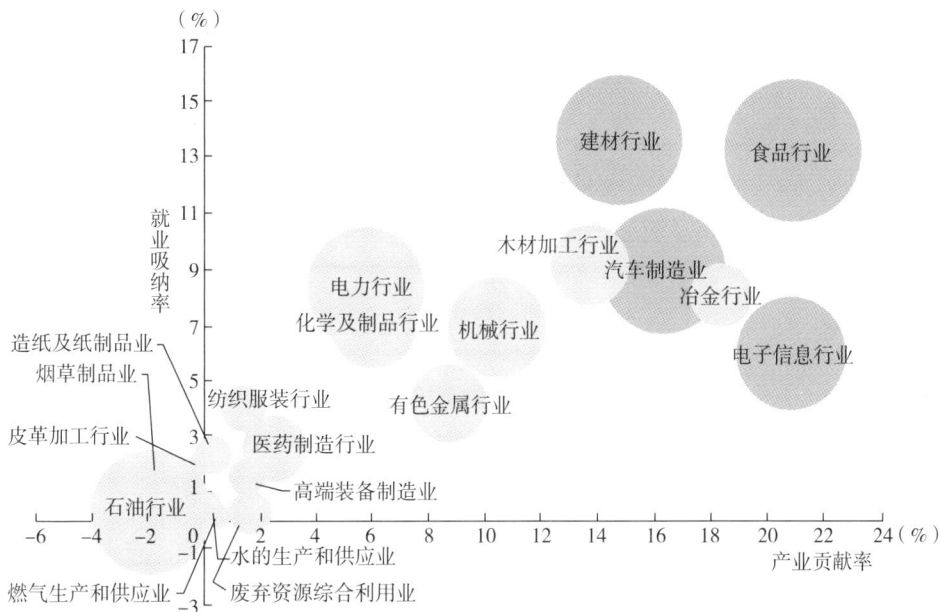

图 4 - 2　广西工业产业细分行业评价指标与趋势研判

（四）广西周边省份工业主导产业的比较分析

工业主导产业的选择不仅要考虑本区域自身的发展现状与潜力，还要考虑其他省市，特别是广西周边省份的工业主导产业的选择。通过分析广西周边省份的经济发展状况和工业主导产业的选择，有利于充分发挥比较优势，避免区域之间的恶性市场竞争，对于合理评估广西工业主导产业的选择具有重要的指导意义。

通过对比分析各省份的新兴产业发展"十三五"规划，总结归纳出广西周边四省新兴产业发展对比表（见表 4 - 6）。通过表 4 - 6 可以看出，广西周边四省都把电子信息技术产业、新材料产业、高端装备产业、生物医药产业作为重点发展的新兴产业。其中广东的绿色低碳产业、数字创意产业、战略性产业属于自身省份特色产业，而湖南的节能环保产业、网联智能汽车产业、虚拟现实产业、机器视觉产业也具有很好的省域发展优势，这也为广西的主导产业的选择提供了重要的参考借鉴。

通过研究湖南、广东、贵州、云南的"十三五"时期工业新兴产业的发展规划，可以发现四省都深入贯彻"创新、协调、绿色、开放、共享"五大发展理念，守住发展和生态两条底线，以提高发展质量和效益为中心，以供给侧结构性改革为主线，扩大有效供给，满足有效需求，以"互联网＋"行动计划为路径，促进电子信息制造、高端装备、新材料、新能源汽车、新能源与节能环保等新兴产业发展，以期形成引领产业发展新常态的体制机制和发展方式。研究以上四省的新兴产业发展规划，对广西评价工业主导产业具有重要的借鉴意义。

表4-6　广西周边四省新兴产业发展对比表

类型＼区域	广东	湖南	贵州	云南
特色产业	绿色低碳产业 数字创意产业 战略性产业①	节能环保产业 网联智能汽车产业 虚拟现实产业 机器视觉产业②	大数据为引领的 电子信息制造产业 新能源汽车产业	食品和消费品 制造业
共有产业	电子信息技术产业、新材料产业、高端装备产业、生物医药产业			

（五）广西工业主导产业的评价结果

综上所述，基于因子分析可知，广西工业产业综合得分排名前五的分别为电子信息产业、汽车产业、机械产业、医药制造产业、造纸与木材加工产业。结合基于三维分析模型广西工业主导产业再分析的结果以及《广西壮族自治区工业和信息化发展"十三五"规划》和周边省市发展情况，本书提出以下观点：

（1）电子信息产业作为高新技术产业的重要组成部分，是全球创新最活跃、带动性最强、渗透性最广的产业领域。"十二五"期间广西电子信息产业进入迅速发展阶段，发展成效显著、潜力巨大，主要集中布局在北海、南宁和桂林。要坚持创新引领、应用驱动、融合发展，突破重点核心领域和关键技术，找准定位，加快发展，开启以迭代创新、大众创新、微创新为突出特征的创新时代。

（2）汽车产业是广西最具优势和发展潜力的支柱产业，也是广西重点发展的千亿元产业之一，在整个工业体系中处于主导地位，发展基础良好，发展潜力巨大。应加快汽车产业区域布局，形成以柳州为中心，以玉林、桂林为基地并辐

---

① 广东提出要加快颠覆性技术创新，抢占未来产业发展先机，发展天空海洋、未来网络、生命科学、核技术等战略性产业。

② 机器视觉是人工智能正在快速发展的一个分支，简单来说，机器视觉就是用机器代替人眼来做测量和判断。当前，该产业处于起步发展阶段。

射南宁的汽车产业集群，重点在东盟和"一带一路"沿线国家进行产品市场开拓、生产布局，加快布局发展无人驾驶汽车、新能源汽车，充分发挥汽车工业的区域性主导优势。

（3）机械产业素有"工业的心脏"之称，是其他经济部门的生产手段，也是衡量一个地区工业化程度的重要标志。"十二五"期间，广西机械工业发展整体相对缓慢，机械工业转型升级较为落后。结合广西地区经济发展总体情况，在机械工业应作为主导产业加快发展，重点发展工程机械、电工电器、农业机械、石化通用机械和专业物流装备，全面实现广西机械工业产业的转型升级。

（4）医药制造是支撑发展医疗卫生和健康服务的重要基础，具有重大的现实发展意义。"十二五"期间，广西医药制造保持了快速发展的态势，取得了显著的发展成效。应加快医药制造产业结构调整和转型升级，充分利用广西丰富的医药资源，打造医药制造企业品牌，形成以南宁、桂林、柳州、玉林等市为主的现代医药产业集群，促进广西医药产业的快速发展。

（5）食品产业是广西的传统产业，也是广西第一大工业产业。"十二五"期间，食品工业稳步发展，充分发挥了第一大工业的产业示范带动效应，对关联产业的发展起到重要的推动作用。要实现食品工业产业的提质增效和转型升级，延伸产业链条，提高附加值水平，坚持绿色、安全、生态的发展方向，提升食品安全水平，推动食品工业互联网新经济发展。

广西要按照"智能、绿色、低碳、循环"的转型升级要求，坚持创新驱动、提质增效、转型升级和绿色发展，不断夯实产业基础，不断提高综合集成水平，不断增强创新发展能力，以汽车产业、机械产业、食品产业和电子信息产业作为主导产业，全面打造工业和信息化发展升级版，加快构建具有广西特色的现代产业体系，加快实现广西工业高质量发展。

专题五 广西工业高质量发展的战略重点

工业是实体经济的核心，是国民经济的主导力量，是新常态下稳就业、增收入的重要支撑。工业稳则经济稳，工业强则国家强，加快发展迎头赶上的根本动力最终得靠产业。工业要在不断变革的时代环境下取得新的突破，新旧动能接续转换是关键。对于广西而言，新旧动能转换需加快提升传统产业精深加工能力，大力发展新兴产业，加快建立高端智能制造体系，鼓励制造企业向服务型制造转变，提升高端高质高效供给能力，着力优化产业结构，重点解决传统产业不强、新兴产业薄弱、动能接续乏力、空间布局不优等问题，实现新旧动能转换，促进工业高质量发展。

一、优化提升传统动能

加快推进传统产业改造升级，优化提升传统动能，是新旧动能转换的关键所在和广西工业高质量发展的主要路径，既是当务之急，更是长远大计，事关广西经济社会长远发展大局。

（一）总体方向

围绕供给侧结构性改革主线，在去产能中减存量、优增量，研发新技术、开发新产品、开辟新市场。运用新技术和先进实用技术改造提升传统动能，实施制造业技改工程、机器换人工程，推动汽车、机械、铝、冶金及有色金属、石化、糖业等传统优势产业转型升级，着力打造具有核心竞争力和区域竞争力的产业集群。在做大做强现有产业的同时，培育新的增长点，振兴发展轻工业，着力填补消费品工业空白领域，提升农林产品就地精深加工能力，推动轻重工业协调发展。

（二）经验借鉴：要素支撑，延伸链条

1. 浙江省：推进供给侧结构性改革，优化工业发展环境

一是减税降负，从研发费用加计扣除到研发产品增值税即征即退，企业享受研发费用加计扣除优惠税额从 2011 年的 28.1 亿元增加到 2016 年的 84.4 亿元。二是实施"四换三名①"政策，打破阻碍落后产能淘汰的"坛坛罐罐"，为优质企业、重点项目腾出发展空间。三是打出"小镇牌"，突破性创建省级特色小镇，在特色小镇范围内实施先行先试的改革试点。四是强化两化融合，出台《浙江省两化深度融合国家示范区建设 2017 年工作方案》等文件，在企业和产品层面推进"五化并进"②式改造升级，促使工艺技术改进、产品升级换代。

2. 重庆市：推动技术改造，带动传统产业的转型升级

一是实施技术改造工程。出台《关于鼓励企业加大研发投入推动产业转型升级发展的通知》等文件，启动近百项技术改造项目，鼓励企业加大"四新"改造投入。二是加快构建绿色制造体系。出台《重庆市绿色制造体系建设实施方案》等文件，开展绿色制造试点示范和汽车、电子等行业绿色供应链示范，在大气污染重点行业实施清洁生产改造项目。三是深入去产能。出台《关于印发重庆市钢铁煤炭行业化解过剩产能专项奖励资金管理实施细则的通知》等文件，去除"地条钢"产能，封闭煤矿，去煤炭、水泥产能，处置"僵尸"企业。四是持续实施智能制造工程。推动新能源汽车、高端医疗器械等项目落地，开展手机及笔电企业智能制造对接。

3. 四川省：强化土地、资金、技术三大保障，助推产业的升级发展

一是采取"一区多园"模式，实施园区创新改革发展工程，建设一批航空航天、信息安全、轨道交通等特色化、专业化园区。二是实施新一轮技术改造，出台《关于加强企业技术改造的实施意见》等文件，深入开展消费品工业"三品"专项行动。三是实施"降成本"专项工程，减轻要素、物流成本负担。四是设立产业引导基金，出台《四川省产业发展投资引导基金管理办法》等文件，设立工业科技、军民融合、创新创业等各类产业发展投资引导基金，形成具有地方特色的较为完善的政府投资引导基金体系。

---

①　"四换三名"是指腾笼换鸟、机器换人、空间换地、电商换市和培育名企、名品、名家。

②　"五化并进"是指工业设计信息化、装备产品智能化、生产过程自动化、营销模式网络化、全面管理信息化。

4. 安徽省：强化市场和技术导向，引导传统产业转型发展

一是以市场需求为导向，按照多样化、特色化发展，开辟市场新需求。二是以技术革新为导向，坚持改革、改组、改造相结合，不断推进技术、产品、管理创新，持续促进产品、企业、产业升级。三是以融合发展为导向，实施传统产业上下游企业兼并、重组融合，高新技术嫁接改造方式的传统产业与高新技术产业的融合，云计算、大数据、电商化渗透方式的传统产业与智能化融合。四是以产业集聚为导向，依托资源条件、产业基础和龙头企业，建设发展特色鲜明、集中度高、关联性强、市场竞争优势明显的产业基地、产业集群。五是以价值链攀升为导向，促进传统产业工艺流程、产品、链条升级，向价值链的中高端攀升。

表 5–1　浙江、重庆、四川、安徽推动产业转型升级的政策措施

地区	主要措施	相关政策文件
浙江	减税降负、实施"四换三名"、创建"特色小镇"、强化两化融合	《浙江省两化深度融合国家示范区建设 2017 年工作方案》《关于加强企业管理创新工作的指导意见》
重庆	实施技术改造工程、构建绿色制造体系、深化去产能、实施智能制造	《关于鼓励企业加大研发投入推动产业转型升级发展的通知》《重庆市绿色制造体系建设实施方案》《关于印发重庆市钢铁煤炭行业化解过剩产能专项奖补资金管理实施细则的通知》《重庆市工业龙头企业采购本地配套产品奖励试行办法》
四川	建设"一区多园""园中园"特色园区、实施新一轮技术改造、实施"降成本"专项工程、发起设立产业引导基金	《关于加强企业技术改造的实施意见》《四川省产业园区创新改革发展规划（2016～2020 年）》《四川省产业发展投资引导基金管理办法》《四川省省级产业发展投资引导基金财政出资预算管理暂行办法》
安徽	以市场需求、技术革新、融合发展、产业集聚、价值链攀升为导向推进传统产业改造提升	《传统产业改造提升工程实施方案》《关于金融支持服务实体经济发展的意见》《关于充分利用多层次资本市场着力调结构转方式促升级的意见》《关于推进普惠金融发展的实施意见》《关于加快建设金融和资本创新体系的实施意见》

资料来源：根据浙江、重庆、四川、安徽等地方部门文件及报告材料整理。

5. 对广西优化提升传统产业的启示和借鉴

通过学习发达地区和先进省市的成功经验和有效做法，广西应从以下方面着手优化提升传统产业。

一是深化"两化融合"带动传统产业转型升级。浙江、安徽等地通过新旧产业的交互作用、融合渗透，逐步创造出全新的产业体系，完成产业结构转型升级。广西应注重互联网与传统产业的深度融合，引导传统产业应用云计算、大数据等技术，创新营销模式，带动传统产业向智能化、数字化、网络化发展。

二是凝心聚力扶持企业，突出技术改造创新核心作用。重庆、安徽等将技术改造创新摆在突出位置，推动以供给侧结构性改革为核心的产业创新。广西应鼓励优势支柱产业向价值链中高端延伸，培育新链条、新业态，实施技改工程、机器换人工程，提升优势产业的技术水平、产品创新能力。

三是创建产业特色小镇和现代园区，促进产业集聚发展。选取资源条件、产业基础优势区域试点示范，借鉴浙江等地做法，打造产业小镇和现代园区，主动承接产业转移，推动产业集聚发展。借鉴四川、重庆等地做法，组建广西产业发展基金，引导特色优势产业集聚升级发展。

四是谋划实施技术改造项目，激发传统动能提升。围绕资源深度转化精准谋划、实施重点工业项目技术改造升级工程。鼓励企业加大技术改造、技术创新投入，在有色金属、石化、建材、食品等资源型产业链延伸上下功夫，提高资源精深加工比重。

（三）建设举措：智能绿色，低碳循环

结合区位优势、资源禀赋和产业基础，借鉴上述地区优化提升传统动能的建设经验，按照"智能、绿色、低碳、循环"的转型升级要求，以技术改造为重点推进汽车、机械、铝、冶金及有色金属、石化、糖业等传统产业"二次创业"向纵深发展，全面振兴轻工业。实施制造业技改工程、机器换人工程等，化解企业过剩产能、调整产品结构。应用互联网、信息化技术，推动智能化发展，培育大企业集团，推动产业集群发展。

表5-2　传统产业转型升级方向

序号	产业名称	重点方向
1	汽车产业	推动汽车产业跨越发展，稳定总量，增加品种，发展中高端车型，提升整车自主研发能力。打造乘用车和商用车、特种车、新型发动机、零部件、后市场服务5条关键产业链
2	机械产业	推动机械产业智能化，加快"两企三城"建设，发展工程机械、内燃机、通用机床3条关键产业链

序号	产业名称	重点方向
3	铝产业	推动铝全产业链发展，加快发展铝业精深加工，生产制造高性能铝合金新材料。发展航空航天用铝、交通用铝、电子电器用铝、铝材、建筑用铝5条关键产业链。健全完善"铝—电—网"模式，培育发展铝产业集群
4	冶金及有色金属	优化冶金及有色金属产业布局，以柳钢防城港钢铁基地为核心，发展建筑用钢、汽车用钢、船舶用钢、不锈钢新材料4条关键产业链。推动有色金属产业入园集聚发展，加快打造生态环保型有色金属产业集群
5	石化产业	推进石化产业绿色发展。推进炼化一体化，推动石化产业与建材、轻工、汽车、装备制造、电子信息、医药等产业耦合发展。发展石油炼制、改性沥青、橡胶、化纤、化肥、煤化工6条关键产业链
6	糖业	推动糖业转型升级，推动制糖企业跨行业、跨区域兼并重组，打造具有较强竞争力的糖业集团
7	轻工业	振兴轻工业，着力填补消费品工业空白领域，提升农副产品就地精深加工能力，实现轻重工业协调发展。重点发展日用化工、黑白家电、五金水暖、纺织服装及皮革等消费品产业和粮油加工、木材加工及造纸、茧丝绸、休闲食品、酒类及包装饮用水等农副产品加工业

要以二产与三产互融、空间与产业互配、市—区与区—区互联的协同发展模式促进产业结构优化，以创新环境优化、核心技术突破、龙头企业引领为关键，促进优化提升新动能。主要措施建议如下：

1. 减轻负担，推动企业提质增效

落实国家政策，进一步降低企业用地、电、水、燃气等运行成本，有效降低企业融资成本。加快产业结构调整，提升传统产业的技术含量和品牌知名度。

2. 谋划实施重大产业化项目，优化产业结构

加快实施重点工业项目工程，在有色金属、石化、建材、食品等资源型产业链延伸上下功夫。按照储备一批、签约一批、开工一批、投产一批、达产一批"五个一批"方向，有序推进重大产业化项目落地实施。

3. 强化"技术应用"作为转型升级、提质增效的核心作用

要把重点产业的科技创新摆在更加突出的位置，推动以供给侧结构性改革为核心的产业创新。围绕加快向价值链高端延伸，实施技改工程、机器换人工程，引导优势支柱产业培育新链条、新业态，提升技术水平和产品创新能力。

4. 加强品牌建设，提升消费工业企业附加值

大力支持优势品牌升级，扩大品牌影响力，提高品牌竞争力。主动承接粤港澳大湾区的家电、智能手机、集成电路等高附加值消费品工业转移，与电子信息产业链形成互补，推动产业集群发展。

5. 延伸优化产业，推动产业集群发展

加大产业集群培育力度，研究出台推动产业集群发展的创新政策措施。发挥行业龙头企业的引领带动作用，引导产业围绕行业主产业链、关联配套产业聚集发展，形成产业循环链式集群，建设主业突出、副业丰富、特色鲜明的高质量发展产业集群。

6. 扶持中小企业，释放民营经济活力

突出民营经济的主导作用，积极开展民营经济试点工作，在南宁、柳州、桂林等城市创建民营经济改革示范区，加快建立中小企业和民营经济发展基金，搭建平台，积极组织开展企业家、专业技术人才等培训，加大中小企业科技投入，改造老企业、建设新企业，推动"老字号"向"新字号"转型，"国字号"向"民字号"转型，"原字号"向"精字号"升级发展。

7. 全面推进技改升级

把技术改造升级作为扩大工业有效投资的"牛鼻子"，尤其是通过增量投入带动存量调整，加快先进装备制造业发展，推动新一轮工业的技术改造升级。一是制定企业技改推进计划。充分发挥技术改造促进企业由小到大、由弱到强、由低端到高端、由传统产业到新兴产业的关键作用，鼓励制造业企业采用新技术、新工艺、新设备、新材料对生产设施、工艺条件及生产服务等进行改造提升。制定技术改造推进计划路线图，加大技改资金扶持力度，明确工作目标、方向、路径和举措，开展两化深度融合诊断服务，推动企业建立和改进两化融合实施路径。二是促进产业高端化改造。引导高技术企业、创新创业企业拓展北斗导航、石墨烯、智能机器人、3D打印、通用航空、先进轨道交通等前沿领域。积极推进一大批传统工业企业转型升级。每年发布重点产业链产业高端化技术改造指导目录，鼓励龙头企业、科研院所、高等院校牵头创建行业联盟和产学研联盟，推动制造业向产业链高端领域和价值链高端领域攀升。三是推广应用智能制造技术。聚焦制造关键环节，在基础条件好、需求迫切的企业启动智能制造试点及示范推广，带动制造业迈进智能制造。建立广西工业企业智能制造体系，显著提升产品、生产、管理、服务等智能化水平，降低运营成本、提高生产效率。

二、培育壮大新兴动能

当前，新一轮科技革命和产业变革加快推进，全球分工体系和竞争格局加速重构。必须紧紧把握这一重大发展契机，培育壮大新兴动能，用新动能推动新发展。培育壮大新兴动能，是应对新一轮科技革命和产业变革的战略选择，是推进供给侧结构性改革的现实需要，也是实现工业高质量发展的必由之路。

（一）总体方向

新兴产业是新动能的主要载体和主导力量，聚焦新兴产业创造新动能，既要培育发展前景广阔的新兴产业，也要化解落后产能、运用新技术改造和提升传统产业，实现"老树发新枝"，促进社会生产力整体跃升。紧紧抓住新一代信息技术和互联网技术、数字智能制造等带来的新一轮产业革命契机，培育壮大新动能，重点发展新一代信息技术、高端装备制造、新能源汽车、生物医药、新材料、节能环保、生产性服务业等新兴产业，培育一批新兴产业集群，集中力量打造一批新兴产业专业平台和载体，夯实新兴产业基础，强化工业发展新动能。

（二）经验借鉴：创新驱动，精准突破

1. 安徽省：以科技研发创新为支撑，积极做好新兴产业的培育工作

一是围绕"把核心技术掌握在自己手中"，切实加强科技创新能力建设，建设综合性国家科学中心、国家实验室和国家级工程技术研究中心。二是抓创新型试点省和合芜蚌试验区平台建设，做好项目承接转移。三是抓新兴产业基地、新兴产业专项建设，促进新兴工业产品产量高速增长，实施亿元以上工业技术改造工程。四是落实"调转促"行动计划，从完善公共服务平台、强化重大项目支撑、优化规划政策引领、强化自主创新驱动以及资源要素保障等方面推动新兴产业基地建设。

2. 四川省：营造适宜新兴产业发展的城市环境，吸引大型企业进驻，带动新兴产业全面发展

一是着力营造具有全球竞争力的营商环境和人文环境，树立了"来了就不想

走"的城市品牌,成功地集聚和吸引了人才、科技、资本等新兴产业发展的关键要素。二是从点、线、面三个层次开展创新体系建设。在"点"上开展国家级企业技术中心建设工作,在"线"上建设国家级、省级工程实验室和工程研究中心,在"面"上加快区域创新平台建设。三是打造众创四川平台,推动成都硅谷国际孵化器等建设。

3. 浙江省:强化资金、人才保障,增强产业创新发展的动力

一是设立战略性新兴产业专项资金,用于扶持战略性新兴产业发展。二是设立创新强省专项资金,用于扶持战略性新兴产业领域相关企业的科技创新和人才引进培育。三是设立产业特色鲜明的高新园区,推动新兴产业的垂直整合。四是实施重点企业研究院、重大技术攻关、重点创新团队"三位一体"的新兴产业技术创新综合试点。五是实施"十百千万"科技型企业培育工程,培育国内顶尖、国际一流的创新型领军大企业。六是大规模推进"机器换人",开展现代化技术改造。

4. 贵州省:聚焦具有核心竞争力的关键产业,推动产业重点突破

一是抢抓数字经济发展机遇,把发展大数据作为优先发展战略,建成全国第一个省级政府数据集聚共享开放的"云上贵州"系统平台、设立全国第一个大数据交易所,举办大数据产业博览会。二是发展以大健康为目标的医药养生产业,把中药现代化发展作为带动全省工业和农业发展的重要结合点。三是把新材料作为战略突破口。四是大力发展以节能环保低碳为主导的新型建筑建材业。

5. 江苏省:强化人才和技术支撑,大力扶持创新型企业

一是省市联动搭建产业发展推介平台,引进一批重大项目、世界一流研究机构和人才团队。二是培育一批省级制造业创新中心,支持行业龙头企业建立研究院、工程技术研究中心等创新平台。三是分类培育骨干企业,通过兼并重组、产业链延伸、商业模式创新等方式,做强一批江苏地标型企业[①]。四是实施专精特新小巨人企业培育计划和小微企业成长培育计划,培育一批占据细分行业市场的

---

① "地标型企业"最早由苏州市于2008年7月中共苏州市委十届七次全体(扩大)会议正式提出,着眼产业转型升级,并于2009年出台了《关于加快培育地标型企业的指导意见》和《地标型企业培育申报程序》《地标型企业考核评审程序》以及《地标型企业评价指标体系》等系列文件,2015年江苏省推出首批地标型企业。

"隐形冠军"① 和"独角兽"② 企业。五是面向中小企业建设公共技术服务平台三大梯队，培育创新型企业群。

6. 对广西培育壮大新兴功能的启示和借鉴

一是建立完善新动能培育平台。加快技术创新平台建设，鼓励发展创新创业孵化平台，建立一批由龙头企业、中小企业、科研机构组成的产业技术创新联盟。

二是创新园区培育方式。借鉴四川、贵州建立新兴产业园区、产业集群做法，选择一批具有产业基础优势的特色区域建设高新技术产业园区，打破传统的产业培育发展模式，加速形成产业链条，促进新兴产业发展。

三是创新产学研用新模式。借鉴浙江、江苏产业技术研究院探索模式，尽快组建广西产业技术研究院③，结合产业发展基础和发展需求，设置相关专业研究所。推行"合同科研"④ 和"研发作为产业、技术作为商品"等模式，为企业提供委托合同科研、技术转移、检验检测、人才培训等技术服务，促进研究技术成果的转化和产业化。

四是强化资金配套和基金撬动。建立工业发展资金增长常态机制，建立产业发展投融资平台，引导和鼓励社会投资。建立战略性新兴产业发展基金，支持以社会资本为主组建较大规模的战略性新兴产业股权投资机构。

（三）建设举措：平台—渠道—环境

总体来看，广西工业发展新动能明显不足，加快发展战略性新兴产业，培育壮大新动能显得尤为紧迫。加快培育壮大新兴产业，必须高度重视战略性新兴产

① "隐形冠军"最早由德国经济学家赫尔曼·西蒙提出，从1986年开始，西蒙悉心研究德国经济中哪类企业对德国经济的推动力最大，结果认为是许许多多不知名行业中的一些"隐形冠军"企业，当时在德国这类企业有1000余家，在全球范围或某一区域市场占领了其所属目标细分市场50%甚至更多的份额，无论是在管理水准、产品技术、创新能力、人力资源方面还是财务能力等方面，这类企业都拥有令500强企业羡慕的高品质，并建立了大企业无法奢求的竞争优势（资料来源：胡宗良.重点集中战略：隐形冠军、精耕者和游牧者［J］.经济管理，2004（15））。

② "独角兽公司"一般指投资界对于10亿美元以上估值，并且创办时间相对较短（一般为十年内）还未上市的公司的称谓。2017年12月，胡润研究院发布《2017胡润大中华区独角兽指数》，大中华区独角兽企业总数达120家，整体估值总计超3万亿元；北京成为独角兽企业最多的城市，占上榜企业总数的45%，其次是上海、杭州和深圳。

③ 2020年2月，为深入实施创新驱动发展战略，加快科技创新平台和载体建设，广西出台了《广西壮族自治区产业技术研究院组建方案》，以自治区人民政府名义组建产研院理事会，面向战略性新兴产业，开展工程化、产品化关键核心技术攻关，推动"卡脖子"技术突破以及科技成果转化。

④ 所谓"合同科研"是指科研机构与企业签署合作协议，为企业特别是中小企业提供研发服务，有助于解决产业发展创新链中"最后一公里"问题。

业发展，把发展战略性新兴产业作为培育新动能的重要抓手，重点发展新一代信息技术、高端装备制造业、新能源汽车、生物医药、新材料、节能环保等新兴产业，培育成为经济新增长点。

表 5-3　战略性新兴产业发展方向

产业名称	重点方向
新一代信息技术	推动新一代信息技术产业高端化发展，加大技术创新力度，培育引进大企业大项目，做大产业规模，实现通信设备、智能家居、智能终端、新型显示、应用电子、集成电路等产业化
高端装备制造业	提升壮大高端装备制造业，积极发展轨道交通装备、电力装备、海洋工程装备及高技术船舶、高端农机、工业机器人 5 条关键产业链，打造南宁、柳州、桂林、玉林、钦州等高端装备产业集群
新能源汽车	推动新能源汽车产业集聚发展，重点发展系列中高端纯电动、插电式混合动力整车产品，促进电机、电控、动力电池等核心零部件本地化制造
生物医药	推动生物医药产业特色发展，加快医药企业技术改造步伐，推动企业兼并重组，大力发展仿制药、原研药、壮瑶药
新材料	提升新材料产业精深加工水平，积极发展精深加工和高附加值产品，攻关研发高端装备制造、节能环保等重点领域急需的新材料
节能环保	大力发展节能环保产业，围绕打造节能环保产业示范基地，重点发展高效节能节电、大宗固废利用、污水处理、土壤修复等，推进节能环保制造业和服务业集聚发展

一是做大存量、培育增量。加强钢铁、石化和有色金属等产业的转型升级，为新材料产业的发展奠定基础。做大节能环保、新材料、新能源汽车等战略性新兴产业规模总量，推动传统产业应用新技术、新工艺，加快向战略性新兴产业延伸，培育与战略性新兴产业相关联且具有较强优势的新兴产业，引进一批拥有核心技术、带动力强、市场潜力巨大的新兴产业。

二是搭建平台，拓宽渠道。提升重点区域和重要平台"走出去""引进来"的载体功能，依托高新技术产业园区、各类产业开发区和重点企业，培育一批战略性新兴产业生产基地，加强新兴产业孵化园建设。

三是统筹协调、重点推进。加强统筹规划和宏观引导，加快国家级高新区、特色产业基地等平台建设步伐，加快形成特色突出、优势明显的战略性新兴产业集群。突破电子核心零部件、生物医药、智能装备、新能源汽车等产业领域的核心关键技术，培育一批引导消费、创造市场、催生新产业的骨干型企业。

四是鼓励创新，推广成果。建立技术研发、产业组织、人才培养与激励工作机制。加大对新产品应用的支持力度，将企业自主创新成果和产品列入政府采购目录，鼓励公共投资领域应用新产品，对消费者购买、使用新产品给予政策优惠，帮助和推动具有较强自主创新能力的企业开拓市场。

五是招商引资，优化服务。把招商引资摆在更加突出的位置，重点引进智能制造、电子信息、新能源汽车、节能环保和新材料等先进制造业和战略性新兴产业，加强项目全程服务指导。积极争取上级项目资金支持，强化优质服务支撑，全面排查梳理企业遇到的实际困难，坚持"一企一策"，优化企业服务。

三、推动产业集群发展

实施"群链区"创新发展战略，着力打造一批高质量的产业集群，构建一批高水平的产业链，建设一批高能级的产业集聚区，重点解决龙头企业不强、工业产业链短、精深加工能力薄弱、产业集聚度低等问题。

（一）总体方向

按照产业集聚、资源集约、功能集合的要求，狠抓产业谋划布局、狠抓创新资源聚集，建设一批公共服务平台或孵化器。狠抓产融对接，解决一批企业发展过程中遇到的融资问题。狠抓重大项目建设推进，切实加快一批重大项目进度。着力打造汽车、机械、铝、冶金、石化、糖业、粮油加工、木材加工及造纸等传统产业集群和新一代信息技术产业、高端装备制造业、新能源汽车、生物医药、新材料等战略性新兴产业集群。选择这些主攻产业集群，主要基于以下四个方面考虑：一是符合当前国家鼓励发展的产业政策方向；二是具备较好的市场前景；三是广西具备良好的资源禀赋和产业基础；四是具备比较优势和后发优势。

表5-4 产业集群发展方向

序号	名称	发展方向
		传统优势产业集群
1	汽车产业集群	以上汽通用五菱汽车股份有限公司、东风柳州汽车有限公司等企业为龙头，打造乘用车和商用车、特种车、新型发动机、零部件、后市场服务5条关键产业链

序号	名称	发展方向
2	机械产业集群	以广西柳工集团有限公司、玉柴机器集团有限公司等企业为龙头,发展工程机械、内燃机、通用机床3条关键产业链
3	铝产业集群	以广西投资集团有限公司、南南铝加工有限公司、百色百矿集团有限公司等企业为龙头,发展航空航天用铝、交通用铝、电子电器用铝、铝材、建筑用铝5条关键产业链
4	冶金产业集群	以广西柳州钢铁集团有限公司等企业为龙头,发展建筑用钢、汽车用钢、船舶用钢、不锈钢新材料4条关键产业链
5	石化产业集群	以中石油广西石化、中石化北海炼化、广西华谊能源化工有限公司等企业为基础,加大龙头企业招商,发展石油炼制、改性沥青、橡胶、化纤、化肥、煤化工6条关键产业链,基本形成广西北部湾石化智能制造示范基地
6	糖业产业集群	以广西南宁东亚糖业集团、广西洋浦南华糖业集团股份有限公司、广西农垦糖业集团股份有限公司等企业为龙头,发展多功能糖制品、综合利用、非糖产品3条关键产业链,打造国内一流、世界领先的糖业商贸物流中心、科技研发基地和总部基地
7	粮油加工产业集群	以大海粮油工业(防城港)有限公司、中粮油脂(钦州)有限公司、防城港澳加粮油工业有限公司等企业为龙头,重点发展粮油加工、米制品加工两条关键产业链
8	木材加工及造纸产业集群	以广西金桂浆纸业有限公司、斯道拉恩索(广西)浆纸有限公司、广西林业集团有限公司、南宁科天水性科技有限责任公司等企业为龙头,重点发展林浆纸、板材及家具两条关键产业链
战略性新兴产业集群		
1	新一代信息技术产业集群	以广西三诺电子有限公司、北海惠科电子有限公司、南宁富桂精密工业有限公司等企业为龙头,发展计算机整机、手机零部件及终端、网络通信设备、光通信及微波通信设备、汽车电子5条关键产业链
2	高端装备制造业集群	以南宁中车轨道交通装备有限公司、桂林电力电容器有限责任公司、广西柳工集团有限公司、广西五丰机械有限公司等企业为龙头,积极发展轨道交通装备、电力装备、海洋工程装备及高技术船舶、高端农机、工业机器人5条关键产业链,打造南宁、柳州、桂林、玉林、钦州等高端装备产业集群
3	新能源汽车产业集群	重点发展系列中高端纯电动、插电式混合动力整车产品,促进电机、电控、动力电池等核心零部件本地化制造,打造南宁、柳州、桂林、贵港等新能源汽车产业集群

序号	名称	发展方向
4	生物医药产业集群	以广西梧州中恒制药（集团）股份有限公司、桂林三金药业股份有限公司、桂林南药股份有限公司等企业为龙头，重点打造中成药产业链和化学药产业链。以桂林优利特医疗电子（集团）有限公司、桂林市啄木鸟医疗器械有限公司等企业为龙头，引进国内先进企业，全力培育发展医疗器械产业链
5	新材料产业集群	以中铝广西有色稀土开发有限公司、广西河池市南方有色金属集团有限公司、中信大锰矿业有限责任公司等企业为龙头，引进和培育一批龙头企业，发展高性能铝材、新型碳酸钙、石墨烯、稀土新材料、铝基锰基镍基新材料5条关键产业链

（二）经验借鉴：群链结合，以群促链

1. 河南省

一是突出链式整合和横向联合，以设区市为主体培育千亿级主导产业集群，引导各县（市、区）发展百亿级特色产业集群，打造龙头带动型产业集群。二是围绕传统领域，打造资源深加工产业集群。三是加大千亿级主导产业集群品牌建设力度，制定品牌培育规划和品牌发展政策，建立品牌激励制度，引导和支持企业争创中国质量奖、省长质量奖等，推动生产要素向品牌企业和优势企业流动。

2. 重庆市

实施垂直整合一体化集群发展战略，打造电子、汽车、装备、材料、化医、能源、消费品工业的"6+1"产业体系。一是促进电子信息、汽车和高端交通装备制造三大产业形成上下游产业集聚，打造产业集群度高、配套带动力强、核心竞争优势明显的高端产业集群。二是推进智能化园区建设，实施智能制造工程，推进园区生产过程清洁化、能源利用低碳化、水资源利用高效化。三是构建以"品牌商+整机企业+零部件企业""研发+制造+结算"为主要特征的世界级电脑产业集群。

3. 四川省

成立制造强省建设领导小组，着力推进产业集群的深耕发展和产业链的垂直整合。将电子信息、饮料食品培育成为万亿级产业集群，油气化工、装备制造、能源电力、钒钛钢铁、稀土产业培育成为5000亿元产业集群，轨道交通、生物医药、航空与燃机培育成为千亿元产业集群。一是打造一批重大技术装备产业集

群，二是加大产业集群的公共服务平台建设，三是加强区域技术创新体系的建设。

未来的竞争不是单个企业与单个企业的竞争，而是围绕龙头企业展开的产业链与产业链、产业集群与产业集群的竞争，是一个产业生态的竞争。必须充分发挥龙头企业在成链、集群过程中的带动作用，加快建链、补链、延链、强链，推动产业集群发展，提高各类资源利用产出水平，打造一批国内领先世界先进的产业集群，全面提升产业集群发展能级和龙头核心带动能力。

（三）建设举措：龙头带动，园区整合

1. 发挥龙头企业在产业集群中的引领带动作用

龙头企业是产业发展的领头雁，抓住一个龙头就能够带动一个行业、带旺一批企业、带活一片区域，形成集群式发展。按照"龙头＋配套"方式，加强龙头企业培育和引进。建立工业龙头企业库和高成长性企业库，每两年筛选出一批综合实力强、发展前景广、成长性好的龙头企业，纳入自治区重点企业培育范围。利用国家和自治区财政技术改造、专项资金、发展基金、重大科技成果转化等财政性资金，支持入选龙头企业和高成长性企业，支持产业链"隐形冠军""匠心企业"发展。以优质龙头企业为核心，全面整合产业链各环节，加快建立新的产业链节点，补充产业链短板，完善产业链。加快打造工业领域的千亿元龙头企业。

2. 高效配置要素资源，加强产业园区集聚整合

进一步引导要素向产业园区集聚，加大对园区外零星工业用地和低效利用土地的整治力度，鼓励属地实施集中收储和整治，推动向产业平台集聚。严格要素资源供给，凡在园区外分散布局的项目，原则上一律不予供地，不予办理环评、安评、供电、供水等手续，引导各类企业和项目向产业关联度大的园区集聚发展。每个工业园区瞄准2~3个主导产业集中力量发展。加快园区开发建设、政策体系、管理机制等系列改革，推动政府主导型园区向企业主导型或政企联合型园区转变，加快智慧园区建设步伐。

3. 提升产业链水平，打造一批国内领先国际先进的产业集群

围绕构建立足国内的安全可控、自主开放内源产业链，支持上下游企业加强产业链协同和技术合作攻关，引进和培育一批掌握产业链核心关键节点的生态型主导企业，提高对产业链关键节点控制率，提升在全球化过程中的产业链安全保障能力，打好产业基础高级化、产业链现代化的攻坚战。一是分区域建群，培育在全国具有影响力的产业集群。支持各市围绕区位资源、比较优势、产业基础

等，培育壮大主导产业。支持各县（区）围绕特色资源优势，聚焦培育特色优势产业。支持北部湾经济区将石化、钢铁打造成为在国内具有重要影响的产业集群。支持各市选择本地在全区处于前三、在区域内具有一定影响力的产业，打造绿色化工新材料、电子信息、机械制造、汽车、金属新材料、精品碳酸钙、高端家具家居材料等产业集群。支持各市聚焦培育壮大"专精特新"冠军企业的基础产品，形成"专精特新"基础产品产业集群。二是分层次补链，完善产业链薄弱环节。实施"突破工程"，突破关键核心技术、"卡脖子"技术，适时布局前沿产业和未来产业。实施"短板工程"，集中力量攻克基础元器件、基础材料等"短板"基础技术和电子制造装备、智能检测装备等"短板"关键装备。三是分领域强链，强化三类产业链。优先补强汽车、机械及内燃机等制造型产业链短板，加大基础研究和共性技术研究的支撑力，突破产业链关键环节，率先实现产业链现代化。优化升级钢铁、石化、铝精深加工、锰精深加工、碳酸钙等资源型产业链，促进产业迈向产业链中高端水平。振兴发展粮油加工、制糖、木材加工及造纸、生物医药等消费型产业链，着力提升原始创新能力，加快向产业链后端延伸。

四、推进制造服务转型

服务型制造是制造与服务融合发展的新型产业形态，是制造业转型升级的重要方向。推动制造业以产品生产为中心向以服务需求为中心转型，有助于改善当前工业品供给状况，破解当前制造业面临的发展矛盾约束，提高企业竞争力和市场占有率。

（一）总体方向

大力发展面向工业生产的现代服务业，加快推进服务型制造创新发展，推动服务业与工业在更高水平上有机融合，促进产业向价值链高端提升。增强创新设计的引领作用，加快发展产品设计、系统设计、工艺流程设计、服务设计等，大规模推广定制化设计、用户参与设计、网络协同设计、云设计等服务模式。加快打造具有区域特色、东盟元素的工业设计产业发展平台，推动南宁、柳州、桂林工业设计城建设。大力开展信息技术服务，促进工业互联网、云计算、大数据在企业研发设计、生产制造、销售服务等全流程的综合集成应用，提高系统集成服务、产品在线服务、网络化协同制造服务、信息增值服务、工业电子商务等服务水平,鼓励发展在线定制、线上线下等运营模式。提升现代物流服务,完善工业仓储、冷链物流体系,培育发展第三方大型物流,鼓励运输企业与大型制造企业加强协作。提高协同融合发展水平,强化制造业专业化分工,增强与服务协同能力。深化产融合作,提升本地区产业链、供应链和价值链的竞争力。

(二)经验借鉴:专项推进,典型示范

1. 广东省

以显著提升制造企业整体素质和产品附加值为重点,围绕制造业两端做大做强生产性服务业。一是做强先进制造业产业链"微笑曲线"两端。二是拓展产品增值服务,鼓励制造企业发展集成服务。三是建设专业公共服务平台。支持建设制造业基地配套生产性服务中心,搭建对外开放合作支撑服务平台,深化与港澳台地区的生产性服务业合作。四是打造产业集群化发展载体。支持先进制造业总部基地建设,鼓励世界500强企业设立区域性总部或分支机构、研发中心等。

2. 福建省

出台了《福建省发展服务型制造实施方案(2017~2020年)》。一是开展在线支持与诊断服务。集成运用新一代信息技术,建立远程监控、诊断与控制系统以及综合数据服务平台。二是推进主辅分离,提供专业化、社会化服务。通过业务流程再造和商业模式创新,将生产流程中的非核心但具有比较优势的原料采购、研发设计、咨询管理、物流运输等环节从原企业分离出来。三是培育制造业共享经济。鼓励制造企业充分利用信息通信技术,突破研发设计、生产制造、销售服务的资源边界和运营边界,推动生产和消费、制造和服务、产业链间全面融合。

3. 四川省

以服务型制造示范企业、典型案例、聚集基地及示范城市的推广培育为抓手,鼓励制造企业以满足市场需求为中心。一是鼓励定制化服务。鼓励制造企业增强定制设计和柔性制造能力,推进生产制造关键环节组织调整和柔性化改造,形成对消费需求具有动态感知能力的设计、制造和服务新模式。二是推广云制造服务。支持制造企业、互联网企业、信息技术服务企业跨界联合。三是引导发展融资租赁服务。鼓励核心技术优、综合实力强的大型制造业企业通过建立企业财务公司,进入设备租赁和融资租赁业。重点支持通用设备、专用设备、交通工

具、电气机械等企业与各类融资租赁公司加强合作。

4. 安徽省

制订《安徽省发展服务型制造专项行动推进方案（2017～2020年)》。一是培育智能服务新能力。鼓励企业开展基于工业大数据的产品和服务创新，为用户提供协同管理、资源管理、数据挖掘等信息技术服务。鼓励制造企业发展工业电子商务、线上线下（O2O）等新模式，建立在线采购、产品销售和综合服务平台。二是支持服务外包发展。鼓励大型制造企业将生产流程中非核心但具有比较优势的服务环节剥离并设立具有独立法人资格的服务外包企业。重点支持原材料、电子设备、仪器仪表、电气机械、专用设备等行业制造企业，为其他单位开展信息技术、研发设计、能源管理、检测与认证等专业化服务。

5. 对广西制造服务转型的启示

一是推动产业融合发展。建立一体化的产业政策体系，消除服务业与制造业在税收、金融、科技等方面的政策差异。制定相互协调融合的行业监管、支持政策。二是提升信息技术支持能力。推行制造服务转型需提高重点行业信息应用系统的方案设计、开发、综合集成能力。三是加强制造服务平台建设。建立工业设计、物流、质量检验检测认证等生产性服务公共平台和信息化网络服务平台，搭建具有国际先进水平的大数据、云计算、电子商务等服务外包产业平台。四是寻求重点突破的行业和模式。以挖掘客户需求为突破口，在重点行业实施服务型制造行动计划，创新服务型制造发展模式。

（三）建设举措：设计引领，协同融合

1. 推动创新设计：制造服务转型的核心

基于复杂产品系统的创新和管理创新、服务模式创新、商业模式创新是制造服务转型的重要源泉。一是推动设计、服务模式和组织方式的创新。包括产品设计、系统设计、工艺流程设计、服务设计等重点领域设计创新，定制化设计、用户参与设计、网络协同设计、云设计等创新性服务模式的推广，众创、众包、众扶、众筹等新型组织方式的推动。二是推动工业设计由产品外观设计向高端综合设计服务转变。包括开展优秀工业设计奖评选，创建地区性工业设计中心和工业产品生态（绿色）设计示范企业；推广和宣传新型服务模式，增强自主创新设计能力；推动创新设计在产品、系统、工艺流程和服务等领域的应用，强化创新设计对电子信息、装备制造、航空航天等行业的服务支撑。三是加强公共服务平台建设。聚焦重点产业基地和园区建设一批制造业服务化示范功能区和公共服务平台；推动建设集基础研发、工业设计、试验检测、计量认证等于一体的综合性

公共服务平台和服务功能区。四是统一实施制造转型服务的标准体系。统一工业互联网、车载信息服务、制造业物流等制造服务标准的运用，完善相关标准认证认可体系。

2. 协同融合发展：制造服务转型的重要突破口

以市场需求为中心的制造服务转型，需要整合行业管理部门的职能，制定相互协调融合的行业监管、支持政策，消除服务业和制造业之间在税收、金融、科技、要素价格之间的政策差异，降低交易成本。继续深化制造业企业专业化分工，发展供应链管理和相关金融服务，发展服务外包和业务协作，提升地区产业链、供应链和价值链的竞争力。

3. 完善网络化服务：强化制造服务转型支撑

对制造服务转型而言，低时延、高可靠、广覆盖、更安全的工业互联网基础设施体系是硬件基础，而低成本、高可靠的信息化软件系统，以及集成消费、设计、生产、销售和服务全过程工业大数据应用服务是软件基础。要加快完善网络服务基础设施，加快建设工业互联网基础设施体系。提高系统集成服务、产品在线服务、网络化协同制造服务、信息增值服务、工业电子商务等方面的服务水平。推进工业云服务等智能服务的创新发展，针对集成消费、设计、生产、销售和服务全过程的工业大数据应用逐步进行产业化推广。

五、优化区域产业布局

"十二五"以来，根据国家发展环境和区域一体化发展形势，广西不断优化区域开放格局，由"两区一带""双核驱动、三区统筹"区域格局优化调整为"南向、北联、东融、西合"的全方位开放新格局，但全区尚未形成区域产业协同发展新格局，区域发展不充分、不平衡、不协调成为制约经济发展特别是工业高质量发展的突出问题，区域产业发展难以适应协同、共享的新理念。

（一）总体方向

坚持新发展理念，根据全区工业高质量发展决策部署，以供给侧结构性改革为主线，强化产业空间统筹，深化园区管理机制改革，强化要素保障，引导市县园区合理布局主导产业，推动产业差异化、错位化发展，形成特色明显、优势突出的现代化园区，深入实施强首府战略，构建区域产业发展新格局，明确各市重点发展主导产业，推进各市产业合理布局、避免同质化竞争，实现协同发展、链式发展、错位发展、配套发展，形成一批各具特色、主导突出的优势产业基地，为工业高质量发展奠定坚实基础。

（二）经验借鉴：强化主导，突出集群

1. 四川省

一是将优化区域产业布局上升为省级层面统筹推进。为解决区域发展不平衡、不充分、不协调等长期制约经济高质量发展的突出问题，四川省将优化区域产业布局作为贯彻落实中央、省委关于制造业高质量发展的重要部署。2018年12月，四川省印发了《关于优化区域产业布局的指导意见》，是首次在省级层面出台统筹全省区域产业布局的指导性文件，引导各地加快优化区域产业布局、错位发展、配套发展、协同发展，打造各具特色的优势产业和区域经济板块，做大做强新的经济增长极，推动工业高质量发展。

二是构建"1+5"区域发展新格局，制定产业布局优化指导目录。2018年12月，四川省印发《关于优化区域产业布局的指导意见》及《产业布局优化指导目录》，进一步明确了21个市州重点布局产业及重点发展领域。做强成都"主干"，发挥引领辐射带动作用。支持成都加快建设全面体现新发展理念的国家中心城市，进一步增强对全省其他区域的引领辐射带动能力，高水平打造引领四川发展的"主干"。发展"多支"，积极培育更多的经济增长极。优化全省经济地理，打造各具特色、竞相发展的区域经济板块，形成四川区域发展多个支点支撑的局面。大力发展环成都经济圈，加快川南经济区一体化发展，推动川东北经济区振兴发展、推动攀西经济区转型升级，建成攀西国家战略资源创新开发试验区。强化统筹，大力促进"五区协同"发展。推动成都平原经济区（含成都和环成都经济圈）、川南经济区、川东北经济区、攀西经济区、川西北生态示范区协同发展。

三是编制5个区域产业规划，深化区域产业布局优化。根据《关于优化区域产业布局的指导意见》，深化推进区域产业布局优化工作，2019年1月，四川省修订印发了《成都平原经济区"十三五"发展规划》《川南经济区"十三五"发展规划》《川东北经济区"十三五"发展规划》《攀西经济区"十三五"发展规划》《川西北生态示范区"十三五"发展规划》5个规划。从三个方面进一步优化、深化、拓展区域产业布局，以及深化市（州）产业优化布局。实施区域产业布局引导目录，推进各市（州）产业协同发展协议兑现落实，支持产业成链配套；指导市（州）细化落实区县和园区产业布局，建设产业联动发展区。推动产业园区创新转型。制定推动产业园区高质量发展意见和园区工业产业布局目录，建立园区云服务平台，编制产业园区详图；鼓励市（州）、县（区）建设合作园区，建立完善财税利益分配机制；支持成阿、甘眉、成甘、德阿等飞地园区发展，推动成凉、凉乐规划建设飞地园区。搭建产业开放合作平台。加快建设四川省工业和信息化开放合作公共服务平台，围绕"5＋1"万亿元支柱产业强化产业链精准招商和项目落地协调服务；推进中德（蒲江）中小企业合作区、德阳川捷中小企业产业园等主体功能突出的国际合作园区建设；推进中国（四川）自由贸易试验区和协同区建设。

四是系统制定优惠扶持政策，确保区域优化布局。对符合布局优化要求并满足《四川省重点项目管理办法》条件的重大产业项目，按程序优先列入省重点项目计划名单，享受省重点项目审批服务、协调调度、要素保障等方面支持。在强化土地使用方面：符合布局优化要求的省重点项目，新增建设用地计划按规定实行分级负责制和梯度保障机制，省级重点推进项目所需用地计划在省预留的土地利用年度计划中安排70%，地方配套30%。其他符合布局要求的项目原则上由项目所在市（州）、县（市、区）人民政府负责保障，所需新增建设用地计划在省下达的土地利用年度计划中优先安排。在精准招商方面：实施重大项目落地省级会商预审制度，避免产业发展同质化。坚持重点产业布局导向，围绕产业集群培育和区域产业协作，根据"分层分类、定向定点"要求，补齐重点产业链条短板，强化重点产业配套，协同开展产业成链、集群招商。设立了3亿元的省级财政重大招商引资项目激励奖补资金，制定了《奖补资金管理办法》。在财政金融方面：鼓励省级产业发展引导基金投资符合布局导向的重点产业项目。各类用于扶持产业发展的财政性资金重点支持符合布局优化要求的项目。积极引导金融机构创新金融产品和服务模式，支持符合布局要求的产业项目建设。鼓励社会资本优先投向符合布局优化要求的产业项目。

2. 江西省

一是构建"123"工业高质量发展新格局。为贯彻落实习近平总书记视察江西讲话精神，适应高质量发展对产业布局的要求，2018年7月，江西省委十四届六次全体（扩大）会议提出，在"龙头昂起、两翼齐飞、苏区振兴、绿色崛起"的基础上，着力打造"一圈引领、两轴驱动、三区协同"的区域发展新格局，即以融合一体的大南昌都市圈为引领，以沪昆、京九高铁经济带为驱动轴，以赣南等原中央苏区振兴发展、赣东北开放合作、赣西转型升级为三大协同发展区，形成层次清晰、各显优势、融合互动、高质量发展的新格局。

二是"四抓四促"，推动产业集群发展。抓集群，促创新升级。以首位产业①和主攻产业为重点，出台进一步促进产业集群转型升级的实施意见、集群式项目"满园扩园"行动方案，支持每个设区市重点发展 2~3 个千亿元产业集群，每个县培育 1~2 个百亿元产业集群。抓融合，促功能提升。突出建园即建城理念，出台促进开发区功能完善提升的实施意见、"两型三化"管理提标提档行动方案，支持园区完善基础设施和功能配套，全域推进产城融合发展。抓转型，促绿色发展。重点支持检验检测、信息、研发设计、污水处理等公共服务平台建设，逐步建立园区公共服务支撑体系，促进功能平台体系化、专业化、公共化。创建省级和各设区市企业精准帮扶 APP 平台，了解企业存在的问题和反馈的问题。抓服务，促凝心聚力。举办工信部领军人才（江西）智能制造创新与发展总裁高级研修班，对年主营业务收入 1 亿元以上的制造企业总裁（高管）进行培训，提升园区管理、功能建设、集群培育、金融投资等知识。

三是开展园区"二次创业"，促进园区改革创新发展。为加快推动开发区转型升级、提质增效，实现高质量、跨越式发展，2018 年 9 月，江西省人民政府办公厅印发《关于促进开发区改革和创新发展三年攻坚行动计划（2018~2020年）》，标志着江西省全面开启"工业园区"二次创业，以产业发展为核心，以集群式项目"满园扩园"行动和"两型三化"②管理提标提档行动为抓手，扎实推进工业园区创新提升和产业集群升级发展。

3. 对广西优化区域布局启示

一是构建"1+4"区域发展新格局。构建"一圈引领、四区协同"的产业空间布局，"一圈引领"即构建大南宁经济圈，"四区"即桂东承接产业转移区、桂南沿海经济区、桂西生态示范区、桂北先进制造业区协同发展。大南宁经济圈以南宁市为核心，辐射带动崇左、来宾市，并联带动百色（平果），布局发展电子信息、生物医药、食品加工、高端制造等产业。桂东承接产业转移区，依托梧州、贵港、玉林、贺州，全面融入粤港澳大湾区，布局新能源汽车、新材料等产业。桂南沿海经济区，依托北海、钦州、防城港，加快推进一体化发展，发挥沿海港口物流优势，布局钢铁、石化、电子信息等临港工业。桂西生态示范区，依

---

① "首位产业"是区域产业体系中最具主导性、竞争力及在区域经济中具有很大贡献度的产业，其兼具主导产业与支柱产业的特征，是区域经济产业结构演替中特定界定的产物，在区域经济发展中起着核心作用（资料来源：王安平，高敏. 区域产业体系中首位产业的内涵及确定［J］. 城市问题，2013（8））。

② 2018 年 9 月，江西省人民政府印发《江西省促进开发区改革和创新发展三年攻坚行动计划（2018~2020 年）》，提出实施"两型三化"管理提标提档行动，即提升环境友好型建设水平和资源节约型管理水平，推进智慧化、绿色化和服务化。2017 年 1 月，云南省第十次党代会提出加快构建"两型三化"现代产业体系，即推动产业向开放型、创新型和绿色化、信息化、高端化方向转型发展。

托百色、河池，立足资源优势，布局铝精深加工等资源型产业。桂北先进制造业区，依托柳州、桂林，布局新能源汽车、电子信息等产业，推动桂林与柳州市产业融合发展。

二是开展园区"二次创业"，构建产业生态圈。推动园区改革创新。加快研究制定工业园区"二次创业"政策文件，加大园区规划引领，深入实施全区产业园区创新改革发展规划，推动园区企业集聚、产业集群、成链集约发展。鼓励和引导国家级开发区围绕一个首位产业和两个主导产业，设置产业入园门槛或标准，强化引进产业链下游资源和协作关联企业（项目）向专业化园区集聚。鼓励园区围绕主导产业设立园中园，加快发展先导示范园、高端产业园、创业创新园等新型功能园区，形成"一园一主业、一业一特色"的园区建设格局。开展园区"亩产论英雄"[①] 综合评价。在自治区工业分类评价管理基础上，进一步扩大到开发区、高新区、专业园区、特色小镇等，倒逼园区高质量发展。建设产业功能区，构建产业生态圈。打破地域约束和行政壁垒，建设产业功能区，构建产业生态圈。在南宁、柳州、桂林、北海等设区市开展产业生态圈的构建和产业功能区的建设试点，构建符合龙头企业需求的产业链，编制重点企业和配套企业名录，绘制主导产业的产业链全景图[②]、产业生态发展路径图，形成主导产业明确、专业分工合理、差异发展鲜明的产业功能区。推动要素向产业功能区倾斜。实行每个功能区有一个主办牵头银行，每个企业有一个主办银行，做到金融服务"全覆盖"。建立产业引导基金，持续推进产业基金向产业功能区内项目倾斜。探索依托产业功能区发行专项债务融资工具。安排产业功能区建设发展资金，重点用于支持产业功能区建设及主导产业发展。持续推进以产出为导向的土地资源配置制度改革，优先保障产业功能区项目用地需求。

三是编制产业链全景图，优化产业集群空间布局。鼓励和引导各设区市、国

---

① "亩产论英雄"最早于2006年上半年由浙江省绍兴县提出，即以提高"亩产效益"为核心，围绕节约集约用地、节能降耗减排等重点，促进经济增长方式从粗放到集约、从量的扩张到质的提高，2006年7月，绍兴县发布了以亩均销售和亩均税收为考核依据的"企业效益百强排行榜"（李伟娟．"亩产论英雄"的经济学视角——发达县域经济发展方式转变的实践与探索［J］．绍兴文理学院学报（哲学社会科学版），2007（6））。2018年1月，浙江省政府发布《关于深化"亩产论英雄"改革的指导意见》，意味着浙江"亩产论英雄"改革进入全面深化阶段。

② 作者界定提出，产业链全景图是指在对某一产业（或行业）发展现状及趋势、市场特征、空间布局等进行深入分析的基础上，以链式思维多维度分析龙头企业、服务平台、产业政策、技术支撑、投资保障等产业链培育要素，绘制产业分布图、产业链全景图、补链图、重点招商企业目录表"三图一表"，明确龙头企业和平台、政策、机构（1＋3）产业发展支撑要素，提出具有操作性的推进策略，是一种具有探索价值的产业发展研究分析创新模式。

家级开发区结合主导产业，谋划编制产业链全景图（产业链图、技术路线图、应用领域图和区域分布图）。开展自治区级产业集群认定。编制出台自治区级产业集群认定办法，设置评价指标体系，每年组织各设区市申报自治区级产业集群。优化各设区市产业布局，高效配置要素资源。加快编制出台《关于各设区市主导产业合理布局实施意见》和主导产业引导目录，进一步明确各设区市3~4个主导产业，建立主导产业选择体系和主导产业准入标准。

四是打破行政区域限制，构建开放合作平台。推进中国—东盟博览会、中国—东盟商务与投资峰会升级发展，加快建设中国（广西）自由贸易试验区。扩大东兴和凭祥国家重点开发开放试验区①、中马"两国双园"、跨境经济合作区、综合保税区等开放水平，在更大范围、更高层次、更广领域参与国际经济技术合作与竞争。创新开放合作平台体制机制和利益分成机制，按照税收五五分成，重大项目双方可协商确定分享比例。与广东、四川、重庆、湖南共建跨省工业园区和"飞地经济"园区，加快规划建设川桂合作产业园和四川—广西东盟产业园，支持桂林与深圳和重庆、柳州与佛山共建跨省市级工业园区。申报创建国家级桂东桂中承接产业转移示范区。探索建立对口城市合作机制，鼓励南宁与广州和深圳、柳州与佛山和惠州、桂林与东莞和深圳建立对口城市合作机制。实施"三请三回"，即请战友回家乡，请校友回家乡，请老乡回家乡，提高招商引资成效。

（三）建设举措：标准引导，空间优化

1. 建立主导产业选择标准

为明确各市重点发展3~4个主导产业，从规模总量、龙头企业、区位资源、发展潜力、技术创新、比较优势六个方面，构建主导产业选择标准。

一是规模总量。主导产业工业总产值占本市工业总产值的比重近50%，主导产业对本市财税收入具有较强的贡献能力，是全市工业经济的主要增长点。

二是龙头企业。拥有中国制造业500强企业或全国行业100强企业，或拥有一批辐射带动能力较强的龙头企业，拥有较强的产业配套能力，上下游企业相对集聚，对促进地方就业、产业集群发展具有示范带动作用。

三是区位资源。具备将市场需求和区位交通优势转变为产业优势的能力，主动融入粤港澳大湾区，积极承接东部产业转移，以市场换产业，以产业拓市场；

---

① 2020年4月，《国务院关于同意设立广西百色重点开发开放试验区的批复》（国函〔2020〕34号）提出"充分发挥试验区对东盟特别是对越南合作的独特优势，推进体制机制创新，提升基础设施互联互通水平，推动产业深度开放合作，构建沿边高质量开放型经济体系"。

主导产业具有明显的资源优势，能在本地进行精深加工，实现资源优势向产业优势转变。

四是发展潜力。项目投资额在本市工业项目投资额中达到一定比例，策划储备项目比较充足，产业链精准招商成效显著，纳入自治区"双百双新"项目库项目达到一定数量，新动能增长明显，拥有一批专业技术人才和高层次人才。

五是技术创新。拥有一批高新技术企业和国家级、自治区级以上研发、技术（工程）中心等平台，研发经费支出（R&D）占行业主营业务收入应高于本市平均水平，拥有创新能力达到国内先进水平的企业。

六是比较优势。在全区乃至全国具有一定的影响力和竞争力，在体制机制、产业政策、产业配套、要素保障、人才支撑、环境容量、营运成本等方面具有相对优势。

2. 构建区域产业发展新格局

根据区域产业发展空间布局，指导各市统筹考虑规模总量、龙头企业、技术创新、区位资源、发展潜力和比较优势等因素，选择 3～4 个主导产业进行精准培育和精心打造，促进各市产业差异化发展、产业链共享，形成横向错位发展、纵向分工协作的产业发展体系，促进全区工业高质量发展。

一圈：首府工业圈，是引领带动全区工业高质量发展的重要引擎。深入实施强首府战略，高水平规划建设中国（广西）自由贸易区南宁片区和临空经济示范区，以一小时交通时空距离为半径，辐射崇左（扶绥县）、百色（平果县），打造大南宁首府工业圈[①]。突出南宁市在全方位、宽领域、多层次对外开放合作中的引领作用，积极对标对表周边省会城市，重点发展数字视听和软件、交通环保及轻工装备制造、生物制药、休闲食品、木材加工及家具等，加快构建区域性高技术产业和先进制造业基地，推进建设中国—东盟信息港核心基地，引导创新资源向产业聚焦，打造成为区域性新经济发展策源地和数字经济高地，着力提升首府工业圈产业能级。

"四区协同"：北部湾临海工业集中区、桂北先进制造示范区、桂东承接产业转移集聚区和桂西特色优势产业集聚区。

北部湾临海工业集中区：做好南向开放。以北海、钦州、防城港为核心，建

---

① 大南宁首府工业圈应以南宁市所辖7区5县5功能区为核心，紧密关联带动崇左（扶绥县）、百色（平果县），积极辐射来宾市、贵港市产业发展。其中扶绥县距离南宁市中心56公里，平果县距离南宁市中心116公里，南宁高铁站至平果高铁站最快30分钟到达，2018年，扶绥、平果两县地区生产总值分别达到212.55亿元和176.53亿元，2018年南宁市地区生产总值为4165亿元，未来大南宁首府工业圈应立足5000亿元工业产值规模，联动来宾市和贵港市，立足长远规划，奋力打造"万亿工业圈"。

立北钦防一体化发展机制，加快推进广西自贸区钦州片区建设，发挥沿海港口优势，深化以东盟国家为重点的国际产能合作，重点发展新一代信息技术、精细化工、临港新材料、金属新材料、康养制造业、粮油加工、石油化工、海工装备制造、食品及林浆纸等。

桂北先进制造示范区：做好北联衔接。以柳州、桂林、来宾为核心，紧抓西部陆海新通道、粤桂黔高铁经济带①建设契机，重点发展汽车、轨道交通、工程机械、智能电网及智能家电、食品及竹木加工、智能终端及光电通信、生物医药及休闲食品、橡胶、碳酸钙及铝新材料、新型建材等，推动桂林、来宾与柳州产业融合发展。

桂东承接产业转移集聚区：突出工业东融。以梧州、贵港、玉林、贺州为核心，发挥紧靠粤港澳大湾区区位优势，重点发展再生资源产业、生物制药、轻纺及陶瓷产业、新能源汽车及电动车、林板纸、新型建材、内燃机及农业机械先进装备制造、服装皮革及食品医疗康养、金属及碳酸钙新材料等。

桂西特色优势产业集聚区：强化西合联动。以百色、河池、崇左为核心，发挥资源、生态、沿边优势，深化跨省和跨境产业合作，加快推进广西自贸区崇左片区建设，重点发展铝合金新材料、边境贸易加工、有色金属产业、康养食品加工及茧丝绸、酒及包装饮用水产业、铜锰新材料、木材家具等。

五大产业基地②：一是建设石化产业基地。布局钦州、北海，发挥北部湾港口优势和产业优势，打造油品全产业链，推进炼化一体化，着力延伸石油炼制产业链优势，重点发展石油炼制、改性沥青、橡胶、化纤、化肥、煤化工等，积极开发高端精细化工产品，加快石化产业产能和技术国际合作交流，打造国家级石化产业基地。二是建设钢铁、铜、铝金属材料生产基地。布局防城港、玉林、南宁、崇左、河池、百色、梧州，发挥产业基础和资源禀赋优势，重点发展金属新材料、高端和生态型铝、铜锰稀土新材料、有色金属新材料，构建"一核心六集群"③的总体布局，打造成为全国重要的钢铁、铜、铝金属材料生产基地。三是建设建筑新材料生产基地。布局来宾、贵港、梧州、玉林、贺州，全面融入粤港

---

① 2015 年 9 月，《粤桂黔高铁经济带合作试验区（广东园）的总体规划》正式发布，2016 年 7 月，广西发布全国首个省级高铁经济带规划——《广西高铁经济带发展"十三五"规划》。

② 五大产业基地即打造国家级石化产业基地，全国重要的钢铁、铜、铝金属材料生产基地，电子智能终端设备制造基地，机械装备制造基地，建筑新材料生产基地。

③ 一核心：以北部湾沿海金属新材料产业集群作为冶金产业发展布局的核心。六集群：百色生态型铝产业示范基地产业集群、南宁高端铝产业集群、崇左铜锰稀土新材料产业集群、河池市生态环保型有色金属示范基地产业集群、桂中（柳州、来宾、贵港）金属新材料产业集群、东融（梧州、贺州、玉林）金属新材料产业集群。

表5-5 各市主导产业发展指导目录、发展定位(建议)

序号	各市	主导产业发展建议导向	布局园区	发展定位
1	南宁市	数字视听和软件产业:发展数字视听、声学、光学玻璃、PCB板、光电子器件、面板、芯片封装制造等、软件产业发展智能控制行、工业控制、数据管理 环保及轻工装备制造:发展新能源汽车、轨道交通装备、节能环保装备、轻工装备(食品机械) 生物医药:发展现代特色中成药、诊断医疗器械 高端铝新材料:发展建筑用铝、航空用铝、轨道交通用铝、建筑用铝	南宁江南工业园区、南宁高新技术产业开发区、南宁经济技术开发区 南宁邕宁新兴产业园、南宁高新技术产业开发区、南宁经济技术开发区、伶俐工业集中区 南宁高新技术产业开发区、南宁经济技术开发区、隆安华侨管理区 南宁邕宁新兴产业园区、南宁高新技术产业开发区、伶俐工业园和南宁江南工业园区	区域性新经济发展策源地和数字经济高地
2	柳州市	汽车产业:发展乘用车、商用车、专用车及新能源汽车、智能汽车 高端装备制造:发展工程机械、轨道交通、智能电网、机器人 金属及汽车轻量化新材料:发展金属新材料、汽车用铝 智能家电:发展智能冰箱、洗衣机、空调	柳州高新技术产业开发区、柳州河西高新技术产业新区、阳和工业新区 柳州河西高新技术产业开发区(阳和工业新区)、北部生态新区、柳江新兴工业园 柳州白露工业园 柳江新兴工业园	国际知名、国内一流的中高端汽车研发制造基地和国内领先的新能源汽车研发制造基地
3	桂林市	智能终端及光电通信:发展智能终端、光电产品、光通信微波通信、消费电子 先进装备制造:发展新能源客车、电工电器、橡胶机械、矿山机械等、发展轮胎、曲轴、离合器等配套产品 生物医药:发展化学药、中药和医疗器械 生态食品:发展桂酒、生态饮用水、罗汉果、保健茶等	桂林高新技术产业开发区、桂林经济技术开发区、粤桂黔高铁经济带合作试验区(桂林)广西园、荔浦工业集中区 桂林高新技术产业开发区、桂林经济技术开发区 桂林高新技术产业开发区、桂林经济技术开发区、粤桂黔高铁经济带合作试验区(桂林)广西园等 各县工业园区	国家下一代信息技术网络集群、国家新型工业化(电子信息)示范基地

续表

序号	各市	主导产业发展建议导向	布局园区	发展定位
4	梧州市	再生资源：发展再生铜、再生铝、再生不锈钢、再生塑料 生物医药：发展岭南特色民族医药 轻纺及陶瓷：发展陶瓷、钛白、五金水暖、不锈钢制品、人造宝石、纺织	梧州循环经济产业园区、梧州市不锈钢制品产业园区、梧州高新技术产业开发区、粤桂合作特别试验区、藤县工业集中区、蒙山工业集中区、万秀工业园区	面向粤港澳大湾区的开放门户、东融先行区和承接产业转移示范区
5	北海市	新一代信息技术：发展智能终端、新型显示、手机、计算机及外设、智能家居和集成电路 精细化工：发展合成材料、特种化学品 临港新材料：发展不锈钢、新型玻璃	北海工业园区、北海高新技术产业开发区、北海综合保税区、北海市铁山港（临海）工业区、铁山港（临海）工业区、合浦工业园区	西部地区重要的电子信息产业基地
6	防城港市	金属新材料：发展钢、铝、铜、镍等金属新材料 康养制造：发展仿制药、生物新药、新特药、化学医药、医疗器械、医疗康养产业 粮油加工：发展以大豆菜籽加工为主，延伸发展橄榄油、山茶油、特种油籽等植物油	防城港经济技术开发区、东兴跨境经济合作区等	具有国际先进水平的钢铁产业集群、国家级粮油食品加工产业示范基地
7	钦州市	石油化工：发展大型炼化、乙烯、丙烯、芳烃、延伸发展化纤、精细化工、特种化学品 工新材料炼化一体化、精细化工 海工装备制造：发展海洋工程装备、海洋科技装备、海洋船舶、风电装备制造 食品及林浆纸产业：食品加工业发展粮油加工、海产品加工、燕窝等，林浆纸发展液体包装、高档生活用纸、高端包装用纸、特种印刷及纸板和木材加工业	广西钦州石化产业园、广西钦州港经济技术开发区、中国-马来西亚钦州产业园区、广西钦州高新技术产业开发区、广西钦州港经济技术开发区、浦北县工业园区	全国重要的石化产业基地

续表

序号	各市	主导产业发展建议导向	布局园区	发展定位
8	贵港市	新能源汽车及电动车：发展新能源汽车整车、新能源电动车整车和电机、电控以及其他零部件产业	广西贵港市产业园区、贵港国家生态工业园区、桂平市产业园区	广西第二汽车生产基地、中国—东盟新能源电动车生产基地
		林板纸：发展高端板材、高端纸、高端家具板材、高端板式家具、木质办公家具、实木家具	广西贵港市产业园区	
		新型建材：发展特种水泥、碳酸钙、高档卫浴陶瓷、钢铁	广西贵港市产业园区、覃塘产业园区、桂平市产业园区、平南县产业园区	
9	玉林市	内燃机及农业机械先进装备制造	广西先进装备制造城（玉林）、广西玉林经济开发区、广西容县经济开发区、陆川县工业集中区	国家新型工业化产业示范基地
		服装皮革、食品加工、生物医药、医疗康养产业	广西玉林（福绵）节能环保生态产业园	
		生物医药：中药、民族药	广西玉林经济开发区	
		金属及碳酸钙新材料：发展不锈钢、铜合金、镍合金、碳酸钙新材料	龙潭产业园、玉港合作园	
10	百色市	铝合金新材料：发展交通运输用铝、高附加值工业用铝、高品质包装用铝、绿色建筑用铝、高端电子家电用铝	广西百色工业园区、平果工业园区、靖西工业园区、百色新山铝产业示范园区	国家生态型铝产业示范基地
		果蔬加工：发展杧果、火龙果、百香果、蔬菜等加工	各县工业园区、德保县工业集中区	
		边境贸易加工：发展农产品加工、水产品加工、食品加工、电子信息、新材料、碳酸钙	靖西工业集中区、那坡工业集中区、深百产业园区、百色市工业区	
11	贺州市	碳酸钙：发展重质碳酸钙、重质活性碳酸钙、碳酸钙建材	广西贺州旺高工业园区、钟山工业园区	全国碳酸钙产业示范基地、广西重要的铝电子新材料产业基地
		电子新材料：发展高纯铝、中高压电子铝箔、铝光箔、铝电解电容器、电子整机	广西贺州生态产业园（贺州高新技术产业开发区）	
		休闲用品轻工业：发展医药、文化体育用品、休闲器材、智能健康监测设备	广西贺州生态产业园（贺州高新技术产业开发区）	

续表

序号	各市	主导产业发展建议导向	布局园区	发展定位
12	河池市	有色金属：发展铝、锌、锡、锑等 茧丝绸：发展蚕丝绸及其系列产品 酒及包装饮用水产业：发展白酒、红葡萄酒、黄酒、清酒和保健酒、饮用水等	河池市工业园区大任产业园、河池·南丹有色金属新材料工业园区、河池·环江工业园区 宜州工业园区 丹泉小镇、广西宜州经济开发区、罗城仫佬族自治县工业园区、都安县工业园区等	国家生态环保型有色金属产业示范基地、全国重要的健康长寿饮用水基地
13	来宾市	糖纸一体化：发展机制糖、浆纸 碳酸钙及铝新材料：发展超细、超纯、纳米和功能性粉体新材料和建筑用、包装用铝 新型建材：发展防水涂料卷材、建筑装饰材料、装配式建筑、新型保温墙体材料、新型节能墙体材料、新型保温隔热材料	来宾市工业园区（来宾高新技术产业开发区）、武宣工业园区 来宾市工业园区（来宾高新技术产业开发区）、迁江华侨工业园、合山市产业转型工业园区、武宣工业园区、兴宾区碳酸钙新材料高新技术产业园等 来宾市工业园区（来宾高新技术产业开发区）	桂中新兴产业集聚地、珠江—西江经济带新兴工业基地
14	崇左市	铜锰新材料：发展锰业循环经济、铜锰新材料、稀土新材料 糖及糖精深加工：发展制糖业、糖果 木材家具产业：发展高端板材、高档木地板、木门、红木家具、现代家具等	中泰产业园（崇左市城市工业区）、崇左市广西中国—东盟青年产业园、大新县工业集中区等 中国—东盟南宁空港扶绥经济区、广西·中国糖业产业园 广西崇左·龙赞东盟国际林业循环经济产业园、广西山圩产业园、凭祥市边境经济合作区	国家生态型锰铜产业基地、全国糖循环经济示范基地、国际糖业循环经济示范基地

澳大湾区，重点发展碳酸钙、装配式建筑、陶瓷、新型墙体材料、新型水泥，加强高端玻璃深加工、新型墙体、道路用建筑材料等领域的技术及产品开发，打造成为全国具有影响力的建筑新材料生产基地。四是建设机械装备和汽车制造基地。布局柳州、玉林、南宁，以推进技术创新、产品创新、制度创新为核心，巩固传统机械、汽车和内燃机产业，积极拓展智能机械、终端装备制造、新能源汽车，做大机械、汽车两个优势传统产业，加快培育高端装备制造、新能源汽车两个新兴产业，打造柳州智能制造城、玉林先进装备制造城、南宁高端装备制造城。五是建设电子智能终端制造产业基地。布局北海、南宁、桂林，立足产业基础，围绕新一代信息技术，积极承接大湾区电子信息产业转移，重点发展计算机、智能手机、智能显示终端、智能穿戴设备、AR/VR 设备等，打造形成以北海、南宁、桂林为核心的电子智能终端制造产业基地。

3. 强化园区规划布局管理

一是明确园区发展定位。园区重点发展 1~2 个主导产业。各市依据国土空间规划指导本市各县（市、区）发展 1~2 个特色优势产业。园区根据本县（市、区）重点发展的 1~2 个特色优势产业明确 1~2 个主导产业。围绕主导产业建链、延链、补链、强链布局项目，引导工业项目、企业根据产业定位"入园进区"。优化调整园区布局。实行"一县一区、一区多园"的发展模式，全面整合各类园区，对需要调整的园区予以撤销、合并，设立"区中园"，原则上不超过 3 个。根据区位资源、周边现状、比较优势等，结合产业特点，适时调整园区产业发展定位，重点发展 1~2 个主导产业。

二是设立项目准入门槛和退出机制。各市县要建立工业项目入园准入门槛机制，工业项目必须进入工业园区。持续推进以产出为导向的土地资源配置制度改革，各市根据本意见出台本市园区主导产业项目准入引导目录，明确主导产业细分行业，参照国内先进水平，分行业制定投资强度、产出强度、税收强度、产值综合能耗、环境准入条件、建筑密度、容积率等标准。园区管委会严格按照产业准入引导目录要求，组织相关部门对工业项目进行达产考核评估，未通过考核评估的，按约定进行处置。

三是建设一批特色产业园区。编制特色产业园区产业发展规划，制定主导产业发展路线图。优化配置资源要素，支持特色产业集聚明显、土地利用空间较大的园区，高标准建设特色产业园区。推进 14 个设区市市属工业园区及 35 个工业重点县域园区，按照园区产业规划及主导产业定位，建设以承接粤港澳大湾区龙头企业为集群和以承接整个产业链转移为重点的专业产业"园中园""特色园""轻工园"；南宁、柳州、桂林、北海、梧州、玉林、贵港、贺州等承接产业转移重点市打造 2 个以上。创新特色产业园区建设模式。支持"飞地经济"① 发展，鼓励有条件的园区探索扶持共建、股份合作、托管建设等合作模式，依托现有园区，与长三角地区、粤港澳大湾区等共建"飞地园区"，实行"税收"、GDP 核算分成管理。支持粤桂对口城市间按照资源共享、园区共建、产业互补、互利共赢原则，探索税利分享、合作共建园区新模式。

4. 引导生产要素向园区集聚

优先保障园区土地、财税、资金等各类生产要素，促进主导产业向园区集聚，推动产业集群发展。一是优先保障土地供给。对园区主导产业发展成效突出的市县，自治区给予新增建设用地计划指标奖励。市县年度新增建设用地指标分配向园区倾斜。新增工业用地项目需征求工信主管部门意见，符合主导产业布局的，依法办理用地手续。确保各市县每年新增的工业用地指标不低于年度指标的20%，由工信部门按照主导产业布局和项目统筹安排。各市每年安排一定比例新增工业用地专项用于主导产业发展。利用城乡建设用地增减挂钩节余指标、工矿废弃地复垦利用指标支持园区建设。二是加大财税支持。统筹自治区本级财政资金，加大对产业园区路、水、电、气、网、土地平整等基础设施"五通一平"项目建设的支持力度。各类用于扶持产业发展的财政性资金重点支持符合主导产业布局要求的工业项目。支持有条件的园区设立主导产业发展资金。推动园区财税管理体制改革，形成园区管理发展的财政保障激励机制，将园区年度新增财税收入中属地政府所得部分原则上全额用于支持产业发展和基础设施、公共服务设施、标准厂房建设。对为产业发展做出突出贡献的企业家给予奖励并免征个人所得税。三是拓宽融资渠道。完善政银企对接机制，按行业、园区分场次组织开展政银企对接活动。支持各市工信部门与金融部门建立园区主导产业项目清单及融资需求推送机制，确保每个园区有一家银行牵头对接，提供特色化融资产品。各级政府产业引导基金重点支持符合园区主导产业布局导向的工业项目。支持园区企业发展股权融资、专利质押融资等。四是强化资源配置、环保能耗支持。对主导产业发展成效突出的市县，优先配置采矿权指标，在下达的市县采矿权数量控制指标使用完毕后，可从自治区预留的采矿权指标优先给予支持；对符合园区主导产业布局的，优先调剂解决排污总量指标和用能指标。

---

① "飞地经济"是指打破行政区划限制，在行政区外"借"地办工业，即在推进工业化和招商引资中，缺少发展工业条件的地区把工业和招商引资项目放到行政区域外具有综合优势的飞地工业园区里，其产生的产值、税收，由园区和引资方按比例分成。或是指位于不同行政管理区域的地区之间进行经济合作，飞出地在飞入地建立经济园区并资助管理，合作双方建立合理的利益分配机制，以实现合作双方的互利共赢（资料来源：郭珉媛. 飞地经济的概念及其实践内涵［J］. 社科纵横，2013，28（6））。

专题六　工业东融：承接与融入

为深入贯彻落实习近平总书记关于广西"三大定位"新使命、"五个扎实"新要求，加快构建"南向、北联、东融、西合"全方位开放发展新格局，必须全面对接粤港澳大湾区建设，精准承接大湾区产业转移，充分融入大湾区市场体系，以工业东融强力推进东融战略实施。面对新一轮产业转移和区域开放合作，加快东融产业发展已成为广西顺应区域融合发展、推进开放合作的战略选择。从广西发展历程和现实基础来看，工业发展始终是关键短板，推进工业东融已成为加快广西经济社会发展、推进实现高质量发展的关键战略任务。广西以东融为全面开放合作战略重点，加快构建全方位开放发展新格局，东融发展的"四梁八柱"正在加快形成，但工业东融的基础和氛围仍需进一步强化。

一、广西工业东融发展的基本现状及存在问题

近年来，广西积极承接产业转移，努力补齐工业短板，着力延长产业链条，促进产业集聚发展，推进机制创新和平台打造，为广西工业全面对接融入大湾区奠定了基础。

（一）工业东融三类产业态势明显：代工模式、资源加工、潜力有待挖掘产业

当前，广西与大湾区呈现工业联动发展的态势，在工业东融过程中形成以代工模式为主、以资源加工型产品供给大湾区市场和东融成效有待挖掘的三类行业。

1. 代工模式产业：以电子信息、纺织服装、造纸及木材加工等为主

电子信息：是广西承接大湾区产业转移成效最显著的产业，也是工业融入大湾区市场最具基础的产业。近年来，广西电子信息产业以重大项目为抓手，延伸和打造产业链、创新链、供应链，产业集聚效应逐渐显现，形成了较为丰富的电子产品种类，迄今创造了多个广西乃至全国第一。2018年，全区电子信息制造业总产值1290.9亿元，较2013年的544.99亿元增长1.37倍，完成出口交货值647.69亿元，同比增长24.9%。在全区前110家重点企业中，电子信息类企业7家，总产值742.1亿元，占前110家企业产值的8%。目前，广西电子信息制造业主要集中在北海、南宁、桂林3个城市，产值约占全区总产值的85%。同时，梧州、玉林、钦州、贵港、贺州、柳州等市电子信息制造业同步发展壮大。

近年来，广西加强与粤港澳大湾区电子信息产业的对接和融合，积极谋划、引进了一批投资规模大、配套能力强、带动效应高的产业项目，有力推动电子信息产业快速发展。2016年至2019年8月，广西从粤港澳大湾区引进电子信息产业项目69项，总投资874.5亿元，累计完成投资110.5亿元，预计全部建成达产后年产值达3172.5亿元，利税86.6亿元。成功引进惠科、三诺、华为、深科技、冠捷、瑞声、国光、卓能、嘉龙海杰、泰嘉等一批粤港澳大湾区电子信息企业落户，主要产品包括手机精密件、智能电视、笔记本电脑、手机、显示器、电声产品、智能音箱、锂离子电池、电源适配器电子、液晶面板等。

纺织服装、造纸及木材加工等：承接产业转移成效明显，但明显处于代工等低附加值环节。近年来，广西积极促进一批消费品工业项目落地开工建设。2018年，造纸与木材加工业、纺织服装与皮革工业生产经营形势整体良好。其中，造纸和木材加工业共有规模以上企业933家，木材加工规模以上企业768家，造纸规模以上企业165家。完成工业总产值1622亿元，实现主营业务收入1426亿元，实现利润总额38.8亿元。纺织服装和皮革工业共有规模以上企业262家，完成工业总产值495.81亿元，同比增长6.97%。2016年至2019年8月，广西从粤港澳大湾区引进轻工业项目19项，其中，造纸与木材加工项目9项、纺织服装与皮革项目4项、其他项目6项。项目总投资198.4亿元，累计完成投资14.7亿元，预计全部建成达产后年产值达391.2亿元，利税50.6亿元。但总体来看，这些行业存在明显的委托代工模式，特别是中密度纤维板、高强度刨花板、纺织服装等主要供应沿海发达地区，即在广西完成初级加工后，利用大湾区品牌优势在全国乃至国际市场上销售。

2. 以资源加工型产品供给大湾区市场的行业：以冶金、有色金属、建材、电力为主

冶金产业：每年约800万吨钢材（占全区钢材年产量的27%）销往粤港澳大湾区。冶金是广西第二大行业，产品较为丰富，产量规模大，约1/3的产品进入大湾区市场。2018年，行业总产值2496亿元，同比增长11.8%；实现销售收入2075.9亿元，下降0.3%；利润总额192.5亿元，增长28.7%。钢材产品以热轧宽带、中厚板、冷轧板带、棒材、高速线材等为主；铁合金产品主要为锰系铁合金和锰盐产品。2018年，全区钢材产量2890.9万吨、铁合金398.3万吨。近年来，广西钢材、不锈钢等大量产品走向大湾区市场。据统计，每年销往大湾区的钢材约800万吨，占全区钢材总产量的约27%，其中柳钢集团约460万吨、北海诚德约150万吨、盛隆冶金约90万吨、梧州不锈钢约80万吨，主要产品包括建筑用钢、冷热轧板卷和不锈钢产品。

有色金属行业：重点产品供给融入大湾区市场，以铝加工为主的产品支撑了大湾区下游精深加工企业发展。随着煤—电—铝一体化的加快推进完善，以及生态环保型有色金属产业示范基地工程建设的加快推进，广西有色金属行业迎来了快速发展期。2018年，行业总产值1465亿元，同比增长16.8%。主要产品包括铅、锌、锡、铟、镓、稀土功能材料、氧化铝、电解铝、铝型材、高精度铝板带箔、航天航空用铝合金材料等。2016年至2019年8月，广西从粤港澳大湾区引进有色金属产业项目7项，总投资93亿元，累计完成投资8.5亿元，预计全部项目建成达产后年产值达168.3亿元，利税11亿元。近年来，广西积极加强有色金属产品走向大湾区，特别是铝材、铝板、稀土新材料、铜等产品，在广西加工后走向大湾区市场，特别是电解铝、氧化铝加工能力持续上升，但是广东境内目前尚未发现可开采利用的铝土矿，依靠广西输入的电解铝和氧化铝等产品，在广东南海区聚集了大量的铝产品加工、铝型材生产的企业。

建材行业：积极承接水泥、建筑陶瓷、特种玻璃、新材料产业转移，加快推动重点产品东融步伐，每年约20%的水泥产量进入大湾区市场。近年来，受大湾区基建投资和房地产投资增速大幅增长的影响，广西建材产品承接和融入大湾区的规模不断壮大。2018年，行业总产值1693亿元，同比增长6.8%；实现销售收入1567亿元，增长8.1%；利润总额170亿元，增长38.9%。主要产品包括硅酸盐水泥熟料、水泥、瓷质砖、天然大理石建筑板材等。2016年至2019年8月，广西从粤港澳大湾区引进建材产业项目15项，总投资108.8亿元，累计完成投资21.1亿元，预计全部项目建成达产后年产值达234.2亿元，利税23亿元。水泥：2015~2017年广西区外水泥销量分别为1380万吨、1320万吨、1860

万吨，考虑到数据填报不完整，估计 2018 年外销量可达 2500 万吨左右，占全年全区水泥产量的 21%，而其中绝大部分进入广东市场。建筑陶瓷：引进和培育了新建球、新动力、新鸿基、金沙江、湘恒瓷业、名爵陶瓷、远方陶瓷等骨干企业，2018 年梧州市从佛山引进了总投资 14.5 亿元的欧神诺陶瓷生产项目，总投资 12.5 亿元的蒙娜丽莎陶瓷生产项目，总投资 32 亿元的纯一陶瓷生产项目等；贵港市建立了龙门陶瓷工业集中区，先后引进了高贵陶瓷、新金盛陶瓷、灵海陶瓷、大成陶瓷、新权业陶瓷等一批陶瓷企业。特种玻璃：2018 年河池从惠州市引进了年产 80 万吨超白超薄特种玻璃项目（广西西玻特种玻璃有限公司）、北海市引进信义玻璃等。在建筑新材料方面，广西持续加强承接大湾区新材料产业转移，2019 年 4 月投资 150 亿元的正威广西玉林新材料产业城项目开工建设。

电力行业：承接重点项目转移成效明显，电力送粤量不断增加。2018 年，广西电力行业总产值 1261 亿元，同比增长 18.4%；实现销售收入 1225 亿元，同比增长 19.0%；利润总额 71 亿元，同比增长 44.2%。广西电力资源丰富，近年来积极加强电力入粤，极大缓解了广东电力供应紧张的局面。其中，2019 年 4 月，广西送广东交易电量达 4 亿千瓦时；5 月交易电量达 16 亿千瓦时。同时，广西积极引进了华润电力、香港中华电力、防城港核电等大湾区电力生产企业。

3. 东融成效有待挖掘的行业：以食品、医药、汽车、机械、石化为主

食品行业：大湾区食品制造业加快转移布局，广西食品行业承接和融入大湾区成效不明显。食品行业是广西产值规模最大的行业。2018 年，食品行业总产值 3035 亿元，实现销售收入 279 亿元。2016 ~ 2019 年 8 月，广西从粤港澳大湾区引进食品行业项目 7 项，总投资 11.6 亿元，累计完成投资 2.5 亿元，预计全部项目建成达产后年产值达 18.6 亿元，利税 4.5 亿元。其中，已建成投产项目 2 项，累计完成投资 1.6 亿元，实现产值 1.3 亿元，利税 0.4 亿元。从调研情况来看，粤港澳大湾区的食品制造业大多数已完成转移，且很多大企业已经基本完成国内布局，下一步将在健康保健食品方面实现突破。

医药行业：受国家药品监管政策限制承接产业转移成效不明显。目前，广西医药行业规模偏小，2018 年，全区医药行业总产值 313.5 亿元，主要业务收入 245 亿元。2016 年至今，广西从粤港澳大湾区引进医药行业项目 2 项，均为在建项目，项目总投资 17.6 亿元，累计完成投资 1.2 亿元，预计全部项目建成达产后年产值达 27 亿元，利税 7.2 亿元。近年来，广西承接大湾区医药行业转移存在困难，主要原因一方面是受国家药品监管政策限制，香港境内生产药品在内地

不具备合法身份，不能销售，制约着双方在医药领域的合作；另一方面，与高端企业的对接缺乏有效途径，资金、人才、技术等要素制约明显。但也取得了一定的突破，如南宁市通过药品持有人制度，2019年引进了广州奇绩医药金蓉颗粒生产项目，是2018年唯一批准的中药新药，也是第一个做药品持有人制度的中药新药。梧州市正在与深圳朗欧医药集团有限公司洽谈成立朗欧药品生产基地项目、与深圳海王健康洽谈建立海王健康小镇项目。

汽车行业：承接大湾区产业转移项目偏少，产品融入大湾区市场步伐偏慢。2018年，广西汽车工业产值2434.94亿元，产销量为215.05万辆和225.16万辆，其中，新能源汽车产销量分别为3.5万辆和3.2万辆。2016年至2019年8月，广西从粤港澳大湾区引进汽车及新能源汽车产业项目8项，总投资128.2亿元，累计完成投资4.9亿元，预计全部项目建成达产后年产值21.5亿元，利税16.9亿元。其中，汽车产业项目5项，总投资100.7亿元，累计完成投资25.1亿元，预计全部项目建成达产后年产值达154亿元，利税15.4亿元。已建成投产的汽车项目1项（东莞中沛光电科技有限公司汽车电子·汽车中控导航触摸屏生产项目），累计完成投资2.1亿元，实现产值1.4亿元，利税0.3亿元。在汽车产品东融方面，2018年广西汽车整车在广东销量为15.35万辆，其中上汽通用五菱整车13.60万辆，东风柳汽1.75万辆。

机械行业：承接大湾区相关项目偏少，高端制造、智能制造项目落地仍显滞后。广西机械工业已形成了较为完备的制造体系。2018年，广西机械行业总产值1792.2亿元，同比增长3.72%；完成主营业务收入1588.2亿元，同比增长3.07%。广西从大湾区引进的机械项目主要集中在高端装备制造领域，2016年至2019年8月，广西从粤港澳大湾区引进高端装备制造业产业项目4项，总投资6.9亿元，累计完成投资1.9亿元，预计全部项目建成达产后年产值达15.6亿元，利税3.3亿元。大湾区是广西机械行业产品的重要融入地，其中玉柴集团的卡车动力、客车动力、船电及通机动力，主要销往深圳、广州、东莞、佛山等地，2018年销量约1.3万台；柳工集团的装载机、挖掘机，主要销往深圳、广州、珠海、佛山等地，2018年销量约985台；桂林君泰福电气有限公司的干式变压器和高低压开关柜，2018年在大湾区的销售额约5000万元；桂林鸿程矿山设备制造有限责任公司的磨粉机及配件，主要销往佛山、肇庆等地，2018年销售额约527万元。

石化行业：大湾区石化行业已完成转移布局，广西承接的石化行业项目主要来自江苏、浙江、四川等省份，承接大湾区石化产业转移项目偏少。2018年，石化行业总产值2064亿元，同比增长4.3%；实现销售收入1872亿元，增长

1.0%；利润总额120.8亿元，增长6.2%；规模以上企业613家。主要产品包括汽油、煤油、柴油、润滑油、化肥、硫酸、烧碱、精甲醇、纳米碳酸钙等。2016年至2019年8月，广西从粤港澳大湾区引进石化行业项目1项（广西市奥佳华新能源科技有限公司高蓄能电池项目），总投资2亿元，累计完成投资2亿元，项目已于2018年投产，全部项目建成达产后年产值达4.9亿元，利税0.32亿元。近年来，广西从大湾区地区引进的石化行业项目偏少，未有专门统计石化产品融入大湾区市场情况。

表6-1　广西重点行业融入粤港澳大湾区情况

产业名称	总产值（亿元）	引入项目（项）	投资额（亿元）	完成投资（亿元）	达成后产值（亿元）	利税（亿元）	已投产项目（项）	产品在广东年销量
电子信息	1290.9	69	874.5	110.5	3172.5	86.6	13	
冶金	2496							钢材：800万吨
有色金属	1465	7	93	8.5	168.3	11	1	
建材	1693	15	108.8	21.1	234.2	23	5	水泥：2500万吨
汽车	2434.9	8	128.2	4.9	21.5	16.9	1	整车：15.35万辆
机械	1792.2	4	6.9	1.9	15.6	3.3		
电力	1261							
石化	2064	1	2	2	4.9	0.32	1	
食品	3035	7	11.6	2.5	18.6	4.5	2	
医药	313.5	2	17.6	1.2	27	7.2		
轻工	1622	19	198.4	14.7	391.2	50.6	4	

资料来源：经各市工业和信息化部门汇总整理而来。

同时，从全区产业东融情况看，梧州、贺州、贵港、玉林等桂东地区充分发挥连接粤港澳的区位优势，持续强化工业东融发展的顶层设计，工业东融步伐及成效比较明显；南宁、柳州、桂林等中心城市充分发挥要素集聚、产业集群优势，全力推动工业东融发展上台阶；北海、防城港、钦州等北部湾沿海城市，以重点项目为纽带，以"小湾"融"大湾"，推进高水平开放和高质量发展。

（二）工业东融存在四大问题：层次偏低、布局分散、供给不足、融入滞后

总的来看，广西工业东融的层次明显偏低，工业东融的程度明显不够，产业链融入亟待拓展提升，同时，代工生产特征突出和市场开拓能力偏弱是广西工业东融的关键制约因素。

一是推动工业东融、承接产业转移层次偏低，面向大湾区代工生产特征明显。近年来，广西承接了一批来自粤港澳大湾区的产业转移，但总体来看，承接的产业项目层次普遍偏低，电子信息、纺织服装、造纸及木材加工领域承接的项目几乎都是代工生产，严重缺乏自主品牌建设，创新发展能力明显不足，同时，承接的资源型、高能耗、低附加值项目比重大，高附加值产业和先进制造产业承接明显缺乏，导致产业链条短、知名品牌少、企业竞争力不强，这将极易造成广西在新一轮产业转移和区域开放合作中处于产业低端发展层次，形成所谓的"低端锁定"现象。

二是推动工业东融、承接产业转移布局分散，呈链式的集群效应未能形成。目前，各市推进东融发展尤其是工业东融的整体统筹性不强，各类园区承接产业转移布局分散，产业雷同度高，精准布局性差，"强龙头、补链条、聚集群"战略意识亟待强化，尚未形成强有力的统一规划、协同东融的发展格局，"散""乱""小"特征依然突出。如木材加工行业承接了一批大湾区木材加工企业，在贵港、柳州等地形成了木材加工企业集聚发展态势，但总体来看，广西引进的大湾区木材加工企业规模小、品质低、布局散，呈链条式的产业转移不多，没有形成显著的龙头带动效应和产业集聚效应，这对下一步打造和提升产业链形成了不利影响。

三是推进工业东融的市场融入度不高、开拓力不强，资源型、原料型产品供给特征突出。冶金、有色金属、建材等产业是广西具有优势的主导产业，但长期以来，由于产业发展模式粗放，工业产品层次不高，具有高附加值的产品不多，加之对粤港澳大湾区市场缺少精准分析和精准切入，在大湾区市场的占比不高，以建筑陶瓷和建筑新材料为例，目前仍处于资源开发和规模生产积累阶段，企业抓创新、创品牌、拓市场的意识不强，导致这些具有比较优势的产业未能实现对大湾区市场的充分融入和市场拓展。

四是推进工业东融中一批具有资源优势和比较优势的产业潜力没有得到充分挖掘和发挥。食品、医药、汽车、机械和石化等产业是广西具有资源优势或比较优势的产业，但在对接大湾区先进生产要素和超大市场规模方面仍显滞后，东融潜力亟待进一步挖掘和发挥。作为具有传统色彩的产业，食品、医药产业在

消费需求升级、市场多元调整和大健康产业迅猛发展的趋势下，依然具有广阔的市场空间，汽车、机械和石化等产业在智能化升级、精细化发展领域依然具有很大的提升空间，必须紧紧结合超大规模市场优势，全面对接和融入粤港澳大湾区建设，加快由浅层次、粗放式的市场融入转向高层次、精准化的市场占有。

二、推进工业东融面临的趋势和存在的差距

粤港澳大湾区是习近平总书记亲自谋划、亲自部署、亲自推动的重大国家战略，将成为中国—东盟自贸区乃至全球性的湾区增长极，当前和未来相当长时期内将给周边地区带来巨大的"溢出效应"和发展机遇。当前，粤港澳大湾区已进入后工业化阶段，产业发展高端化、服务化趋势明显，推进和开展更高水平、更高质量的产业转移为周边地区产业发展带来重要机遇。

（一）粤港澳大湾区工业发展现状：后工业化和高端化

1. 粤港澳大湾区进入后工业化阶段，产业发展高端化、服务化趋势明显

当前粤港澳大湾区正处于从工业经济向服务经济、创新经济转型过程中，工业规模和活力持续提升，2018 年粤港澳大湾区工业增加值达 3.2 万亿元，占大湾区 GDP 的 31%，占我国工业增加值的 11.3%，是我国工业经济重要的增长极[①]。其中，粤港澳大湾区中广东 9 个城市的工业总产值占整个粤港澳大湾区工业总产值的 95% 以上，在全国制造业中举足轻重，成为世界级的重要制造业基地和创新型制造业基地。不过与巨大体量形成鲜明对比的是，大湾区内部地区间工业发展差距较大。其中：深圳工业发展一枝独秀，2017 年工业增加值已经达到 8688 亿元，2018 年更是突破 9000 亿元；广州和佛山 2017 年工业增加值均超过 5000 亿元，属于第二梯队；其他地区 2017 年工业增加值均不足 4000 亿元。深圳、广州和佛山三地一直以来都是大湾区工业发展的重要地区，近年来工业增加值在大湾区的占比从 2005 年的 57% 逐步上升至 2017 年的 61%，地区发展的极化效应进一步显现。

---

① 邵立国，乔标，张舰 . 正视粤港澳大湾区工业发展突出问题［J］. 中国工业和信息化，2019
（6）.

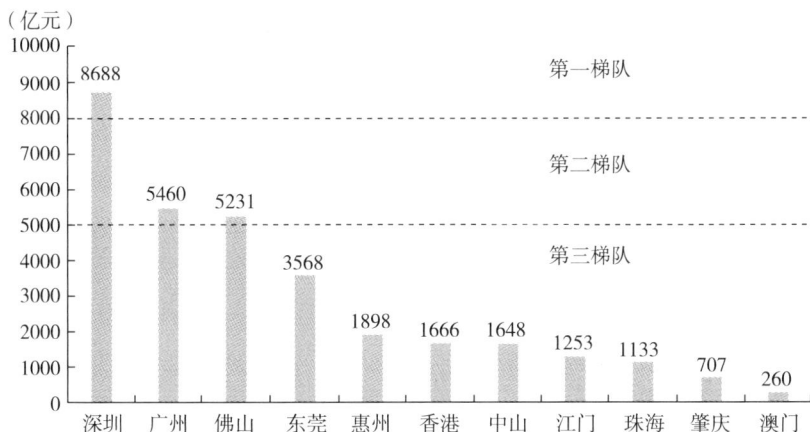

图 6-1 2017 年粤港澳大湾区各市工业增加值情况

从发展阶段判断，粤港澳大湾区已进入后工业化阶段。改革开放以来，广东省工业实现了从小到大、从大到强、从强到优的发展历程，强力带动了大湾区工业化进程。1978 年广东省处于前工业化阶段，1990 年迈入工业化初期阶段，2000 年迈入工业化中期阶段，并在全国率先完成工业化进程。2018 年港澳大湾区人均 GDP 达到约 15.3 万亿元，三次产业结构约 1：35：64，城镇化率达到 85% 左右，表明粤港澳大湾区已率先跨入后工业化阶段。

表 6-2 2018 年广东及粤港澳大湾区工业发展阶段

时间	人均 GDP（万亿元）	三次产业结构	城镇化率（%）	阶段判断
广东	8.6	4.0：41.8：54.2	70.7	后工业化
粤港澳大湾区	约 15.3	约 1：35：64	约 85	后工业化

资料来源：《2018 年广东统计公报》《粤港澳大湾区建设报告》(2018)。

当前，高端制造业和现代服务业已成为粤港澳大湾区的"龙头"产业，具有创新性强、技术含量高、智能化高端化等突出特点。2017 年广东省共有高技术制造业企业 7604 家，完成总产值 42709.8 亿元，比 2015 年增长 23.2%，完成增加值 9507.81 亿元，比 2015 年增长 26.1%，占全省制造业比重达 33%。先进制造业完成总产值 72690.42 亿元，比 2015 年增长 20.2%，完成增加值 17250.14 亿元，占工业比重为 21.1%，比 2015 年提高 3.1 个百分点。特别是先进制造业中的装备制造业表现抢眼，完成增加值 13293.67 亿元，比 2010 年增长 93.5%，占全省工业比重为 42.4%，比 2010 年提高 8.6 个百分点。

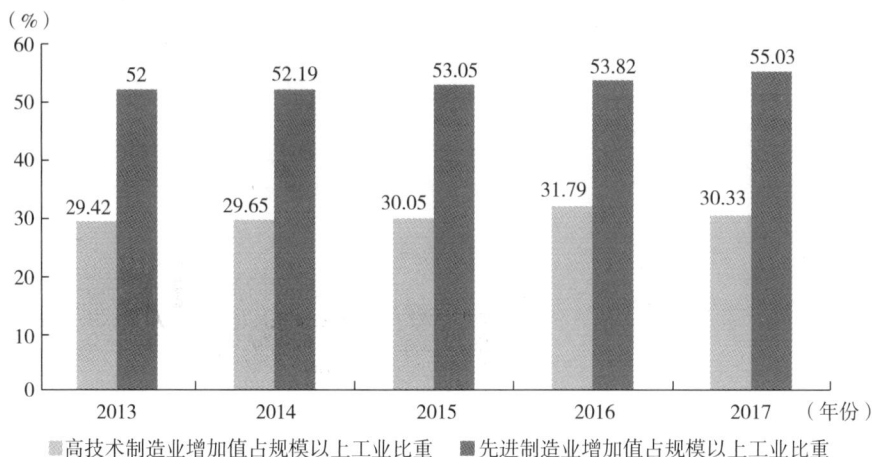

图 6 - 2 广东高技术制造业和先进制造业增加值占规模以上工业比重

香港和澳门是现代服务业的集聚地。香港制造业外迁导致其占 GDP 比重较低，2017 年仅为 1.03%，而近年来服务业占地区生产总值比重稳定在 90% 左右，是香港的支柱行业，其中金融保险业是推动经济增长的第一动力。澳门制造业占地区生产总值的比重不足 1%，其服务业占地区生产总值比重连续 7 年超过 90%，徘徊在 95% 左右，其中贡献最大的服务业为博彩及博彩中介业，这是由于澳门经济主要依靠旅游业和博彩业而形成的。

表 6 - 3 港澳制造业及服务业占 GDP 比重情况　　　　　　单位:%

产业类型	2013 年	2014 年	2015 年	2016 年	2017 年
香港					
制造业	1.41	1.23	1.11	1.08	1.03
服务业	91.11	90.48	89.84	89.51	88.72
#金融保险	16.19	16.28	17.09	17.23	18.19
澳门					
制造业	0.4	0.42	0.61	0.61	0.57
服务业	96.27	94.91	92.2	93.3	94.93
#博彩业	63.1	58.47	48.01	46.66	49.13

注：带 "#" 号为 2000 年的数据。

资料来源：香港统计年刊，澳门信息普查局统计数据库。

从区域分布来看，粤港澳大湾区制造业企业数量比例占据绝对优势。2017年大湾区广东9个城市入选广东制造业500强企业数量为449家，占比为89.8%。从地市分布来看，广州和深圳为主要集聚地。2017年广州和深圳2个城市入选500强企业数量分别为113家、101家，合计为214家，累计占比达到42.8%。

表6-4 粤港澳大湾区主要城市优势产业

城市	代表产业	入选广东制造业500强企业数量
香港	仓储物流、金融和专业服务	—
澳门	博彩业、金融业、公共服务业	—
深圳	先进制造、金融、信息软件服务、交通运输	113
广州	电子信息、生物医疗健康、汽车、金融	101
东莞	电子信息、化工、纺织服装、造纸、食品饮料、玩具、家具、电气机械	47
珠海	电子信息技术、医药、新能源、海洋工程	40
中山	装备制造业、机器人	39
惠州	电子信息和石化	22
佛山	纺织服装、食品饮料、家具制造、建筑材料、家用电力器具	58
江门	造纸、交通运输、重卡和商用车、新材料、新能源及装备	21
肇庆	装备制造、新兴电子	8
合计		449

资料来源：根据广东省统计资料、香港统计年刊、澳门信息普查局统计数据库数据整理而来。

总体来看，粤港澳大湾区工业创新产品生产能力显著增强，高端产品数量迅猛增长，相关产品生产在全国甚至世界上都占有一定的份额。2017年广东微型电子计算设备、移动手机、集成电路产量为4338.56万台、80163.04万台及262.51亿块，分别为2000年的25.6倍、80.1倍及22.3倍，知名手机品牌生产企业华为、OPPO、vivo、传音控股等，均为广东本土企业。高端装备产品制造取得巨大成功，2017年汽车产量321.06万辆，为1978年的1035.7倍，其中轿车158.82万辆，为2000年的49.3倍，SUV、MPV、新能源汽车等不但实现了零的突破，而且生产规模迅速扩大。

表6-5　主要工业产品生产能力及产量

产品	单位	1978年	2017年	2017年能力
高端装备产品				
汽车	万辆	0.31	321.06	
#轿车	万辆	3.22	158.82	
创新性产品				
移动通信手持机	万台	1001.30#	80163.04	93043.81
微型电子计算设备	万台	169.74#	4338.56	6473.88
集成电路	亿块	11.76#	262.51	

注：带"#"号为2000年的数据。

资料来源：广东统计信息网。

2. 支柱产业高端化发展趋势显著，成为新一轮产业转移的主要输出地

依托珠三角地区强大的制造能力，大湾区形成了以电子信息、汽车、家电等为主导的新兴产业体系。2017年，电子信息产业收入占全国的1/3，汽车占全国的12%；家电制造业增加值占全国的41%，电饭锅、微波炉等产品产量占全国的九成以上。

（1）电子信息产业规模居全国首位。2018年全国规模以上电子信息制造业营业收入实现10.77万亿元，约占工业的10.3%，其中广东省规模以上电子信息制造业实现3.88万亿元，占全国的36%，占全省工业的28.6%，产业规模连续28年居全国首位[1]。从电子信息制造业综合发展指数来看，广东、江苏、上海、北京、浙江连续3年处于前五名之内，广东处于最高水平（79.16）[2]。其中，广东软件和信息技术服务业综合发展指数领先优势明显，指数远高于其他省市，成为全国软件和信息技术服务业发展的领先力量。

以手机为例，大湾区拥有手机产业发展的核心基础，软硬件产业规模全国第一，智能终端产业链完整，技术投入强大，在互联网、"互联网＋"等方面的应用领先全国，这使得广东手机产业不断加速发展，产量始终保持全国第一，历年

---

① 许晓民．电子信息制造业发展现状及趋势特点［EB/OL］．http：//www.aiimku.com/news/show.php？itemid＝302，2019－06－27.

② 中国电子信息产业综合发展指数研究报告［R］.新华网，2017－09－05.

产量占全国比重均保持在 40% 以上①。

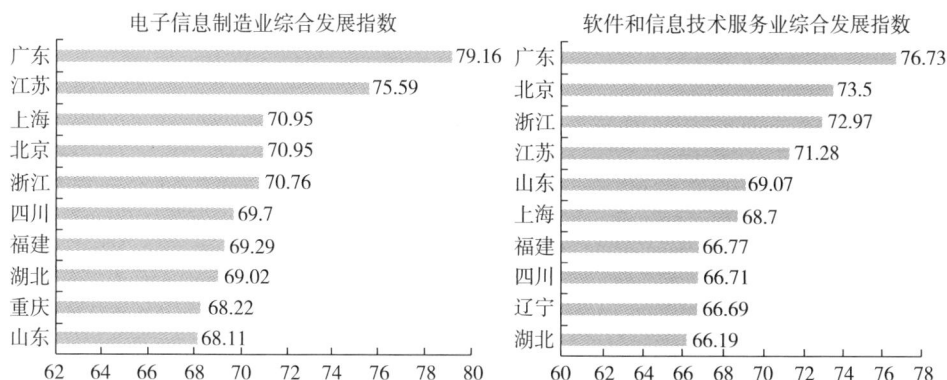

电子信息制造业综合发展指数

广东	79.16
江苏	75.59
上海	70.95
北京	70.95
浙江	70.76
四川	69.7
福建	69.29
湖北	69.02
重庆	68.22
山东	68.11

软件和信息技术服务业综合发展指数

广东	76.73
北京	73.5
浙江	72.97
江苏	71.28
山东	69.07
上海	68.7
福建	66.77
四川	66.71
辽宁	66.69
湖北	66.19

图 6 - 3　电子信息制造业及软件信息技术服务业综合发展指数省市排名

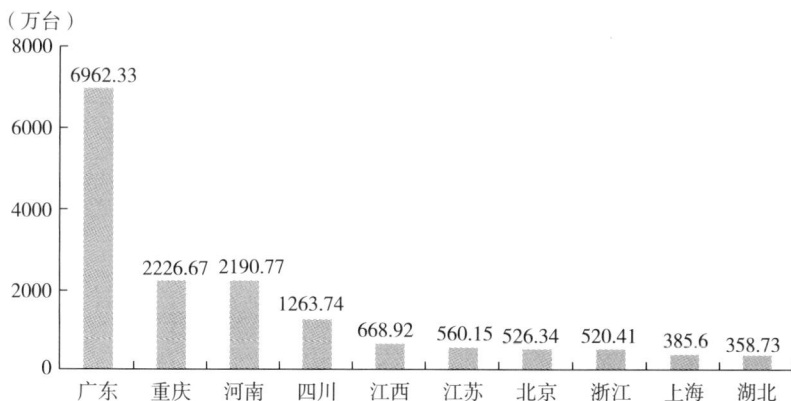

（万台）

省市	产量
广东	6962.33
重庆	2226.67
河南	2190.77
四川	1263.74
江西	668.92
江苏	560.15
北京	526.34
浙江	520.41
上海	385.6
湖北	358.73

图 6 - 4　2018 年上半年全国手机产量 TOP10 省市情况

（2）家电行业保持全国龙头地位。家电行业是大湾区改革开放以来发展最快的行业。从总体实力看，目前广东仍然占据着绝对龙头的位置，尤其是珠江东岸的彩电行业和西岸的空调产业，在全国处于绝对领先地位。2016 年广东家电四大件产量总数达到 2.53 亿台，其中彩电和空调产业均在全国遥遥领先，冰箱位居第二，洗衣机位居第四。经过多年的激烈竞争，大湾区家电涌现出美的、格

① 许晓民. 电子信息制造业发展现状及趋势特点［EB/OL］. http：//www. aiimku. com/news/ show. php？itemid = 302，2019 - 06 - 27.

力、TCL、创维、海信、万宝、康佳、格兰仕等一批享誉国内外市场的知名企业和知名品牌[①]，形成了我国最大的家电生产基地，生产的彩电占全球总销量的1/3，生产的家用空调器占全球总销量的60%多，小家电产品产销量占全球半壁江山。

表 6 – 6　2016 年全国家电四大件产量 TOP10 情况　　单位：万台

省份	彩电产量	省份	冰箱产量	省份	洗衣机产量	省份	空调产量
广东	**8116.89**	安徽	3058.8	安徽	2006.42	广东	**6169.8**
山东	2111.71	广东	**2135.51**	江苏	1849.64	安徽	3113.85
江苏	1839.38	江苏	945.75	浙江	1396.8	湖北	1206.38
安徽	1277.12	山东	883.42	广东	**762.32**	重庆	1199.82
四川	1111.01	浙江	797.74	山东	670.86	浙江	953.76
福建	1015.57	湖北	392.06	重庆	301.52	河北	941.53
浙江	658.22	湖南	283.74	四川	180.84	山东	731.93
北京	304.57	贵州	146.99	湖南	166.6	江苏	454.1
天津	224.1	辽宁	145.74	上海	163.21	江西	349.52
贵州	191.24	重庆	144.16	江西	60.74	上海	349

资料来源：根据各省家电行业协会数据整理而得。

（3）汽车制造业处于全国领先水平。汽车制造业是广东工业的支柱产业，对广东工业经济发展起到了"压舱石"的作用。2018 年规模以上汽车制造业的企业数达 833 家，比 2013 年（574 家）增加了 259 家，规模以上汽车制造业完成增加值 1859.7 亿元，比 2013 年提高了 480.88 亿元。从汽车生产销售情况看，2018 年生产汽车 321.58 万辆，占全国汽车产量的比重为 11.5%，排全国首位；完成汽车销售 329.39 万辆，占全国汽车销量的比重为 11.7%，完成销售产值 8412.29 亿元，比 2013 年增加 3787.67 亿元，增长 81.9%。

---

　　① 2016 家电制造实力广东最强　安徽、江苏、山东紧随其后［EB/OL］. https://www.jieju.cn/News/20170426/Detail797039. shtml, 2017 – 04 – 26.

排名	省市区	产量（万辆）	
1	广东		321.58
2	上海		297.76
3	吉林		276.85
4	湖北		241.94
5	广西		215.05
6	重庆		172.64
7	北京		165.26
8	江苏		121.89
9	河北		121.06
10	浙江		119.22
11	山东		102.54
12	辽宁		94.87
13	天津		86.26
14	安徽		82.43
15	四川		74.93
16	陕西		62.13
17	河南		58.91
18	江西		54.98
19	湖南		52.90
20	福建		23.95
21	黑龙江		16.29
22	云南		15.88
23	山西		10.8
24	新疆		2.48
25	海南		2.11
26	甘肃		1.12
27	内蒙古		0.54
28	贵州		0.45
29	西藏		
30	青海		
31	宁夏		

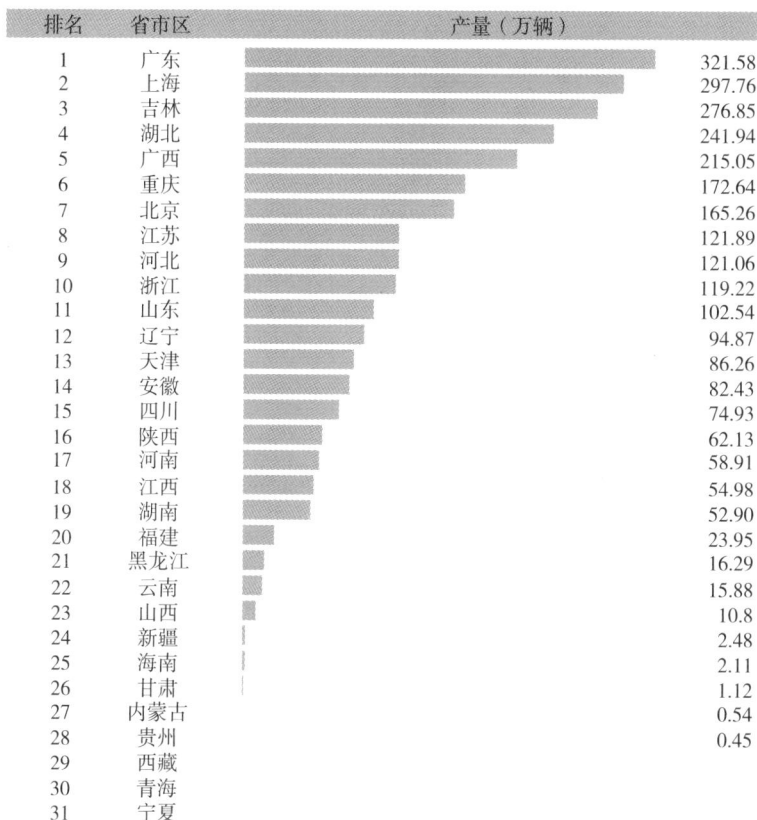

图 6-5　2018 年全国各省市汽车产量情况

（二）粤港澳大湾区主要城市工业产品结构调整分析

为更好地深入分析粤港澳大湾区城市尤其是主要城市产业结构及主要工业产品调整趋势，针对粤港澳大湾区"9＋2"城市（广州、深圳、珠海、佛山、惠州、东莞、中山、江门、肇庆9个珠三角城市和香港、澳门两个特别行政区），其中香港和澳门主导产业集中在文旅、金融、科教等领域，江门和肇庆属于珠三角欠发达地区，处于承接产业转移的角色，因此，就"9"中的广州、深圳、珠海、佛山、惠州、东莞和中山7个城市的工业产业结构和主要工业产品结构调整进行分析，具体对 2012～2018 年进行分析，相关数据来源于上述7个城市相关年度国民经济和社会发展统计公报和统计年鉴等资料。

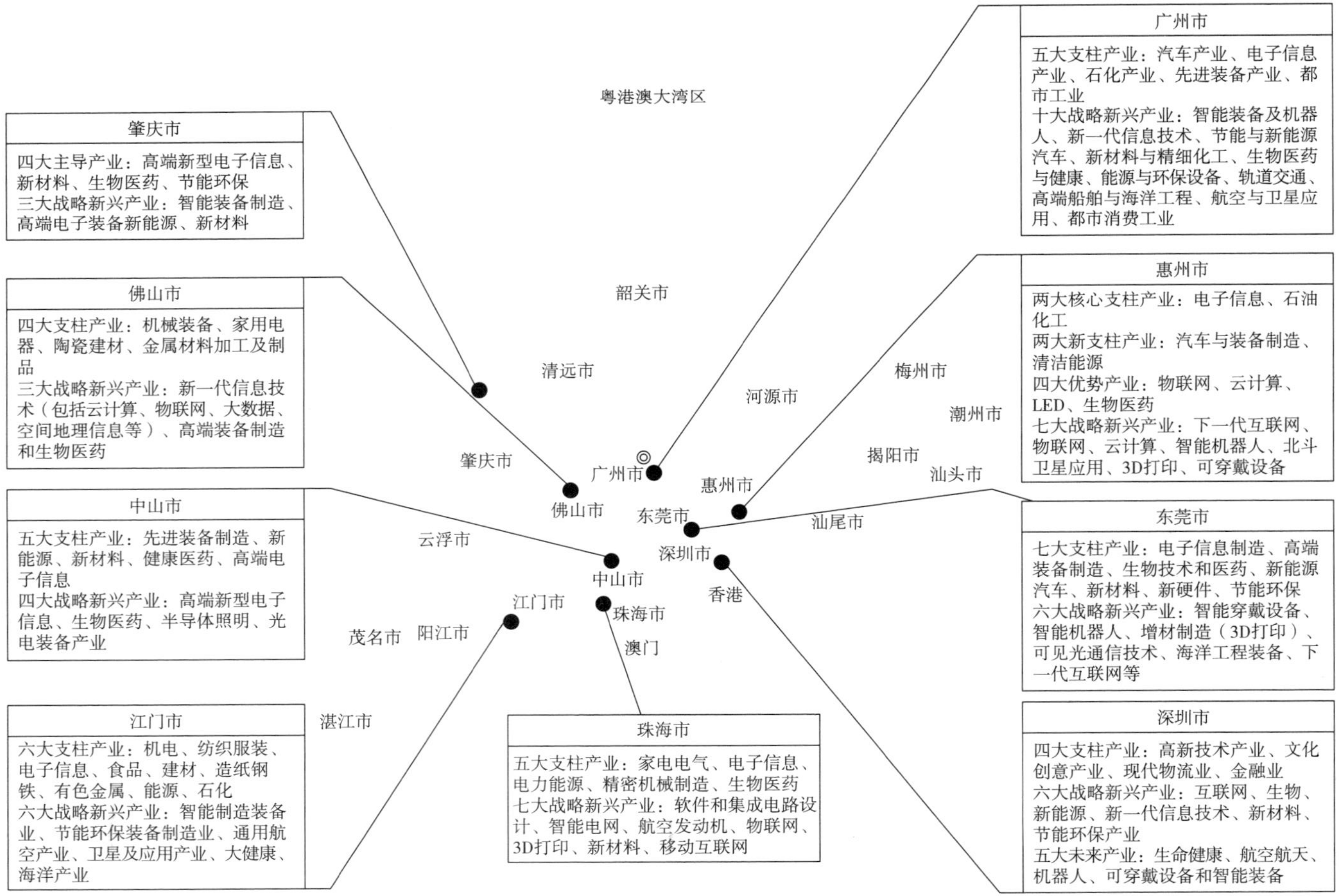

广州市

五大支柱产业：汽车产业、电子信息产业、石化产业、都市工业
十大战略性新兴产业：智能装备及机器人、新一代信息技术、节能与新能源汽车、新材料与精细化工、生物医药、轨道交通与健康、能源船舶与海洋工程、航空卫星应用、高端电子装备新能源、都市消费工业

惠州市

两大核心支柱产业：电子信息、石油化工
两大新支柱产业：汽车与装备制造、清洁能源
四大优势产业：物联网、云计算、LED、生物医药
七大战略新兴产业：下一代互联网、云计算、智能机器人、北斗卫星应用、3D打印、可穿戴设备

东莞市

七大支柱产业：电子信息制造、高端装备制造、生物技术和医药、新材料、新硬件、节能环保
六大战略新兴产业：智能机器人、可见光通信技术、增材制造（3D打印）、智能穿戴、海洋工程装备、下一代互联网等

深圳市

四大支柱产业：高新技术产业、文化创意产业、现代物流业、金融业
六大战略新兴产业：新一代信息技术、互联网、生物、新能源、节能环保、新材料
五大未来产业：生命健康、航空航天、机器人、可穿戴设备和智能装备

珠海市

五大支柱产业：家电电气、电子信息、生物医药、电力能源、精密机械制造
七大战略新兴产业：软件和集成电路设计、航空发动机、物联网、3D打印、新材料、移动互联网

肇庆市

四大主导产业：高端新型电子信息、新材料、新能源、生物医药、节能环保
三大战略新兴产业：智能装备制造、高端电子装备新能源、新材料

佛山市

四大支柱产业：机械装备、家用电器、陶瓷建材、金属材料加工及制品
三大战略新兴产业：新一代信息技术（包括云计算、物联网、大数据、空间地理信息等）、高端装备和生物医药

中山市

五大支柱产业：先进装备制造、新能源、新材料、健康医药、高端电子信息
四大战略新兴产业：高端新型电子信息、生物医药及健康产业、智能装备制造、通用航空装备、半导体照明、光电装备应用

江门市

六大支柱产业：机电、纺织服装、食品、建材、造纸钢铁、有色金属、石化
六大战略新兴产业：能源、智能装备制造、通用航空、新一代信息、生物医药及健康、大健康产业、卫星及应用产业、海洋产业

粤港澳大湾区

韶关市　清远市　广州市　佛山市　肇庆市　云浮市　阳江市　茂名市　湛江市　江门市　中山市　珠海市　澳门　香港　深圳市　东莞市　惠州市　河源市　汕尾市　揭阳市　汕头市　潮州市　梅州市

图6-6　粤港澳大湾区9市产业地图

通过对 7 个城市工业产品的细致分类，共梳理出纺织、造纸、服装及鞋、食品（含农副）、钢铁、有色、建材、石化、化学制品、医药、木材加工、家具制造、塑料制品、家用电器、办公设备、电子信息、汽车、机械装备、新一代通信设备、电气机械及器材制造、仪表仪器、新兴产品及其他类共 23 大类产业（不包括电力生产及供应、水的生产和供应）和 131 种工业产品。

表 6-7　粤港澳大湾区主要城市工业产品构成

工业大类	主要工业产品
纺织	纱、布、化学纤维、玻璃纤维布
造纸	纸浆、机制纸及纸板、纸制品
服装及鞋	服装、轻革、鞋靴
食品（含农副）	饲料（农副）、精炼食用植物油、啤酒、软饮料、果汁和蔬菜类饮料、包装饮用水、成品糖、糖果、营养保健食品、大米加工、冷冻饮品、饮料酒、罐头、卷烟、酱油等
钢铁	粗钢、钢材、生铁、不锈钢日用制品
有色	十种有色金属、铝材
建材	水泥、商品混凝土、预应力混凝土桩、瓷质砖、卫生陶瓷制品、墙地砖、平板玻璃、日用玻璃制品、夹层玻璃、钢化玻璃、焊接钢管
石化	原油加工、化肥、乙烯、纯碱、合成纤维单体、合成纤维聚合物
化学制品	化学农药、涂料（油漆）、化学试剂
医药	中成药、化学医药原药
木材加工	人造板、装饰板、复合木地板
家具制造	家具
塑料制品	塑料制品、初级形态的塑料、塑料树脂
家用电器	电视机（彩色、液晶、智能）、家用电冰箱（家用冷柜）、房间空调器、家用电风扇、家用电热烘烤器具、饮水机、家用吸尘器、电话单机、家用燃气灶具、热水器（燃气热水器、太阳能、电热水器）、电饭锅、微波炉、洗衣机、家用房间空气清洁装置、家用吸排油烟机、灯具及照明装置、组合音响、数码照相机
办公设备	复印和胶版印制装备、打印机
电子信息	程控交换机、服务器、微型电子计算机（笔记本计算机）、电子计算机整机、发光二极管、显示器、液晶显示屏、彩色显像管、硬盘存储器、半导体存储盘、半导体分立器件、电子元件、手机（包括智能手机）、数字激光音视盘机、电视接收机顶盒、印制电路板、半导体存储器播放器、集成电路

工业大类	主要工业产品
汽车	汽车（包括轿车、运动型多用途乘用车等）、新能源乘用车（客车）、新能源汽车
机械装备	民用钢质船舶、金属集装箱、发动机、电动手提式工具、气体压缩机、泵及真空设备、服装鞋帽加工机械、自行车
新一代通信设备	光电子器件、移动通信基站设备、安全自动化监控设备、GPS 接收机
电气机械及器材制造	发电机组、光缆、通信及电子网络用电缆、光纤、电力电容器
仪表仪器	汽车仪器仪表、光学仪器、电动仪器仪表、工业自动调节仪表与控制系统
新兴产品	无人机、工业机器人、太阳能电池、锂离子电池、石墨烯
其他类	眼镜成镜、模具、钟、表

资料来源：根据粤港澳大湾区主要城市统计公报和统计年鉴整理而来。

1. 纺织业

纺织业是大湾区主要城市典型的转移型产业，主要工业产品包括纱、布以及化学纤维，由于早期大湾区主要将化学纤维用于家纺生产，因此将其放于大纺织业进行分析，2017 年之前广州市已将纺织业进行全部"出清"，目前化纤几乎全部转移或淘汰，纱的生产全部集中在中山，83% 的布的生产集中在佛山，未来纺织业的转移是必然趋势。

表 6-8　粤港澳大湾区主要城市纺织业产品调整趋势

主要产品	单位	2012 年	2013 年	2014 年	2015 年	2016 年	2017 年	2018 年
纱	万吨	5.33	5.04	4.66	3.94	2.96	1.41	1.15
布	亿米	14.98	14.40	14.02	12.86	12.91	7.35	7.84
化纤	万吨	9.55	10.21	10.24	11.56	3.73	0.37	0.38

资料来源：根据粤港澳大湾区主要城市国民经济和社会发展统计公报整理而来。

2. 造纸产业

造纸产业主要集中在东莞，佛山和中山有少量机制纸和纸板产能，纸制品全部集中在东莞，其中东莞的机制纸及纸板产量占比持续保持在 90%，未来大湾区造纸产品是否出现大规模转移将与东莞产业结构调整存在较大关系。

3. 食品产业

食品产业涉及领域广泛，行业分布相对分散，且主要集中在广州、深圳、东莞、珠海、中山、佛山。卷烟等产业具有很强的地域分布特征，产业转移的可能

表6-9 粤港澳大湾区主要城市造纸业产品调整趋势

主要产品	单位	2012 年	2013 年	2014 年	2015 年	2016 年	2017 年	2018 年
纸浆（原生浆及废纸浆）	万吨	58.36	40.94	39.84				
机制纸及纸板（外购原纸加工除外）	万吨	1330.57	1568.46	1649.39	1510.84	1643.79	1650.16	1596.89
纸制品	万吨				215.15	204.71	220.1	218.81

资料来源：根据粤港澳大湾区主要城市国民经济和社会发展统计公报整理而来。

性较小。大湾区饲料产业总体保持稳定，且高度集中在佛山，占比达到90%以上，珠海、中山饲料占比较低，下一步应会逐步进行转移，佛山饲料产业从大趋势来看也应逐步转移。精炼食用植物油2015年之后的数据并不完备，但总体来看，大湾区精炼食用植物油产业将保持稳定发展。啤酒及饮料酒产业高度集中在佛山，占比达到85%左右，中山、深圳的啤酒产业将会逐步"出清"。软饮料产业同样高度集中在佛山，占比保持在65%左右。包装饮用水产业集中在深圳，营养保健食品集中在广州。

表6-10 粤港澳大湾区主要城市食品产品调整趋势

主要产品	单位	2012 年	2013 年	2014 年	2015 年	2016 年	2017 年	2018 年
饲料	万吨	547.40	492.50	540.78	564.92	544.62	509.90	550.39
精炼食用植物油	万吨	91.49	94.13	81.06	—	—	—	—
啤酒及饮料酒	亿升	30.82	25.95	22.25	18.93	18.16	18.82	17.57
软饮料	万吨	451.58	315.45	263.9185	274.13	279.22	281.73	268.09
包装饮用水	万吨	434.95	576.92	693.18				
营养保健食品	吨						558.08	462.45
酱油	万吨	210.59	240.67	260.92	265.5	307.26	332.26	191.48

资料来源：根据粤港澳大湾区主要城市国民经济和社会发展统计公报整理而来。

4. 医药产业

医药产业主要包括中成药和化学药，主要集中在广州市，其中中成药广州市占比达到55%左右，深圳和佛山各占20%左右，化学药行业中广州市占比高达90%以上。

5. 木材加工产业

木材加工产业主要集中在东莞，广州市的人造板产量逐年下降，将会逐步实现产业转移或彻底"出清"。

6. 家具产业

家具产业是大湾区的优势产业，保持了平稳发展，且主要集中在东莞和佛山，占比分别达到36%和32%，东莞家具产业存在转移趋势，这与近几年东莞产业结构调整具有直接关系，未来仍将持续转移调整。

表6-11　粤港澳大湾区主要城市家具产品调整趋势

主要产品	单位	2012年	2013年	2014年	2015年	2016年	2017年	2018年
家具	万件	10363.3	9446.58	12748.3	11411.8	9577.8	10150.6	10368.1

资料来源：根据粤港澳大湾区主要城市国民经济和社会发展统计公报整理而来。

7. 塑料制品产业

大湾区主要城市塑料制品产业保持相对平稳，甚至略有增长，且主要集中在佛山市，2012年以来，佛山市塑料制品产业产品产量增长了52.1%，间接推动大湾区主要城市塑料制品产业产品产量的增长，佛山市塑料制品产量占比由2012年的37.3%提高到2018年的51%。

表6-12　粤港澳大湾区主要城市塑料制品产品调整趋势

主要产品	单位	2012年	2013年	2014年	2015年	2016年	2017年	2018年
塑料制品	万吨	606.52	549.21	603.10	606.81	608.48	649.09	674.13

资料来源：根据粤港澳大湾区主要城市国民经济和社会发展统计公报整理而来。

8. 家用电器产业

家用电器产业是大湾区的优势主导产业，且涉及领域广泛，分布城市较广。电视机产量呈现逐年增长态势，且在2015年之后智能电视机占比达到了60%以上，电视机生产主要集中在深圳和惠州，两者占比累计达到75%以上，同时惠州电视机生产保持了16%的年均增幅。电冰箱生产总体存在产业转移趋势，主要集中在中山，占比达到60%左右，佛山电冰箱产量下降较大，2018年产量仅为2015年高峰时期产量的36%。空调生产总体保持平稳，主要集中在中山和佛山两地，累计占比达到74%。家用燃气热水器主要集中在佛山和中山，受市场需求扩张影响，保持了持续增长态势，年均增速达到6.7%。数码照相机受智能手机发展的影响，呈现迅速下滑态势，2018年产量仅为2012年产量的11%。

表 6－13　粤港澳大湾区主要城市家用电器产品调整趋势

主要产品	单位	2012 年	2013 年	2014 年	2015 年	2016 年	2017 年	2018 年
电视机	万台	5665.04	6165.72	6336.62	6444.75	7796.93	7952.25	8640.36
电冰箱（含冷柜）	万台	1806.51	1909.22	2131.54	2159.49	2278.89	1747.52	1776.98
空调	万台	5313.5	5675.41	5882.96	6070.25	5844.79	4788.64	5638.42
家用燃气热水器	万台	718.78	771.14	1040.93	975.32	1177.72	1028.88	1059.89

资料来源：根据粤港澳大湾区主要城市国民经济和社会发展统计公报整理而来。

（三）粤港澳大湾区产业转移的五大趋势

从粤港澳大湾区产业转移趋势来看，呈现出较为明显的"双转移"、产业链整体转移和抱团转移、以合作共建园区为主要途径、受中美贸易摩擦影响较大等趋势。

1. 趋势一：广东"双转移"战略继续实施，产业持续向粤东粤西粤北地区转移

粤港澳大湾区产业转移分为三个圈层，第一圈层是大湾区内部转移，第二圈层是由大湾区核心城市向粤东西北欠发达地区转移，第三圈层是向湖南、江西、广西、贵州、四川、福建、海南、云南等泛珠省区以及东盟等境外区域转移。

第一圈层：粤港澳大湾区内部转移。一是由深圳、广州等粤港澳大湾区核心城市向周边的东莞、佛山等地转移。如 2013 年大疆在东莞建厂，华为则先后将终端业务、企业数据中心从深圳坂田迁至东莞松山湖。二是由东莞、佛山、珠海等地向粤港澳大湾区内部的惠州、江门、肇庆转移，已建立起 14 个产业转移园。

表 6－14　粤港澳大湾区内部产业转移园

转移地市	产业转移园
惠州市	惠州产业转移工业园、惠东产业转移工业园、博罗县产业集聚地
江门市	江门产业转移工业园、江门新会产业转移工业园、江门江海产业转移工业园、鹤山市产业集聚地
肇庆市	肇庆大旺产业转移园、德庆产业转移工业园、怀集产业转移工业园、高要区产业集聚地、四会市产业集聚地、广宁县产业集聚地、封开县产业集聚地

资料来源：根据相关资料整理而来。

第二圈层：向粤东西北欠发达地区转移。2013 年广东省委、省政府印发

《关于进一步促进粤东西北地区振兴发展的决定》，通过加大基础设施建设投入，促进经济发展，留住本地人才，吸引珠三角乃至国内外资金、人才，承接珠三角产业转移项目。随着产业和劳动力"双转移"的不断推进及大项目的相继落地，部分地区已呈现出良好的发展势头。

第三圈层：向泛珠三角区域内外省以及东盟等境外转移。2016年，《国务院关于深化泛珠三角区域合作的指导意见》明确指出，要以国家级、省级开发区为主要载体，建设承接产业转移示范区，充分发挥各类合作平台在促进产业转移中的积极作用，引导产业有序转移承接。目前，泛珠三角各省区已设立各类产业转移对接园区20多个，形成珠江—西江经济带、闽粤经济合作区、粤桂合作特别试验区、粤川自贸试验区等跨省区产业合作平台。

2. 趋势二：产业链整体转移和抱团转移正在成为粤港澳大湾区产业转移的主导模式

粤港澳地区早期的产业转移以单个企业为主，率先将部分车间或工厂转移到内地，利用廉价的劳动力资源和生产成本实现新发展。但随着要素生产成本的不断上升和市场竞争态势的日趋激烈，简单地将工厂从沿海地区向内陆搬迁的模式已经难以为继。因此，同区域或同行业有一定地缘关系或业缘关系的企业开始结伴转移，出现产业链整体搬迁和制造业抱团转移的产业转移模式，并逐步占据主导地位。如广东顺德的家居产业长期在国内居于领先地位，顺德家居产业在向湖南益阳转移的过程中，采取产业链抱团转移的方式，在湖南益阳形成了一个集"产、展、研、销与专业采购"于一体航母式家居全产业链平台。

3. 趋势三：合作共建园区是承接粤港澳大湾区产业转移的重要途径

近年来，金融危机的外在压力和产业升级的内在动力使沿海地区率先探索产业转移的新路。广东省是全国最早开始推动区域间产业转移探索的地区，探索出多种行之有效的园区合作共建模式，推动大湾区产业转移取得新成效。目前广东14个山区及东西两翼地级市中，已有韶关、梅州等10个市与广州、深圳等5个珠三角市建立了21个省级产业转移工业园，涌现出佛山顺德（英德）产业转移工业园、深圳（汕尾）产业转移工业园等成功案例。合作共建园区在资源、产业、科技、人才、管理、体制等多领域实现了优势互补、合作共赢，正在成为承接大湾区产业转移的重要趋势。

4. 趋势四：加工制造领域和中低附加值环节仍将是大湾区产业转移的重点

粤港澳大湾区自身拥有一个非常巨大的、走不掉的市场，家电等领域占全球市场1/3左右，庞大的市场无法仅通过境外加工企业来满足，更重要的是，粤港澳大湾区的生产企业多年来已在国内形成了完整的配套体系，从一颗螺丝钉到关键零部件，都有完整的生产体系，单一企业很难离开这个体系转移到越南等其他国家。目前大湾区西岸以发展技术密集型的高端制造业为主，东岸则以发展知识密集型的新经济为主，沿海则以发展生态保护性的现代服务业为主，形成了"三带一区"的产业集群格局。从近年来产业转移规律来看，高附加值的研发设计和市场渠道等环节需要大量的人才和信息乃至金融支撑，仍可能储留在大湾区，加工制造领域和低附加值环节仍将是大湾区产业转移的重要内容，对于这一点必须要有现实的理性认识，应当紧抓精准环节和关键领域，实现工业东融的长期储备和长远谋划。

5. 趋势五：中美贸易摩擦升级将迫使大湾区部分出口型产业外迁转移

2018 年以来，随着中美贸易摩擦的不断升级，粤港澳大湾区部分出口型企业生产基地加快外迁转移步伐，其中三星生产基地整体外迁和苹果生产基地产能转移最具代表性。同时，中美贸易摩擦后，越南通过出台系列优惠政策推动自身成为我国企业输美产品生产基地转移的重要目的地。在越南新增的 FDI 中来自中国投资占比从 2017 年的 4% 增加到 2018 年的 5%，其中 2018 年 1～11 月来自中国的投资已实现 922 单购买越南企业股份的交易，总交易额达到 5 亿多美元。目前越南南北方分布有 380 多个工业园区，2019 年第一季度越南吸引外资总额达 108 亿美元，同比增长 86.2%，其中来自中国的资金约占一半。据不完全统计，近几年中国企业到越南投资已经达到 140 多亿美元，越南中国商会有将近 700 家中国企业会员。

表 6-15　当前越南经济区、高科技区与工业区企业所得税税率情况

	政策类型	经济区内工业区	高科技区	一般工业区	
				一般项目	鼓励类项目
企业所得税	税率	15 年内 10%	15 年内 10%	17%～20%	15 年内 10%
	免征	4 年内	4 年内	2 年内	4 年内
	减征	9 年减半	9 年减半	5 年减半	9 年减半
	免减适用时间	免征从获得利润第一年起适用；减半征从获得应税收入第一年起适用，如前三年无应税收入，则从有营业收入的第 4 年起征收			

资料来源：根据相关材料整理而得。

（四）推进工业东融发展存在的五个差距

对标对表粤港澳大湾区产业转移趋势和周边地区融入大湾区进展，广西推进

工业东融发展在思想理念、区域竞争、区位优势、协同机制、资源容量等方面仍存在差距。

一是思想观念差距：对新一轮产业转移趋势和特征认识不足，开放合作氛围不浓，市场竞争意识不强，政策创新力度不足，严重制约工业东融措施落到实处。当前，新一轮产业转移正在出现，其趋势方向和主要特征还难有非常肯定的判断，总的来看，未来几年将是产业转移合作的"窗口期"，在这样的背景下，就必须更好地营造开放合作氛围，不断强化企业主体的市场竞争和开拓意识。但长期以来，广西商业文化、开放意识、国际眼光相对缺乏，思想解放不够，改革意识不强，服务意识缺乏，工作方法保守，懒政不作为等现象仍旧存在，对民营企业"清"有余而"亲"不足，对标大湾区高度市场化、国际化的营商环境要求仍有很大的差距，一些开放政策难以落到实处。如作为承接东部产业重要载体的部分园区对"四新经济"缺乏"法无禁止即可入"的理念；主动突破体制机制障碍、敢闯敢拼的社会氛围不浓；政策创新乏力，凡是涉及"紧缩"的政策，广西要比发达地区快"半步"，凡是涉及"开放"的政策，广西要比发达地区慢"半步"。

二是区位优势差距：大湾区内部产业转移增多，桂东地区和北部湾经济区优势有所减弱。近年来，粤港澳大湾区内部城市间产业转移步伐加快，粤西、粤北城市面向大湾区的产业承接关联更紧密、机制更完备。其中，东莞、惠州等已成为大湾区核心城市产业转移的主阵地，肇庆市加快构建"广深港澳研发＋肇庆承接孵化转化"创新协作新模式，着力打造粤港澳大湾区产业转移集聚地，与邻近的梧州市功能定位雷同，将产生较大的竞争压力。云浮市和潮州市加快打造陶瓷、食品、新材料、新能源、生物医药健康"5个500亿级"产业集群，对邻近的贺州、玉林形成竞争压力。湛江充分发挥沿海优势为大湾区提供产业配套支撑，精准对接粤港澳大湾区产业转移，将对北部湾临港产业基地建设形成竞争压力。

表 6-16　南宁与粤港澳大湾区城市对比（2017 年）

指标	总面积（km²）	常住人口（万人）	GDP（亿元）	GDP 增速（%）	第二产业增加值（亿元）	人均 GDP（元）	地均 GDP（万元/平方公里）
广州	7434	1449.8	21503.2	7.0	6011.0	150678	21503.2
深圳	1997	1252.8	22490.1	8.8	9318.1	183544	22490.1
珠海	1732	176.5	2675.2	10.8	1287.2	155502	2675.2
佛山	3798	765.7	9398.5	8.3	5424.6	124324	9398.5

指标	总面积（km²）	常住人口（万人）	GDP（亿元）	GDP 增速（%）	第二产业增加值（亿元）	人均 GDP（元）	地均 GDP（万元/平方公里）
中山	1784	326.0	3430.3	6.6	1725.0	105711	3430.3
东莞	2460	834.3	7582.1	8.1	3663.2	91329	7582.1
惠州	11346	477.7	3830.6	7.6	2017.2	80205	3830.6
江门	9509	456.2	2690.3	8.1	1325.0	59089	2690.3
南宁	22099	715.3	4118.8	8	1599.5	57948	4118.8
肇庆	14891	411.5	2110.0	5.2	771.5	51464	2110.0
粤港澳大湾区	**54951**	**6150.54**	**75710.1**	**7.9**	**31542.8**	**124564**	**13777.8**

资料来源：《广西统计年鉴》《广东统计年鉴》；按照城市人均地区生产总值排序。

三是区域竞争差距：周边区域竞争日益激烈，广西政策和交通优势有所减弱。粤港澳大湾区上升为国家战略之后，大湾区周边省份及城市抢抓战略机遇，竞相出台跨区域产业融合的优惠政策，进一步改善投资环境，积极创新招商方式，形成了抢企业、争项目、揽人才的竞争态势，广西工业东融的政策和交通优势有所削弱。在政策优势方面，湖南省出台针对粤港澳大湾区中高级人才引进的22 项支持政策，江西省从工业用地基金奖励、企业投资财政奖励、总部经济纳税奖励、智能制造装备产业扶持基金奖励、高新技术企业税收减免奖励等方面出台专项支持政策，贵州省对承接大湾区的企业进行搬迁补贴、物流补贴、设备购置补贴、厂房装修补贴，优惠幅度均明显大于广西。在区域互联互通方面，粤港澳大湾区周边区域的交通基础设施持续完善，跨区域互联互通能力不断增强，导致广西交通区位优势有所减弱。其中，贵广高铁、广昆高铁等交通设施的完善拉近了贵州、云南与粤港澳大湾区的"距离"，湘粤港直通快车、南珠海航班、京港高铁、武广高铁让湖南进入大湾区的"3 小时经济圈"，赣深高铁将从赣州到深圳的时间缩短至 2 小时，这些都使得部分大湾区转移产业越过广西向周边其他地区溢出。

表 6-17　广西与周边省份融入粤港澳大湾区对比

周边地区	功能定位	代表性产业	关键城市	代表性园区
江西	打造粤港澳大湾区产业转移首选区、改革创新经验复制先行区	先进装备制造、电子信息、有色金属、中医药	南昌、赣州、吉安	吉安（深圳）产业园

周边地区	功能定位	代表性产业	关键城市	代表性园区
湖南	打造粤港澳大湾区与中部地区的产业转移通道，是大湾区辐射的前沿阵地	装备制造、新材料、生物医药、新一代信息技术、轻工纺织、农产品深加工	衡阳、郴州、永州、怀化、邵阳	湘南湘西承接产业转移示范区
贵州	打造粤港澳大湾区发展的后花园	大数据产业、电子信息、能源产业	贵阳	广东（贵州）产业园
海南	打造粤港澳大湾区辐射的首受之区，大湾区休闲、度假、旅游大后方	旅游业、渔业、现代农业、物流业	海口	海南自贸区

资料来源：根据各省人民政府门户网站相关资料整理而得。

四是资源容量差距：产业面临低端锁定风险，要素资源约束日趋明显。由于广西工业发展水平总体偏低，在与大湾区产业精准对接时，主动承接的产业多处于价值链中低端，产品精深加工"短腿"明显，成为大湾区产业的低端配套区和高附加值工业品销售市场，长期则面临低端锁定风险。2018年以来，广西资源型和劳动密集型产业增长较快，而高技术制造业增加值增速在全国排名靠后，以东融带动工业高质量发展的良性发展格局尚未形成。同时，随着工业东融程度加深和承接产业数量增多，项目落地所面临的用地规模、用地指标、污染物排放容量、能耗总量不足等约束明显。未来3~5年内，大湾区将有5000家规模生产企业因各种原因外迁，但广西目前的要素承接能力还有较大差距。

五是协同机制差距：行政推动仍是主要方式，利益共享机制尚未健全。与长三角一体化过程中行政、市场融合推进机制不同，粤港澳大湾区跨区域协同机制仍处在探索推进阶段，推进工业东融仍面临诸多政策困境，集中表现在承接地建设用地指标落实、优惠政策衔接以及区域环保指标转移、跨区域高新技术企业资质互认、跨区域医疗机构设置及政策对接、社会保障执行标准和缴纳等方面，对周边腹地的政策红利、要素流动和产业转移的外溢效应尚未凸显。广西与大湾区在生态环境、营商环境、制度环境等方面的深层次精准衔接机制尚不健全。如粤桂合作特别试验区粤桂两地管委会之间联合管理方式松散粗放，未能按照建设试验区的顶层设计建立完整管理架构进行一套班子集中垂直管理，且存在明显的"西热东冷"现象；粤桂县域经济产业合作示范区的协调机制主要由贺肇二市以及八步怀集两县（区）倡导，仅为一种非制度性的协调组织机制，协调的稳定性不高，缺乏跨行政区的执行力和约束力，所签署协议缺乏法律效力。

三、工业东融的战略定位和主要思路

（一）战略定位：建设成为我国承接产业转移的重点承载区

坚持以习近平新时代中国特色社会主义思想为指导，按照"三大定位"新使命和"五个扎实"新要求，围绕建设壮美广西、共圆复兴梦想的奋斗目标，全面推进工业东融战略，聚焦关键领域，突出合作重点，以精准对接大湾区市场和加快承接大湾区产业转移为两大路径，全力推进重点产业领域东融发展，全面融入粤港澳大湾区，把广西建设成为我国承接产业转移的重点承载区。

（二）推进工业东融的两大路径：承接八大产业、融入六大产业

推动工业东融必须坚持两大路径，即坚持和统筹"引进来"和"走出去"，努力形成产业衔接、市场融合、区域协同的发展格局。"引进来"是积极承接大湾区产业转移，全域深度融入大湾区产业分工体系，加快补齐产业链条，推动优势产业链延伸，这是工业东融的主导方向；"走出去"是瞄准粤港澳大湾区的产业布局，既要推进广西特色产品开拓大湾区市场，又要瞄准大湾区市场需求培育发展新产品新产业，这是广西工业东融的重要空间。为更加精准、更具针对性地推进工业东融，通过对广西与粤港澳大湾区主导产业的比较分析，进一步理清下一步推动工业东融的发展重点和产业重点，明确全面承接的产业重点和深度融入的主要方向。

1. 广西与粤港澳大湾区主导产业比较分析

主导产业在产业结构中具有主体性战略地位，能对其他产业发展形成引导和支撑作用。广西在承接大湾区产业转移和推进工业产品进入大湾区市场的进程中，应动态评估自身和大湾区主导优势产业发展情况，准确把握大湾区主要城市工业产品调整趋势，更加主动、更加精准地承接粤港澳大湾区的主导优势产业，进而不断优化工业产业结构，高质量、高水平推动工业东融。

（1）工业主导产业选择评价体系。与粤港澳大湾区工业主导产业的比较和评估是承接粤港澳产业转移的主要依据。作为欠发达后发展地区，广西经济发展水平不高，市场体系尚不健全，价格机制不尽合理，工业基础产业薄弱，在主导产业评估时，应遵循产业规模、经济效益、专业化水平、相对优势、市场潜力、

就业贡献等原则。为提高评估结果对广西产业承接的适用性，对粤港澳大湾区同样运用针对广西现实情况设计的评估指标和评估方法，构建形成承接大湾区产业转移的主导产业评价体系。

表6-18　工业主导产业选择评价体系

基准层	指标层	计算方法	指标解释
产业规模	行业产值比重系数	$C_i = \dfrac{E_i}{E}$	其中，C_i表示i产业产值比重系数，E_i表示i产业总产值，E表示该地区工业总产值。行业产值比重系数衡量某一产业在该地区工业发展中的地位。选择产值比重大于1的产业
专业化水平与比较优势	产业区位商系数	$Q_{ij} = \dfrac{E_{ij}/E_i}{E_j/E}$	其中，Q_{ij}代表i地区j产业区位商；E_{ij}代表i地区j产业的产值；E_i代表i地区工业总产值；E_j代表全国j产业的总产值；E代表全国工业总产值。当$Q_{ij} \geqslant 1$时，表明j产业是i地区专业化部门，Q_{ij}值越大，专业化水平越高，集中度高，比较优势明显；当$Q_{ij} \leqslant 1$时，则认为j产业是i地区自给性部门，不具备比较优势。产业区位商是指一个地区该行业的产值在地区工业总产值中所占比重与全国该产业产值在全国工业总产值中所占比重的比值。选择区位商大于0.6的产业
相对优势度	比较劳动生产率	$B_j = \dfrac{Z_j}{L_j}$	其中，B_j表示某地区j产业比较劳动生产率，Z_j表示某地区j产业所占的增加值的比重，L_j表示某地区j产业所占的劳动的比重。该指标大于1，说明该地区j产业劳动生产率大于该地区全部劳动生产率的平均水平。选择比较劳动生产率大于0.5的产业作为主导产业的备选产业
产业效益	产业贡献率	$G_i = \dfrac{\Delta P_i}{\Delta G}$	其中，G_i代表产业贡献率，ΔP_i代表i产业产值增加值，ΔG代表地区GDP的增加值。选择产业贡献率大于0.5的产业
市场潜力	市场占有率	$M_j = \dfrac{P_j}{C_j}$	其中，M_j表示某地区j产业市场占有率，P_j表示某地区j产业产品年销售额，C_j表示全国j产业产品年销售额。采用市场占有率评估市场潜力，选择市场占有率大于1的产业
就业贡献	就业吸纳率	$J_i = \dfrac{L_i}{\sum_{i=1}^{n} L_i}$	其中，j_i代表就业吸纳率，是某一产业从业人员总数占全部产业从业人员总数的比例。其中，L_i就是i行业全部的从业人数，反映某产业创造就业机会的能力。采用就业吸纳率评估产业的就业贡献，并选择就业吸纳率大于1的产业

（工业主导产业选择评价指标）

（2）广西主导产业承接评价结果与分析。基于工业主导产业的选择原则，以《广西统计年鉴》和《中国统计年鉴》为数据来源，将广西工业 51 类细类产业通过必要的聚类、剔除共得到 26 类具有研究价值的细类产业，经过评价体系评估，得到以综合评价指数为标准的降序工业产业评价指数表，并初步选取综合评价指数大于 1 及各评价指标指数满足评价标准的产业作为广西承接粤港澳地区产业转移的主导产业。

表 6 – 19   2017 年广西各工业产业评价指数表

产业 \ 评价指标	产业规模	就业贡献	产业贡献率	市场占有率	比较劳动生产率	产业区位商	综合评价指数	是否为主导产业
农副食品加工	10.23	7.83	7.27	8.31	0.93	3.55	6.35	是
非金属矿物制品	7.68	12.69	6.72	3.91	0.53	1.67	5.53	是
汽车制造	10.78	8.91	6.78	3.72	0.76	1.59	5.42	是
计算机、通信和其他电子设备制造	7.13	5.89	14.05	2.11	2.39	0.90	5.41	是
废弃资源综合利用	1.46	0.41	3.39	6.11	3.27	4.95	3.27	否
非金属矿采选	1.19	1.65	1.42	8.88	0.86	3.84	2.97	是
电气机械及器材制造	3.41	2.45	5.72	1.34	2.33	0.57	2.64	否
金属制品	2.08	2.01	4.02	2.03	2.01	0.86	2.17	是
通用设备制造	1.72	1.88	4.33	1.06	2.31	0.46	1.96	否
化学原料及化学制品制造	4.82	4.94	0.47	0.65	0.11	0.71	1.95	否
食品制造	1.82	2.05	1.26	3.08	0.61	1.32	1.69	是
有色金属矿采选	0.96	1.26	0.71	4.14	0.56	1.78	1.57	否
造纸及纸制品	1.55	2.01	0.86	2.77	0.43	1.18	1.47	否
专用设备制造	2.16	2.42	1.07	1.42	0.54	0.61	1.37	是
黑色金属矿采选	0.87	0.66	1.08	2.56	1.64	1.07	1.31	否
医药制造	1.75	2.47	0.75	1.49	0.51	0.64	1.27	是
文教、工美、体育和娱乐用品制造	0.62	2.49	1.26	1.84	0.51	0.78	1.25	否
纺织服装、服饰	0.75	1.31	1.85	1.53	1.41	0.66	1.25	否
纺织业	1.15	2.58	1.14	1.32	0.44	0.56	1.20	否
橡胶和塑料制品	1.45	1.78	0.61	1.63	0.34	0.69	1.08	否
家具制造	0.42	0.52	0.86	1.92	1.65	0.82	1.03	否

续表

评价指标 产业	产业规模	就业贡献	产业贡献率	市场占有率	比较劳动生产率	产业区位商	综合评价指数	是否为主导产业
皮革、毛皮、羽毛及其制品和制鞋	0.52	1.83	0.36	1.97	0.21	0.84	0.95	否
金属制品、机械和设备修理	0.08	0.33	0.79	1.18	2.39	0.53	0.88	否
烟草制品	0.79	0.21	0.2	1.97	0.95	0.84	0.83	否
石油和天然气开采	0.04	0.01	0.04	0.06	4.01	0.02	0.70	否
仪器仪表制造	0.21	0.35	0.57	0.55	1.63	0.24	0.59	否

注：综合评价指数为前六项指数的数学期望值。

（3）粤港澳主导产业转移评价结果与分析。基于工业主导产业的选择原则，以《广东统计年鉴》和《中国统计年鉴》为数据来源，将粤港澳大湾区42类细类产业通过聚类、剔除得到26类具有研究价值的细类产业，通过评价分析得到以综合评价指数为标准的降序工业产业评价指数表，初步选取综合评价指数大于1及各评价指标指数满足评价标准的产业作为粤港澳大湾区产业转移的典型主导产业。

表6－20　2017年粤港澳地区工业产业评价指数表

评价指标 产业	产业规模	就业贡献	产业贡献率	市场占有率	比较劳动生产率	产业区位商	综合评价指数	是否为主导产业
计算机、通信和其他电子设备制造	27.48	24.34	89.86	34.59	1.06	3.47	30.13	是
电气机械及器材制造	9.63	11.99	32.85	18.46	0.79	1.62	12.56	是
金属制品	4.57	5.98	15.21	16.65	0.73	1.90	7.51	是
石油和天然气开采	0.39	0.04	4.73	6.44	32.46	0.23	7.38	否
文教、工美、体育和娱乐用品制造	2.81	5.21	8.23	23.92	0.46	3.56	7.36	否
橡胶和塑料制品	3.85	6.11	13.13	16.67	0.62	1.84	7.04	是
汽车制造	5.79	2.99	19.65	9.15	1.89	0.85	6.72	是
纺织服装、服饰	2.83	5.91	10.63	17.81	0.52	2.48	6.70	是
家具制造	1.61	2.55	5.82	23.96	0.66	3.16	6.29	是
废弃资源综合利用	0.74	0.27	2.05	25.69	2.18	3.52	5.74	否

续表

评价指标 产业	产业 规模	就业 贡献	产业 贡献率	市场 占有率	比较劳动 生产率	产业 区位商	综合评价 指数	是否为 主导产业
皮革、毛皮、羽毛及其制品和制鞋	1.66	4.01	6.71	15.74	0.48	2.68	5.21	否
非金属矿物制品	3.72	4.18	13.22	8.23	0.91	0.81	5.18	是
烟草制品	0.32	0.05	3.67	4.69	19.79	0.34	4.81	否
化学原料和化学制品制造	4.12	2.36	13.21	6.83	1.62	0.60	4.79	是
造纸和纸制品	1.86	1.54	5.51	16.51	1.03	1.42	4.64	是
通用设备制造	3.06	3.55	9.96	8.89	0.81	0.81	4.51	是
专用设备制造	2.51	3.38	10.12	9.07	0.86	0.71	4.44	是
食品制造	1.37	1.25	6.87	8.17	1.58	0.99	3.37	是
金属制品、机械和设备修理	0.13	0.15	0.58	16.42	1.14	0.87	3.21	否
仪器仪表制造	0.83	1.62	3.39	11.05	0.60	0.94	3.07	是
纺织业	1.83	2.33	5.91	6.67	0.73	0.90	3.06	是
农副食品加工	2.29	1.18	4.37	5.43	1.07	0.80	2.52	是
医药制造	1.13	0.94	5.56	5.34	1.70	0.41	2.51	否
非金属矿采选	0.21	0.16	0.83	6.32	1.50	0.68	1.62	否
黑色金属矿采选	0.05	0.02	0.25	1.55	2.87	0.06	0.80	否
有色金属矿采选	0.05	0.06	0.41	1.46	2.00	0.09	0.68	否
先进制造业专栏								
高端电子信息制造	23.37	19.8	81.12	12.53	1.18	1.37	23.23	待定
先进装备制造	18.83	15.12	78.77	12.53	1.50	1.37	21.35	待定
石油化工	5.45	2.26	22.20	12.53	2.83	1.37	7.77	待定
先进轻纺制造	6.94	8.69	25.87	12.53	0.86	1.37	9.38	待定
新材料制造业	5.28	5.97	16.06	12.53	0.78	1.37	7.00	待定
生物医药及高性能医疗器械	1.17	1.17	5.95	12.53	1.47	1.37	3.94	待定
高技术制造业专栏								
信息化学品制造	0.11	0.07	0.31	12.53	1.15	1.37	2.59	待定
医药制造	1.13	0.94	5.56	12.53	1.70	1.37	3.87	待定
航空航天器、设备制造	0.24	0.13	1.02	12.53	2.32	1.37	2.94	待定
电子、通信设备制造	25.94	23.17	88.01	12.53	1.10	1.37	25.35	待定
电子计算机及办公设备制造	3.16	2.86	6.34	12.53	0.64	1.37	4.48	待定
医疗设备及仪器仪表	0.89	1.31	3.97	12.53	0.87	1.37	3.49	待定

注：①综合评价指数为前六项指数的数学期望值；②在先进制造业专栏和高新制造业专栏中，产业区位商和市场占有率由于缺失全国的指标，故取该指标的产业整体平均值替代。

通过上述分析，立足粤港澳大湾区产业发展现状、产业转移特征以及广西承接产业转移的实际水平和现实可能，结合广西工业产业类型划分特征，总体来看，广西应以电子信息、汽车、机械、医药、食品、家电家具纺织、新材料、新能源八大产业为全面承接大湾区产业转移重点，以钢铁、以铝铜为主的有色金属、建材、新材料（碳酸钙）、林板材、果蔬加工六大产业为深度融入大湾区市场的重点，加快形成"引进来"和"走出去"统筹协调的工业东融发展格局。

2. 全面承接八大产业，加快提速"强龙头、补链条、聚集群"

工业东融的首要任务是积极承接大湾区产业转移，要紧紧把握大湾区产业转移趋势，按照"强龙头、补链条、聚集群"的总体要求，重点抓好"关键行业（加工制造）、关键平台（飞地经济）、关键优势（要素引进和协同）、关键主体（城市对口合作）"四个"关键"，面向大湾区聚焦电子信息、汽车、机械、医药、食品、家电家具纺织、新材料、新能源等方面，精准引进和承接一批产业链下游企业和项目，加快补齐产业链条，推动优势产业链延伸，加快形成龙头带动、链条齐备、集群显著的发展新格局。

（1）电子信息产业。粤港澳大湾区的电子信息产业链完备，具有相当的规模和配套能力，主要优势领域在通信设备制造、消费电子、计算机生产等，主要布局在珠江东西两岸，东岸以深圳、东莞、惠州为主体，形成了以通信设备、计算机生产为主的具有全球影响力的电子信息产业走廊；西岸以广州、佛山、中山、珠海等地为主体，形成了以消费电子为主的电子信息产业集群。广西电子信息产业整体仍处于产业链制造中低端、技术含量不够高、产品生产规模小、产业集聚不强、上下游产业链脱节。因此，推进电子信息产业东融势在必行，必须加快与粤港澳大湾区的电子信息产业错位对接和深度融合，重点加强南宁、桂林、北海与深圳、东莞等地的通信设备、计算机生产与发展深度融合，支持相关电子信息配套企业发展，延伸和打造电子信息跨区域产业链、供应链和创新链，共同培育电子信息产业集群。

（2）汽车产业。粤港澳大湾区汽车行业产业链完整，产业布局较为清晰，如新能源汽车及整车产业布局在广州、深圳、珠海等大湾区核心城市，零部件及配件主要集中在惠州、中山、肇庆等城市。2018年，广东共有规模以上汽车制造业企业833家，完成增加值1859.70亿元，汽车产量322.04万辆，占全国汽车产量的11.5%。广西与粤港澳大湾区在汽车行业关联度较高的领域主要集中在新能源汽车、汽车零部件及配件、汽车电子设备等领域。从汽车产业发展趋势来看，一方面要加快广西汽车产业主导产品在粤港澳大湾区市场的拓展，另一方面要加强与粤港澳大湾区汽车龙头企业的技术合作，大力发展新能源汽车，加快布局智能网联汽车，力争优化汽车产业链区域布局。

（3）机械产业。粤港澳大湾区的机械行业主要集中在精密轴承齿轮、大型精密模具、数控注塑机、大型先进制浆造纸机械及零配件、自动化包装设备等领域，具有资本密集型、产业细分度更高、专业性更强、空间集聚发展明显等特征。高端装备制造产业及技术优势集中体现在高档数控机床及数控系统、工业机器人、特种机器人及核心零部件、自动化控制系统及仪器仪表、智能物流与仓储装备和增材制造装备等领域，集聚在广州、深圳、佛山、东莞等大湾区核心城市，拥有广州数控、极飞科技、德富莱、大族激光科技、格力智能装备等一批知名企业。广西机械产业的发展优势主要集中在柴油机、装载机和挖掘机、轴承、齿轮和传动部件以及农林牧渔专业机械，呈现出一定劳动密集型、产业链条短、细分度不高、集聚发展不明显等特点。下一步，广西要强化承接粤港澳大湾区高端装备制造产业，精准对接粤港澳大湾区龙头企业，引进发展先进精密制造、高端装备制造等，加快推进南宁、柳州、玉林智能制造城建设步伐，着力培育机械产业新动能，实现行业高质量发展。

（4）医药产业。当前，粤港澳大湾区医药产业在企业数量、总体规模、投资能力、创新水平等方面均处于全国领先水平，仅深圳市国家生物产业基地内生物企业120余家，制药企业20余家，医疗器械企业90余家，主要领域聚焦在蛋白类等生物医药、基因检测等高端重点行业，拥有深圳微芯生物、中山康方生物、广州恒诺康、广州基准医疗等企业。广西生物医药产业主要集中在中药、医疗器械、药材资源等附加值偏低的领域，主要分布在南宁、桂林等地。因此，广西要积极利用粤港澳大湾区先进的技术、平台和人才资源，加快推进中医药产业关键技术研究项目，合作创立中药联合创新研究中心，共同推进中医药大健康产业发展。加快承接广州、深圳、佛山、珠海的医疗仪器设备及器械生产制造产业。

（5）食品产业。粤港澳大湾区食品产业主要集中在水产品、畜禽产品加工及综合利用、淀粉糖、保健食品、酵母等领域，主要布局在汕头、潮州、韶关、清远等地区。广西食品产业主要包括制糖加工、肉类加工、果蔬加工、粮油加工等，主要分布在贺州、梧州以及北部湾等地区，但从食品产业整体发展来看，仍然处于初级加工阶段，虽然广西拥有丰富的原材料，但未能借助丰富的资源形成具有影响力的食品品牌及产品。如糖制品，广西往往充当原材料供应地、初级产品加工地，产品的深加工及高附加值往往被其他地区所占有。因此，在当前粤港澳大湾区食品制造业企业在国内布局基本完成的情况下，广西要充分利用资源优势，加强食品精深加工，主动融入粤港澳大湾区，特别是在休闲健康食品方面下工夫，加快建设南宁食品加工基地、钦北防沿海粮油加工基地和崇左糖业循环示范基地。

（6）家电家具纺织产业。目前，粤港澳大湾区优势轻工业主要以绿色家电家用电器、智能高档鞋包、高端专用化学品为主，主要布局在粤东西两翼和粤北地区。广西特色轻工业主要集中在造纸及纸制品、智能家居、皮革鞣制及制品加工、制鞋、羽毛（绒）及制品加工、家具、纺织等产业，主要布局在南宁、贵港、北海、玉林、钦州等城市。近年来，粤港澳大湾区加快相关轻工产业转移，重点向粤东西两翼和粤北山区转移。下一步，广西要借助大湾区产业转移机遇，聚焦家电家具纺织产业，着力加强与大湾区行业协会和科研院所交流合作，发展高附加值轻工业，进一步推动志高集团控股有限公司、广州市穗凌电器有限公司等企业投资。

（7）新材料产业。粤港澳大湾区新材料产业发展优势明显，集聚了大量产学研机构和技术优势，特别是在稀土新材料、先进陶瓷材料、化工新材料等方面拥有国内最多最强的技术储备，培育了一批知名企业，使粤港澳大湾区发展成为全球新材料的创新和发展高地。广西新材料特色优势产业以矿产类资源优势为基础，特别是稀土矿藏储备丰富，但未得到充分开发。下一步，广西要加强稀土新材料、先进陶瓷材料等方面的项目承接和开发合作，尤其是要着力加强技术研发及新产品开发合作。

（8）新能源产业。目前，粤港澳大湾区新能源产业主要集中在风能、太阳能发电的装备制造方面，并集中布局在广州、深圳、中山等大湾区核心城市，拥有中广核、佛山电器照明、德豪润达、广州迪森等一批知名企业。广西新能源产业发展缓慢，主要集中在清洁能源生产领域，在相关装备制造方面未有布局。下一步，广西应加大力度承接大湾区新能源设备制造等，积极融入新能源产业分工体系，在新能源特别是沿海风电、光伏产业发展方面取得突破。

表6-21 广西与粤港澳大湾区产业承接重点

产业	重点承接领域	重点对接城市	主要产品融入
电子信息	集成电路芯片设计、制造、封装测试，新型显示器件及配套材料和专用设备，新型电子元器件，锂离子电池，智能可穿戴、智慧医疗健康、智能无人系统等产品等	广州、深圳、东莞、佛山等	
汽车产业	节能汽柴油乘用车、新能源车整车、汽车零部件及配件、汽车电子设备	广州、深圳、佛山、东莞、珠海、惠州、中山	燃油车整车，新能源汽车整车，新能源汽车关键零部件，汽车电子配件，轻量化、环保型车身材料

产业	重点承接领域	重点对接城市	主要产品融入
机械产业	大型精密模具，精密零部件，自动化包装设备，数控注塑机等数控设备；高档数控机床及数控系统，工业机器人、特种机器人及核心零部件，智能物流与仓储装备等智能制造关键技术装备，增材制造装备	广州、深圳、东莞、珠海、佛山	轴承、齿轮和传动部件等零部件产品，柴油机、装载机、挖掘机、农用机械等设备
医药产业	化学药品制剂、医疗仪器设备及器械、生物药品等	广州、深圳、中山、珠海	中药饮片，中成药，医疗诊断、监护及治疗设备
食品产业	方便食品、保健食品、特殊医学用途配方食品、婴幼儿配方食品、发酵制品	佛山、中山、东莞、广州	果蔬加工，天然矿泉水、茶饮料、植物饮料、果蔬汁饮料，粮油加工，制茶、制糖、发酵制品，乳制品
家电家具纺织产业	中高档文体产品及玩具、高档纸制品、家用电器及关键零部件、全屋定制及功能性家具、中高档鞋和箱包、五金制品、餐厨用品等	佛山、中山、东莞、珠海等	造纸及纸制品，羽毛（绒）及制品加工，家具家居，木、竹、藤、棕、草制品，皮革鞣制及制品加工、制鞋等
新材料产业	稀土功能材料、先进陶瓷材料、化工新材料	广州、清远、佛山、揭阳等	金属基复合材料和陶瓷基复合材料，高强度铝合金
新能源产业	陆上、海上风力发电机组及零部件，风电场相关系统与装备，风光互补供电系统及设备	广州、中山、深圳、阳江	

资料来源：根据广西重点行业产业链薄弱和缺失环节以及粤港澳大湾区市场需求整理而来。

3. 深度融入六大产业，全面提升"抓创新、创品牌、拓市场"

粤港澳大湾区不仅是全国重要的高端产业集聚区，也是拥有着近 7000 万人口、经济总量达到 1.5 万亿美元的庞大消费市场，精准对接大湾区市场需求、深度融入大湾区市场体系是广西工业东融的重要任务。要瞄准大湾区产品需求结构和新兴市场变化，重点推动以钢铁、以铝铜为主的有色金属、建材、新材料（碳酸钙）、林板材、果蔬加工等产业，瞄准大湾区产品需求结构和新兴市场变化，以市场融合助推工业东融和开放合作水平的提升，加快形成功能整合、产业链接、市场融合的发展新格局。

（1）钢铁产业。目前，粤港澳大湾区属于钢材净输入地区，特别是随着国家系列钢铁产业调整规划的实施，将显著改变我国钢铁产业布局"北重南轻"

的局面，对钢铁产业发展提出了较高要求。但总体上看，目前大湾区钢铁产品主要集中在高品质工业钢材和特殊钢材，广西则主要集中在建筑钢材及不锈钢方面，与石化产业一样，广西钢铁产业与大湾区存在一定的东融基础，下一步关键要进一步加快产能优化置换，提升钢铁产业产品品质和质量，借鉴大湾区钢铁产业发展模式，着力延伸产业链，着力提升产品附加值，加快开发一批下游产品，积极拓展大湾区关联产业市场，实现钢铁产业的全产业链发展。

（2）以铝铜为主的有色金属产业。粤港澳大湾区有色金属产业链较为完善，产品附加值相对较高，主要集中在佛山南海及周边地区。而广西虽然在南宁、百色、柳州等布局有铝压延加工、铝金属结构等行业，产品种类不断丰富，产量规模不断提升，但加工层次明显偏低，市场竞争力不足。下一步，广西要重点加强与广晟有色金属股份有限公司、深圳市中金岭南有色金属股份有限公司、广州有色金属研究院等企业与研究机构合作，积极培育有色金属产业品牌，提升产品质量，充分融入大湾区市场，力争在大湾区形成一定的特色品牌优势。

（3）建材产业。目前，粤港澳大湾区建材产业主要布局在粤东、粤西及粤北地区，优势领域集中在高端玻璃深加工、建筑陶瓷制品、高岭土产品及烧结建筑材料类，与广西建材产业特色领域存在较多交集，同时广西有相当规模的水泥产品进入粤港澳大湾区市场。在建筑陶瓷方面，2018年以来广西引入了简一、蒙娜丽莎等大湾区企业，但仍未形成规模化生产和集聚发展，卫生陶瓷仍处于空白状态，这一领域是未来建材产业东融合作的重点。同时，要立足现有的发展基础，加强高端玻璃深加工、新型墙体及道路用建筑材料等领域的技术及产品开发合作。

（4）新材料（碳酸钙）产业。广东省碳酸钙产业主要集中在清远市，特别是清远市的连州市被誉为"中国碳酸钙之城"，先后引进了15亿元外资兴办碳酸钙生产加工企业，拥有200多家碳酸钙生产企业，年产量600多万吨。广西碳酸钙新材料主要分布在贺州、来宾、河池、百色等地区，其中贺州年产重质碳酸钙粉体达850万吨，占全国产量的35%，已成为全国最大的重钙粉体和生态岗石生产基地，来宾、河池、百色等地碳酸钙产业发展迅速，形成了一定的产业规模。下一步，广西要加强与广东省拉斯尼碳酸钙有限公司、广东翔龙科技股份有限公司、广东德塑科技集团有限公司、广东悦德科技公司、广东省建筑材料行业协会等企业与行业协会合作，积极培育广西碳酸钙品牌，充分融入大湾区市场，力争在大湾区形成一批特色品牌优势。

（5）林板材产业。广东省林板材料产业规模较大，特别是林业产业规模排全国首位，其产品主要是人造板。广西林业资源丰富，是全国重要的木材生产基地，形成了以木材精深加工为主导的特色产业集群，以贵港、崇左、融安等地区为重点的板材加工集聚区，涌现出一大批以广西丰林、高林、三威等品牌为代表的板材生产企业。但总体来看，广西林板材产业缺乏综合交易专业市场等交易平台和仓储物流等配套设施，产业链短，知名企业和自主品牌产品少，产品销售基本以"跑业务""贴牌生产"为主，大部分产品都处于为下游企业"作嫁衣裳"的境地。下一步，广西要加强与广东省广州市伟正木制品有限公司、广东华翔木业有限公司、广东丰之林木工艺品有限公司等知名企业合作，引导林产品加工企业提档升级，着力延伸产业链条，培育一批林板材知名品牌和知名企业，提高广西林板材企业市场竞争力。

（6）果蔬加工业。广东省果蔬加工行业规模大、品牌多、产业链完善，在速冻蔬菜加工业、蔬菜罐头加工业等行业形成了一批品牌企业。而广西果蔬加工行业产业链短，缺乏专业加工品种，规模原料基地不足，加工装备制造水平低，加工企业规模小，研发与创新能力薄弱。下一步，广西要重点加强与广东省果蔬深加工重点实验室、深圳好农夫生态科技有限公司等企业与研究机构合作，积极推动广西果蔬加工行业加工技术装备高新化、资源利用高效化、加工原料专用化、产品品牌化。

表 6 – 22　广西融入大湾区市场的重点产业领域

产业	重点承接领域	重点对接城市	主要产品融入
钢铁产业	高品质钢材和特殊钢材	广州等	高品质高性能钢材及钢铁深加工产品，高性能不锈钢等特殊合金钢
建材产业	高端玻璃深加工，建筑卫生陶瓷制品，烧结新型墙体及道路用建筑材料	佛山、阳江、茂名、湛江、韶关、河源	高端玻璃产品，非金属矿及深加工制品
新材料（碳酸钙）产业		清远市	
林板材产业	人造板	广州、肇庆、清远	
以铝铜为主的有色金属产业	稀有稀土金属压延加工，铝金属结构	佛山、肇庆	铝压延加工，铜压延加工
果蔬加工业	速冻蔬菜加工、蔬菜罐头加工	深圳、东莞、汕头	

资料来源：根据广西重点行业产业链薄弱和缺失环节以及粤港澳大湾区市场需求整理而来。

（三）三大工程：扶贫园区、招商引资、基础设施

1. 两广工信扶贫产业园建设工程

强化与广东省工信部门的对口扶贫合作，建立两广工信扶贫产业园，持续加大扶贫产业园基础设施、科技研发平台建设力度，积极打造与大湾区同等甚至更优水平的营商环境，争取国家同意赋予广西与东南亚国家税负相近、具有一定竞争力的税收优惠政策，支持两广扶贫产业园试点"产权分税制"和"先发展、后分红"的分配模式。以两广工业扶贫产业园为载体，加大承接大湾区产业转移力度，重点承接大湾区电子信息、纺织服装、金属新材料和机械装备及家电轻工、石化新材料、加工贸易等产业，着力加快推进传统产业改造升级和战略性新兴产业、现代服务业培育发展，加快构建现代化产业体系。

2. 产业链重大项目招商引资工程

围绕工业东融重点领域，深度挖掘粤港澳大湾区的产业辐射、产业转型和产业合作潜力，重点引进一批建链、延链、强链、补链等龙头企业，推动广西工业在东融开放合作中实现跨越发展。电子信息重点引进工业富联、中兴通讯、漫步者、德赛、卓翼科技、腾讯等龙头企业。轻工业重点引进美的、格力、TCL、华帝、康佳等龙头企业，弥补家电产业空白，布局智能家居产业。医药产业重点引进深圳迈瑞、白云山、健康元、香雪制药、云影医疗、中以生物、汤臣倍健等龙头企业。新材料重点引进冠力新材料、华科创智、拓奇智造、烯湾科技等龙头企业。高端装备重点引进伊之密、大疆创新、寒武纪智能、奥比中光、广州数控等龙头企业。汽车产业重点引进银隆新能源、小鹏汽车、布谷鸟科技、景驰科技等龙头企业。船舶及海洋工程装备重点引进广船国际、中远海运等龙头企业和一批关键配套企业。

3. 重点园区基础设施建设工程

将基础设施建设作为优化园区环境、承接产业转移的重要手段。围绕构建园区发展生态圈，积极开展园区"二次创业"，全面推进园区基础设施建设，有序完善生产生活服务功能，提升园区东融承载能力。一是推动园区"产城融合"发展，打造园区发展生态圈。大力支持"产城融合"试点园区基础设施建设，提升县域园区承接产业转移能力。鼓励南宁高新区、柳州高新区、桂林高新区、北海高新区以及粤桂特别合作试验区等开展"二次创业"，着力构建园区生态圈。二是全面建设高品牌基础设施网络。全覆盖、系统性策划设计一批高品质、网络化基础设施建设项目，全面推动园区道路成带成网，推进绿色市政基础设施建设，完善能源利用、危废物处理、垃圾处理、污水处理、地下空间等基础设施

网络。支持国家级开发区稳步布局 5G 网络，加快建设新一代信息基础设施，推动建设智慧园区。三是推进标准厂房建设。鼓励园区围绕主导产业、企业实际需求，委托专业机构根据行业特点、入驻（租赁）企业需求等制定标准厂房。四是完善生活配套设施。鼓励园区结合产业发展实际和阶段性需求，前瞻性、差异性布局建设商业、文化、体育、教育、医疗卫生等生活服务设施。

四、工业东融的主要阵地和发展重点

2019 年 5 月，自治区党委、政府印发的《广西全面对接粤港澳大湾区建设总体规划（2018～2035 年）》指出，重点推进珠江—西江经济带、广西北部湾经济区与大湾区对接，以东部产业融合先行试验区、南部沿海开放引领区、西南跨境经济合作区为依托，高水平构建"两带三区"的空间格局，实现与大湾区的充分联动发展。结合广东及广西各地工业布局和优势产业发展，重点支持将贺州、玉林、梧州、贵港、来宾等市打造成桂东桂中承接产业转移示范区，将南宁、柳州、桂林等中心城市打造为工业东融主阵地，积极推进北海、钦州、防城港等北部湾沿海经济带工业东融，统筹推进百色、河池、崇左等资源富集区发展成为特色产业扶贫协作区，在全区范围内形成分工合理、优势互补的工业东融新格局。强化桂东桂中承接产业转移示范区及中心城市的带动作用，加快建设东融特色城市，发挥北部湾沿海开放合作区与粤港澳大湾区相连优势，有序推进百色、崇左、河池等市优势资源开发，实现错位发展和补位跨越。

（一）桂东桂中承接产业转移区

2010 年 10 月，国家正式批复设立广西桂东承接产业转移示范区，成为西部地区第一个国家级承接产业转移示范区，主要包括梧州、贵港、贺州和玉林 4 市，重点发展装备制造业、原材料产业、轻纺化工、高技术产业、现代农业、现代服务业 6 大产业。近年来，桂东 4 市加大承接珠三角产业转移力度，突出大项目和产业集群招商，引入广东企业数量逐年增多，初步形成了一批大规模、高技术水平的产业集群。2019 年 7 月，自治区人民政府印发《广西内陆承接东部产业转移新高地（来宾）建设三年行动计划（2019～2021 年）》，为确保承接东部产业转移取得重大突破，全力打造广西内陆承接东部产业转移新高地（来宾）。桂东桂中承接产业转移区具有良好的区位交通优势和靠近粤港澳大湾区市场优势，同时也具备资源型、劳动密集型和资金密集型等产业优势，在该区重点推进重工业深加工产业和轻工业东融发展，精准对接大湾区先进装备制造业、现代林业加工、新一代信息技术、新材料产业、新能源、节能环保等产业，将进一步提高示范区承接产业能力和市场竞争能力。

梧州市。以建筑陶瓷、新材料、节能环保、不锈钢等产业为主。以打造广西"东融"的枢纽门户城市为契机，重点推进粤桂合作特别试验区建设，创新体制机制，争取将符合广西实际的港澳优惠政策在试验区延伸，着力解决在开发建设、政策支持、招商引资、资金支持、管理体制机制创新、配套服务等方面存在的问题，推动试验区重点发展的节能环保、新材料、食品医药、林产林化、电子信息等产业取得突破性进展。创新"前店后厂"模式，与珠三角结成产业协作、高效分工、利益共享合作体系；创新"前台后台"模式，以试验区股权交易中心、环境交易所作为跳板，推动入驻企业登陆广东股权交易中心、北京环境交易所开展业务交易；创新"轻资入驻"模式，创新企业落户便捷化服务供给，实现企业"拎包入驻"。充分依托桂东承接产业转移示范区、国家加工贸易梯度转移重点承接地、国家"城市矿产"示范基地等国家级发展平台，以粤港澳为主阵地驻点招商，主动参与产业分工，与广东形成更紧密的产业分工协作关系，积极承接再生资源、电子信息、节能环保、陶瓷建材等东部产业转移项目。加强与广州、佛山、中山等地区对接，规划建设轻工产业园中园，加快发展家用电器、五金水暖、纺织服装、不锈钢制品、木材加工、医疗器械等轻工业。

贵港市。以新能源汽车、特种钢、板材及家具等产业为主。推动贵港与粤港澳大湾区城市在新能源汽车等战略性新兴产业等方面深化合作，强化特种钢材、铝精深加工项目产能承接和已有冶金企业技改升级，支持企业产品向高性能材料尤其是汽车用钢、汽车用铝、船舶用钢、铝膜板方面提升，支持汽车企业开发新能源汽车轻量化铝底盘、铝车厢。支持贵港对接大湾区产业发展规划，规划建设承接平台，重点承接大湾区新能源汽车、智能装备制造、大数据与数字经济等产业，实施全产业链精准承接，打造一批全产业链园区。通过创新规划、建设、管理和税收分成，探索"飞地经济"模式，打破行政区划限制，支持大湾区城市在贵港创建"飞地经济"园区和"科创飞地"，整体承接粤港澳大湾区全产业链转移或整园迁移，实现共建共享。

玉林市。以先进装备制造、生物医药、服装皮革、冶金新材料等产业为主。紧抓全面东融的发展机遇，以园区建设为平台，以项目引进为载体，加快工业东融步伐，着力打造承接东部转移产业基地。以玉柴为龙头，大力推进玉柴工业园建设，加快玉柴混合所有制改革，支持玉柴与大湾区企业合作，共同开拓粤港澳地区及海外市场，打造机械制造千亿元产业集群。加快临港产业园、龙潭产业园、白坪农场产业园建设，推动龙港新城港城产一体化发展，力争将其建设成为承接东部产业转移的桥头堡和玉林经济发展新一极。加大与广东合作力度，加快玉林（福绵）节能环保产业园、生态纺织服装产业园建设，整建制承接东部地区织布、纺纱、印染、制衣等服装皮革上下游产业全产业链升级式转移，高水平打造全国最大的服装生产基地和展览展示中心。加快推进中医药健康产业园区建设，加强与广州、深圳、惠州等地区对接，引进一批强链延链补链企业，积极打造中国"南方药都"。

贺州市。以碳酸钙、装配式建筑、电子信息、冶金新材料等产业为主。以建设广西东融先行示范区为契机，依托重点产业集聚区，积极对接广深港澳科技创新走廊，推动联合研发和产业链上下游合作，以推动碳酸钙、装配式建筑千亿元产业集群向中高端突破为抓手，通过实施传统优势产业转型升级、新经济新业态新产业集群融合发展、科研成果与孵化企业科技转化三大工程，加速新旧动能转换，推动贺州工业高质量发展。加强与东莞、佛山等国际先进制造基地对接，通过技术升级、市场升级、管理升级等途径，推动钢铁、铝电子、陶瓷等传统优势产业的转型升级改造，打造大湾区制造业生产配套基地。瞄准大湾区产业发展新资源新需求，充分发挥"国家产业转移桂东示范区"的金字招牌作用，重点建设数字贺州产业园、健康云港产业园、倍易通电子产业园三大新兴产业园。积极探索科研、孵化前台在大湾区，生产、转化后台在贺州的"飞地经济"合作模式，加强制造业对接，建设大湾区新兴产业外溢目的地，推动数字经济、新一代信息技术、生物医药等产业发展。不断延伸碳酸钙、装配式建筑等优势产业链条，推动碳酸钙、装配式建筑千亿元产业集群向中高端突破。积极创建国家碳酸钙产业示范基地，推动建设国家级装配式建筑示范城市和产业基地。

来宾市。以铝加工、纺织、碳酸钙等产业为主。确保承接东部产业转移取得重大突破，全力打造广西内陆承接东部产业转移新高地。着力推进承接产业转移重点领域建设，实施铝精深加工、丝绸纺织印染等产业专项承接行动。优化承接载体，以传统优势工业为基础、三江口港产城新区为重点，加快推进三江口港产城新区节能环保生态产业园、桂中森林工业城、新能源新材料产业园、来宾出口加工区、临港物流园区等建设，努力打造产业承接转移聚集区。在相关园区核心区设立承接产业转移的东融园区，探索园区合作共建模式，依托现有的园区基础，争取与粤港澳大湾区核心城市共建产业转移承接园区。

表6-23 桂东桂中承接产业转移区工业东融重点

地区	行业	东融产业方向	依托载体
梧州	轻工	再生资源：再生铜、再生铝、再生锌、再生铅、再生不锈钢、再生塑料产业	梧州循环经济产业园区
		管材、板材、五金水暖等不锈钢下游产业	梧州市不锈钢制品产业园区
	医药	中药民族药、岭南医药产业	梧州高新技术产业开发区医药产业园
	建材	建筑陶瓷	藤县工业集中区、藤县中和陶瓷产业园
	船舶	船舶修理与改装，动工装置、甲板机械、辅机等船舶配套设备	梧州临港经济区、藤县修造船产业园区
玉林	机械	国六标准的车用内燃机，以及非道路用内燃机、船用内燃机	玉柴工业园
	医药	骨伤、肝胆、皮肤科用药类中成药民族药产业和中药饮片加工，现代中药新品种和半合成药物	玉林健康产业园
	建材	纳米碳酸钙及氧化钙：超微细碳酸钙粉体功能填料、纳米碳酸钙、活性氧化钙等	兴业工业园区
	纺织	服饰	玉林中滔循环经济产业基地
贵港	汽车	新能源车整车，新能源汽车电池、电机、电控等关键零部件，汽车零部件及配件	贵港市产业园
	建材	高端无醛生态胶合板、刨花板；全屋定制家具、高端板材家具，现代实木家具	港南区现代家居产业园、港南区江南工业园、平南木材加工循环产业园等
贺州	建材	大理石板及工业品、人造岗石、碳酸钙粉体加工等	碳酸钙：广西旺高工业区（碳酸钙千亿元产业示范基地）
		新型装配式建筑材料产业	广西贺州生态产业园（贺州高新技术产业开发区）
	电子信息		数字贺州产业园、健康云港产业园、广西倍易通电子产业园
	新材料	稀土功能材料	稀土金属纳米材料项目、贺州市桂东电子腐蚀箔、化成箔项目、通航小镇（含小鹰-700飞机总装基地）
		铝电子	贺州高新技术产业开发区
	钢铁	精密铸锻件、钢结构产品等高端产品	粤桂示范区

续表

地区	行业	东融产业方向	依托载体
来宾	有色金属	铝精深加工	迁江工业园区
	纺织	丝绸纺织及印染精加工	三江口节能环保生态产业园
	汽车	汽车相关计算机、通信和其他电子设备	来宾市新能源新材料产业园
	建材	纳米碳酸钙，高效超细含镁碳酸钙粉体材料、碳酸钙精深加工等	合山市纳米碳酸钙产业集群基地、武宣县白云石产业园

资料来源：根据梧州、玉林、贵港、贺州、来宾市相关资料整理而来。

（二）中心城市

南宁市、柳州市和桂林市产业具有技术密集型、服务型等特征，要立足产业基础，发挥高等院校聚集和交通枢纽优势，发展技术密集型、高新技术型等产业。

南宁市。以高端铝精深加工、现代医药及医疗器械、装备制造以及以网络通信为核心的电子信息等产业为主。大力实施强首府战略，支持南宁市在财税、金融、科技、城乡融合等重点领域和关键环节大胆探索，先行先试。积极拓展与广州、深圳及港澳地区智能制造、空港经济、现代金融等产业对接与合作，加快构建现代产业体系。推动中国—东盟信息港南宁核心基地、中国—东盟环保技术与产业合作交流示范基地等"一带一路"重要载体建设。积极创建国家级南宁五象新区和南宁临空经济示范区。与广东省共同推进南宁高新区力合（南宁）科技园建设。鼓励大湾区企业和机构在南宁创建"飞地园区"和"科创飞地"。着力加强南宁市与广州市、深圳市及香港、澳门的合作，吸引大湾区科研团队落户广西，探索共建科技创新园区、科技研发与人才培养基地。

柳州市。以汽车制造、高端装备、电力装备、钢铁精深加工、智能家居等技术密集型和高新技术产业为主。加强与佛山、广州等珠三角汽车基地合作，着力构建"一带一路"面向东南亚重要的汽车及零部件制造和出口基地。推动新兴产业规模发展，重点发展壮大高端装备制造、新能源、新能源汽车、节能环保、新材料等战略性新兴产业。以志高—津晶智能家居项目为重点，加快推进粤桂智能家电产业集聚区建设，推动柳州市智能家居产业做大做强。推动中国制造2025（柳州）与德国工业4.0（佛山）体系市场对接。

桂林市。以光通信及微波通信和智能终端为核心的电子信息、现代医药及医疗器械、新能源客车等产业为主。立足四省交通枢纽、高校资源、产业基础等优势，依托桂林高新区、桂林经开区等平台载体，围绕以光通信及微波通信和智能终端为核心的电子信息、现代医药及医疗器械、新能源客车等产业，开展产业链和"金融＋产业"招商引资，全面构建形成"产业链聚集＋高级人才资源"的产业发展优势。深化与深圳、广州、香港在电子信息、医药制造、新能源汽车等领域合作，共建"飞地园区"，加快推进粤桂黔高铁经济带试验区（桂林）广西园建设。联合深圳创建桂林—深圳校友创业园区，鼓励在深校友和校友企业返桂创业。支持桂林电子科技大学、桂林理工大学与香港大学、香港科技大学等高校合作，创建联合学院。探索在香港、深圳等粤港澳大湾区核心城市设立桂林科技创新园区，支持企业利用发达地区创新、人才等资源，联合开展研发创新。

表 6-24 中心城市工业东融重点

地区	行业	东融产业方向	依托载体
南宁	有色金属	交通用铝、航空航天精密铸锻件、铝合金零部件、建筑用铝	南宁市伶俐工业园、南宁江南工业园区、南宁市邕宁新兴产业园区
	医药	中成药、化学药、生物医药及数字影像设备、先进治疗设备、健康监测设备等医疗器械	南宁高新技术产业开发区、隆安华侨管理区等
	汽车	新能源公交车和客车、纯电物流车、电动环卫车等	南宁邕宁新兴产业园、南宁高新技术产业开发区
	电子	网络通信、新型电子元器件	江南工业园区、南宁高新技术产业开发区、南宁高新技术产业开发区
柳州	汽车	乘用车、商用车、专用车及新能源汽车	柳东新区、柳州河西高新技术产业开发区
	钢铁	高端装备制造用钢	柳北工业园区
	机械	工程机械及通用机械	柳州河西高新技术产业开发区、阳和工业园区、洛维工业集中区、新兴工业园
	智能家居	智能冰箱、洗衣机、空调等	粤桂智能家电产业集聚区
桂林	电子信息	手机零部件及终端、新型消费电子产品	桂林高新技术产业开发区、桂林经济技术开发区
	汽车	客车及新能源汽车	桂林经济技术开发区、桂林高新技术产业开发区

续表

地区	行业	东融产业方向	依托载体
桂林	生物医药	中药饮片、颗粒和化学原料药、化学药制剂；医疗诊断、监护及治疗设备	桂林高新技术产业开发区、桂林经济技术开发区、粤桂黔高铁经济带合作试验区（桂林）广西园
	食品	优质白酒、啤酒；色拉油、山茶油、葵花籽油等；无公害大米、富硒营养米、有机米及米粉等	桂林经济技术开发区、全州工业集中区

资料来源：根据南宁、柳州、桂林市人民政府相关资料整理而来。

（三）北部湾沿海开放合作区

北部湾沿海产业具有资金密集型、技术密集型等特性，发挥临海优势，结合西部陆海新通道建设，重点推进临海重工业、高新技术产业东融发展。目前沿海三市产业同构化程度较高，应注意彼此错位发展，避免内部恶性竞争。

北海市。以智能终端和新型显示为核心的电子信息，以精细化学品和化工新材料为核心的石化、不锈钢新材料等产业为主。承接东部产业转移项目以电子信息、石油化工、临港新材料三大主导产业及相关配套项目为主。北海工业园区承接电子信息制造等方面的产业转移，以液晶光电显示、计算机整机及配套产品、移动智能终端、电子信息配套等为主体，产业链初步成形。临海工业区依托深水岸线优势，重点承接石化、新材料、林浆纸等方面的产业转移。

钦州市。以现代石化及煤化工、以棕榈油为核心的粮油加工、板材及造纸等产业为主。加快推进钦州港东站集装箱办理站、中新南宁国际物流园等项目建设。借助国家批准设立的钦州保税港区、中马钦州产业园区、钦州港经济技术开发区、海峡两岸产业合作示范区等多个国家级开放合作平台和钦州高新区、钦州石化产业园区等自治区级园区以及获批的整车进口、汽车平行进口试点、全国进口酒类知名品牌示范区及粮食、肉类、水果指定进口等国家级口岸功能平台优势，加强与粤港澳地区对接。

防城港市。以高端装备制造用钢及金品建材钢材、铝精深加工、粮油精深加工、医疗器械等产业为主。以柳钢防城港基地、盛隆冶金为重点，鼓励引进大湾区具有产业优势的龙头钢铁企业，鼓励开展合作、重组，引导关联企业纵向配套、横向协作。以中铝防城港基地项目为重点，着力在海洋运输用铝合金板材产业链延伸上取得新突破。以大海粮油、中粮油脂（钦州）、防城港澳加粮油等企业为龙头，引导鼓励有特色的中小企业发挥当地特色粮油资源优势，培育壮大一批具有核心竞争力、行业带动力强、科技含量高、产业链条长的粮油加工企业，加快粮油产业化发展步伐。以防城港国际医学开放试验区为重点，加快引进大湾区医疗器械龙头企业，加快建设成为国际医学合作新高地。

表 6 – 25　北部湾沿海开放合作区工业东融重点

地区	行业	东融产业方向	依托载体
北海	电子信息	智能家居及新型显示；新一代信息技术	北海工业园区、惠科电子北海产业新城
	化工	精细化学品和化工新材料	铁山港工业园
		印刷文化用纸、液体包装纸、高档生活纸、轻量涂布纸、高档信息用纸、高档办公用纸、食品包装和商品包装装潢用纸及纸板等	铁山港工业园
钦州	化工	石化及煤化工	钦州港石化产业园
	粮油加工	改性大豆蛋白、活性蛋白粉、大豆肽粉等，开发畜禽饲料、宠物食品等	钦州港经济技术开发区、中马钦州产业园
	板材及造纸	胶合板、生态板，文化生活纸品、特种印刷、高端包装等	钦州港经济技术开发区
防城港	钢铁	装配式钢结构用钢、高强抗震钢筋、500兆帕及以上高强钢钢筋、耐低温、防腐高性能钢筋等，高强汽车用钢，海洋工程、船舶和耐腐蚀不锈钢	防城港经济技术开发区
	有色金属	海洋运输用铝合金板材，高度精度板带箔材、复合包装用材、地铁和轻轨车辆用材等	防城港经济技术开发区
	粮油加工	特色粮油加工及上下游产业	防城港港口区
	医疗器械		国际医学开放试验区

资料来源：根据北海、钦州、防城港市人民政府相关资料整理而来。

（四）桂西特色产业扶贫协作区

桂西地区产业发展具有资源型、劳动密集型等特点，要深化与深圳、东莞、江门等对口帮扶城市合作，加快粤桂扶贫合作重大项目建设，大力支持共建资源型城市转型升级合作平台，重点推进矿产加工、农林精深加工等产业东融合作。

积极鼓励广东专业服务外包公司到广西贫困地区设立分公司或服务外包基地。

百色市。依托铝、锰等特色优势矿产资源，重点加强铝、锰等资源型精深加工产业东融发展。加快深百（南田）众创产业园粤桂扶贫合作重大项目建设，深化深圳与百色对口帮扶机制。

崇左市。依托木材、糖、锰等农林和矿产资源，重点加强木材精深加工、糖精深加工、锰系新材料等产业东融发展。

河池市。依托矿产资源优势，立足良好的生态环境，重点加强碳酸钙、特色食品加工等产业东融发展。加快深圳—巴马大健康合作特别试验区等粤桂扶贫合作重大项目建设，深化深圳与河池对口帮扶机制。

表6-26 桂西特色产业扶贫协作区工业东融重点

地区	行业	东融产业方向	依托载体
百色	铝加工	高端节能建筑铝型材、铝合金模板、高端工业铝制件、汽车铝合金车架、车辆箱体、轮毂、零部件等	百色工业园区、平果铝加工业园区、百色新山铝产业示范园区
	锰化工	锰盐深加工	靖西工业园区
河池	非金属矿深加工制品	重质碳酸钙粉体、造纸专用超细重质碳酸钙和超细微活性重质碳酸钙产品，以高纯方解石重钙为主的食药级碳酸钙	大化城南综合工业园、南丹县龙马工业园区、天峨县工业集中区碳酸钙产业园、都安工业园区
崇左	家具	红木仿古家具、红木工艺品、红木办公用品等、木艺门、实木门、实木复合门、木质复合门等	扶绥县山圩工业园区、崇左·龙赞东盟国际林业循环经济园、凭祥边境经济合作区、凭祥综合保税区
	新材料	镍高纯硫酸锰、锰酸锂、钴酸锂及氮化锰、脱氢锰等锰系新能源材料，动力型锰酸锂、高性能镍钴锰三元材料、电池级高纯硫酸锰	中信大锰崇左产业园区、大新县工业集中区

资料来源：根据百色、河池、崇左市人民政府相关资料整理而来。

专题七　打造开放型工业：
面向东盟的布局

广西作为中国—东盟合作的前沿，中国—东盟自由贸易区升级版建设将对广西尤其是广西工业高质量发展产生重大影响。加强面向东盟的工业布局合作，促进广西与东盟在资源共享、产业对接、贸易互惠等领域的广泛合作，有助于发挥广西与东盟国家陆海相邻的独特优势，充分发展双边贸易和投资便利，推动产业转型升级和结构优化升级，提升广西工业综合竞争力，将广西打造成为中国—东盟产业集聚地。

一、东盟国家工业发展现状

20世纪90年代，受国际贸易条件恶化和国内生产成本增加等因素影响，东盟工业史上出现"去工业化"趋势，过度强调以金融业为代表的服务业发展，制造业产值占比、就业占比和出口占比等下滑，引发产业"空心化""虚拟化"，以及失业人数大幅上升等一系列问题。目前，为应对"去工业化"带来的负面影响，东盟国家纷纷效仿美国提出"再工业化"发展战略，通过政府的帮助实现传统工业部门复兴和鼓励新兴工业部门增长，推进实体经济的转型与复苏，以期提升在全球产业链中的地位。

（一）东盟工业整体发展状况

近年来，伴随着东盟工业化进程的加快，东盟各国工业迅速发展，制造业在GDP中的比重稳步提高。通过推行"差异化"发展战略，出台了系列优惠政策，发展互联互通，制定工业4.0等政策措施，重点复兴三大传统产业和大力鼓励六大新兴产业发展。[①] 2019 年 11 月 2 日，东盟发布《东盟关于向工业 4.0 转型的宣言》，重申利用先进技术发展东盟产业、照顾不同的发展水平以保持包容性增长势头以及建设共同进步的东盟共同体的重要性，增强企业尤其是中小微企业的能力，实现可持续发展[②]。

表 7 - 1　2015 ~ 2018 年东盟十国制造业增加值及占 GDP 比重

单位：亿美元,%

年份 国家	2015 年		2016 年		2017 年		2018 年	
	增加值	占比	增加值	占比	增加值	占比	增加值	占比
新加坡	557.16	18.09	560.26	17.61	638.6	18.87	758.09	20.82
印度尼西亚	1806.57	20.99	1912.49	20.52	2047.49	20.16	2070.18	19.86
泰国	1105.14	27.54	1128.95	27.38	1105.14	27.32	1359.28	26.92
马来西亚	673.74	22.71	659.36	22.22	700.97	22.27	777.7	21.95
菲律宾	586.61	20.04	599.59	19.67	610.15	19.46	630.51	19.05
越南	264.64	13.69	292.84	14.27	343.09	15.33	392.33	16.02
缅甸	124.2	20.81	144.26	22.81	159.15	23.85	169.87	23.85
文莱	18.79	14.53	13.07	11.46	15.35	12.66	19.08	14.07
柬埔寨	28.9	16.01	32.02	16	35.9	16.19	40.17	16.35
老挝	11.79	8.19	12.7	8.03	13.05	7.74	13.33	7.35

资料来源：世界银行 WDI 数据库，https：//wdi.worldbank.org/。

从东盟十国工业发展水平看，大致可以分为以下三个层次：

第一层次：新加坡、印度尼西亚、泰国、马来西亚、菲律宾和越南。从制造业增加值的规模及所占 GDP 比重来看，新加坡、印度尼西亚、泰国、马来西亚、菲律宾和越南等国家制造业比较发达，在东盟十国中处于第一层次。新加坡坚持走高端制造业路线，其工业发展的重要支柱即是制造业，尤其是精密制造业，产值占国民生产总值的 20% ~ 25%。2019 年，新加坡加工业出口额达 1265.7 亿美元，占总出口额 1675.3 亿美元的 75.5%。加工制造业仍保持对印度尼西亚出口额做出最大贡献。出口额做出主要贡献的制造业领域，包括食品工业，出口额突破 105.6 亿美元，其次是基础金属工业，出口额 65.2 亿美元，化学和化学制品

---

① 东盟三大传统产业是钢铁、水泥和纺织服装，六大新兴产业是电子商务、金融科技、汽车产业、航空航天、信息技术和可再生能源。资料来源：吴崇伯，姚云贵.东盟的"再工业化"：政策、优势及挑战［J］.东南亚研究，2019（4）.

② 东盟发布向工业 4.0 转型宣言［EB/OL］.中国新闻网，http：//www.chinanews.com，2019 - 11 - 03.

工业的出口额达 53.8 亿美元。成衣业出口额约 35.5 亿美元，造纸和纸制品出口额 30 亿美元。印度尼西亚制造业产品的主要出口目的国是美国、中国、日本、新加坡以及印度。泰国的制造业龙头，主要有电子配件、汽车和纺织，电子制造是泰国最重要的产业，占泰国出口量的首位，占出口总额的 25%、国民生产总值的 15%。泰国世界汽车制造业全球排名第 12，是东南亚最大的汽车制造国，同时也是亚洲最大的汽车零件生产国。纺织业产值占整个泰国经济总量的 17%，拥有 4500 家工厂。主要出口地分别是中国、美国、欧盟、日本和马来西亚。

第二层次：缅甸、文莱和柬埔寨。与第一层次东盟六国相比，第二层次国家的制造业规模明显较小。缅甸制造业的主要行业包括纺织服装和鞋类制造，食品、饮料及烟草，木材及木材产品等。近年来，受益于纺织服装业的快速发展，缅甸制造业规模不断增加，2018 年，缅甸制造业增加值达到 169.87 亿美元，占GDP 的 23.85%；缅甸纺织服装业出口额达到 77 亿美元。日本、德国、韩国和部分欧盟国家是缅甸纺织服装的主要出口地。2017 年，欧盟取代日本成为缅甸最大出口市场。截至 2018 年 12 月，缅甸全国共有制衣厂 356 家，制衣工人 217787 人。据 MEGA 估计，到 2022 年缅甸服装行业出口收入将达到 80 亿~100 亿美元。文莱虽然人均收入在整个东盟国家中仅次于新加坡，但其经济结构并不先进，制造业发展水平较低，石油、天然气是其支柱产业，石油和天然气的出口，对 GDP 的贡献高达 80%。原油主要出口市场是澳大利亚、韩国、中国、印度尼西亚、印度、日本等地区，天然气主要出口市场是日本和韩国。此外，文莱的主要进口商品是机械和交通运输设备、工业制成品、食品、化工品等。柬埔寨仍处于工业化发展的初级阶段，制造业发展水平较低，纺织服装及制鞋业和食品、饮料及烟草业是其占主导地位的制造业。近年来，柬埔寨发展迅速，2018年，柬埔寨国家经济增长率为 7.3%，其中制造业增加值为 40.17 亿美元，成衣业出口增长 24.7%，车辆零件出口增长 3 倍。虽然成衣业出口仍占柬埔寨总出口额的 2/3，但相比 10 年前的 96% 已明显减少。

第三层次：老挝。不论是从经济发展水平还是从制造业发展水平看，老挝是东盟十国中最为落后的国家，工业基础薄弱，制造业生产能力低下，以锯木、碾米为主的轻工业和以锡为主的采矿业是其最重要部门。

从贸易结构上看，东盟制造业产品的进出口除文莱、缅甸和老挝外均占东盟大部分国家的 60% 以上，如 2018 年柬埔寨制造业产品占出口的比重达到 93.81%。可见工业制成品贸易在东盟贸易中占有极为重要的地位。此外，东盟制造业产品占进口比重较大，表明东盟经济结构对外依存度较大。从制造业主要出口产品看，2017 年前五大出口产品分别是电子机械及其零件，核反应堆、锅炉、机械器具及其零件，矿物燃料、矿物油及蒸馏产品、沥青和石蜡，铁路机车外的车辆及其零附件，光学、摄影、电影摄影、测量、校验、精密、医疗或外科仪器设备及零附件，出口总额达到7160.1亿美元，占整个出口总额的54.5%。

表 7-2 2016~2018 年东盟十国制造业产品占商品进出口比重　　单位:%

年份 国家	2016 年		2017 年		2018 年	
	出口比重	进口比重	出口比重	进口比重	出口比重	进口比重
文莱	11.42	70.93	9.60	74.30	4.34	79.86
柬埔寨	93.15	80.15	94.2	79.92	93.81	80.26
印度尼西亚	47.67	66.95	43.64	62.10	44.72	65.94
老挝	27.34	69.77	28.32	68.81	27.91	69.83
马来西亚	68.52	73.83	67.86	71.59	69.50	70.33
缅甸	28.75	68.57	34.19	65.01	43.12	64.77
菲律宾	85.26	75.95	82.57	73.62	83.80	73.77
新加坡	79.07	73.48	76.64	69.98	75.09	69.11
泰国	78.24	74.15	78.12	72.56	77.46	69.78
越南	82.81	80.07	83.20	79.63	83.71	79.26

资料来源：世界银行 WDI 数据库，https：//wdi.worldbank.org/。

表 7-3 2017 年东盟制造业行业主要出口产品

序号	项目 产品名称	出口值 （亿美元）	所占比重 （%）
	东盟制造业行业主要出口产品		
1	电子机械及其零件：录音机、电视图像、声音的录制和重放设备及零附件	3435.2	26.2
2	核反应堆、锅炉、机械器具及其零件	1450.0	11.0
3	矿物燃料、矿物油及蒸馏产品、沥青和石蜡	1400.7	10.7
4	铁路机车外的车辆及其零附件	448.8	3.4
5	光学、摄影、电影摄影、测量、校验、精密、医疗或外科仪器设备及零附件	425.4	3.2
6	天然或养殖珍珠；宝石或半宝石；贵金属或包贵金属的其他制品；仿首饰、硬币	416.8	3.2
7	塑料及其制品	415.3	3.2
8	动植物脂肪、油脂及其分解产品；可食用脂肪；动植物腊	393.1	3.0

序号	东盟制造业行业主要出口产品		
项目	产品名称	出口值 （亿美元）	所占比重 （％）
9	橡胶及其制品	381.0	2.9
10	有机化学品	280.7	2.1
11	其他产品	243.3	1.9
12	鞋类	219.9	1.7
13	服装及饰品、针织类织物	217.2	1.7
14	非针织或非钩编的服装及衣着附件	210.2	1.6
15	杂项化学产品	160.5	1.2
16	木材和木制品；木炭	147.0	1.1

资料来源：《中国—东盟统计年鉴》（2019）。

（二）东盟各国工业发展概况

由于东盟各国资料收集难度较大，而且就现阶段东盟各国制造业发展状况而言，全面研究东盟十国意义并不大，因此，本部分主要介绍新加坡、印度尼西亚、泰国、马来西亚、菲律宾、越南6个国家制造业的发展概况。这主要是基于东盟其余几个国家如缅甸、柬埔寨、老挝的工业化发展水平相对落后，制造业生产能力低下，在同中国的贸易中仍以资源型产品和农产品为主导；而文莱虽然经济发展水平在东盟各国中位居前列，但以石油天然气产品的进出口贸易为主，工业制成品的贸易很少。

1. 新加坡

新加坡坚持走高端制造业路线，2015年新加坡科技研究局（A＊STAR）提出《未来制造业倡议》，提出到2020年让新加坡制造业产值维持在GDP的20%左右，主要做法是通过孵化技术和技术商业化，提升企业制造效率，从而保持制造业的盈利和领先。所谓的"孵化"，简而言之，就是制造业"数字化"或"智能化"。在人才和技术孵化上，新加坡采用了PPP模式（政府和社会资本合作模式），同时，新加坡引入德国"工业4.0"模式来实现技术提升。新加坡产业结构先进，资本与知识技术密集型产业发达。经过多年的发展，2018年，新加坡制造业总产值达到1025.89亿美元，增长7.0%，制造业增加值占GDP的比重已从1960年的11%增加到22%。新加坡制造业主要包括电子制造、生物医药、化学、机械及交通运输设备制造等领域。

　　——从产值规模看，2018 年，新加坡制造业主要行业增加值占全部制造业的比重高达92.7%，其中电子制造业、生物医药、交通运输设备、机械设备、化工产品、成品油占比分别达39.5%、5.9%、4.2%、9.9%、15.2%和12.4%。

表 7-4　2018 年新加坡制造业主要行业增加值

序号	产业名称	增加值（百万美元）	占制造业比重（%）
1	计算机、电子和光学产品	44007.5	39.5
2	化学品和化学品产品	11621	15.2
3	成品油	1343.3	12.4
4	机械设备	9181.3	9.9
5	生物医药	12521.3	5.9
6	其他运输设备	5852.7	4.2
7	食品、饮料和烟草	3824.2	2.9
8	金属制品	2443.4	2.3
9	机动车、拖车和半挂车	474.8	0.4

资料来源：*Yearbook of Statistics Singapore* 2019.

　　——从出口产品看，2018 年，新加坡出口总额达 5556.65 亿美元，机械设备、矿物燃料和润滑剂、化学品和化工产品等制造业产品位居前三位，占出口的比重分别约为47%、19%和14%。

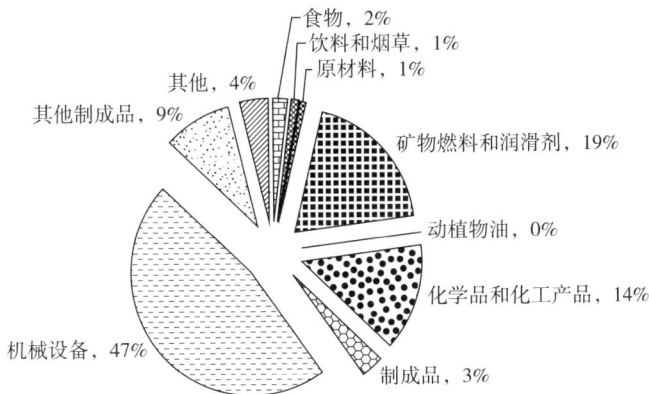

图 7-1　2018 年新加坡主要出口产品及所占比重

——从出口市场看，中国、中国香港、马来西亚、欧盟及美国是新加坡商品的主要出口地，2018 年出口值分别约为 680 亿美元、657 亿美元、606 亿美元、496 亿美元、413 亿美元。

（百万美元）

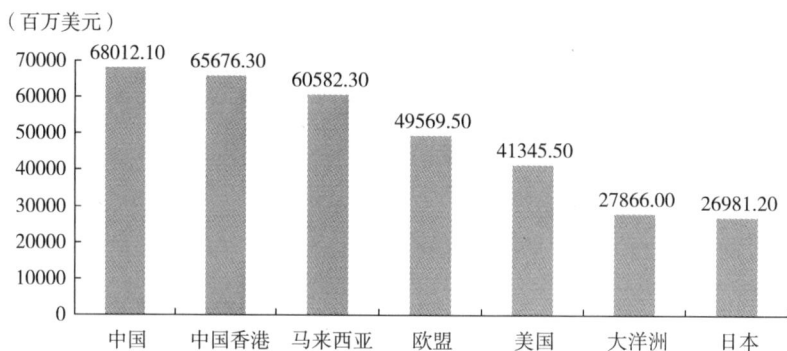

图 7-2　2018 年新加坡主要出口市场及出口值

2. 马来西亚

制造业是马来西亚国民经济发展的主要动力之一，主要产业部门包括电子、石油、机械、钢铁、化工及汽车制造等行业。近 30 年来，马来西亚制造业发展迅速，马来西亚新一届政府大力支持中小企业发展，目标是到 2020 年将中小企业（SME）在制造业中的贡献提高到该国国内生产总值（GDP）的 7%。2019 年 3 月，马来西亚制造业总产值约为 524.37 亿美元，增长 4.5%，占 GDP 比重高达 57.82%。与其他工业化国家相比，马来西亚劳动力成本相对较低，月平均最低工资 234～254 美元，但生产力水平依旧很高。

——从产值规模看，在制造业各行业中，运输设备和其他，食品、饮料和烟草，纺织品、服装、皮革和鞋类，非金属矿产品、基本金属和加工金属，石油、化工、橡胶和塑料这五个行业工业增加值居于前列，分别增加 25.5%、23.3%、18.7%、17.5%、16.8%。除食品、饮料和烟草外，其他行业工业生产指数基本趋于稳定，反映出工业稳步发展。

表 7-5　2019 年前三季度马来西亚制造业行业增加值及工业生产指数　单位：%

主要行业	第一季度		第二季度		第三季度	
	增加值	工业生产指数	增加值	工业生产指数	增加值	工业生产指数
食品、饮料和烟草	8.1	5.2	7.7	4.2	7.5	1.6
纺织品、服装、皮革和鞋类	4.2	4.6	8.4	5.6	6.1	5.3

主要行业	第一季度		第二季度		第三季度	
	增加值	工业生产指数	增加值	工业生产指数	增加值	工业生产指数
木材、家具、纸制品和印刷品	3.3	5.4	5.6	5.4	4.6	5.7
石油、化工、橡胶和塑料	7.5	3.1	5.5	3.3	3.8	2.8
非金属矿产品、基本金属和加工金属	3.4	4.1	7.3	4.2	6.8	4.1
电子电器产品	5.2	3.3	5.7	3.8	3.4	2.9
运输设备和其他	8.0	6.5	10.2	6.6	7.3	6.0
采矿业		-1.9		3.3		-4.7
发电业		5.8		4.4		2.1

资料来源：马来西亚国家统计局，https：//www.statistics.gov.my/。

——从出口产品看，机电产品，矿产品和塑料、橡胶是马来西亚的主要出口商品，2018 年出口额分别约为 1084.8 亿美元、402.2 亿美元和 168.8 亿美元，占马来西亚出口总额的 43.8%、16.3% 和 6.8%，其中，机电产品出口增长17.0%，矿产品和塑料、橡胶分别增长 13.9% 和 14.7%。

表 7-6　2018 年马来西亚对外出口产品与对中国出口产品对比

单位：百万美元，%

产品类别	2018 年对外出口		2018 年对中国出口	
	金额	占比	金额	占比
机电产品	108479	43.8	14918	43.4
矿产品	40219	16.3	6237	18.1
塑料、橡胶	16880	6.8	3943	11.5
贱金属及制品	15173	6.1	1916	5.6
化工产品	13762	5.6	2732	7.9
动植物油脂	12094	4.9	1238	3.6
光学、钟表、医疗设备	9938	4	1223	3.6
食品、饮料、烟草	6352	2.6	506	1.5
运输设备	4523	1.8	409	1.2
木及制品	3584	1.5	210	0.6

资料来源：马来西亚国家统计局，https：//www.statistics.gov.my/。

——从出口市场看，2018 年马来西亚货物对外贸易总额约为 4640 亿美元，出口额 2475.2 亿美元，增长 13.6%，占全球出口贸易额的 1.3%。前四大出口市场是新加坡、中国、美国和中国香港，出口额分别是 345 亿美元、344 亿美元、225 亿美元和 185 亿美元，出口额分别占马来西亚出口总额的 13.94%、13.90%、9.09% 和 7.47%。此外，2018 年，马来西亚对中国香港的出口额增速最快，而对日本的出口额则出现下滑。

表 7 - 7　2018 年马来西亚货物贸易出口主要国家和地区

国家和地区	金额（亿美元）	同比增长（%）	占出口比重（%）
新加坡	345	9.1	13.94
中国	344	17.2	13.90
美国	225	8.9	9.09
中国香港	185	65.7	7.47
日本	171	-2.6	6.91
泰国	141	19.7	5.70
印度	90	12.2	3.64
越南	85	31.8	3.43
韩国	83	24.8	3.35
澳大利亚	83	10.1	3.35
中国台湾	80	44.0	3.23
印度尼西亚	79	0.7	3.19
德国	70	12.8	2.83
荷兰	64	2.3	2.59
菲律宾	42	9.0	1.7
其他	388.2	—	15.68
出口总额	2475.2	13.6	100

资料来源：马来西亚国家统计局，https://www.statistics.gov.my/。

3. 印度尼西亚

印度尼西亚是东盟最大的经济体，制造业在国民经济中占有极为重要的地位。2018 年 4 月，印度尼西亚政府正式推出了"印尼制造 4.0"（Making Indonesia 4.0）计划及其路线图，这是印度尼西亚响应世界范围内的以数字技术、生物科技、物联网和自动化为主要特征的第四次工业革命所做的战略性布局。[①] 该计

---

① "印尼制造 4.0" 计划出台，目标 2030 年进入全球十大最大经济体行列。印度尼西亚研究中心，https://cis.gdufs.edu.cn/info/1011/1301.htm，2018 - 12 - 19。

划设置了五个优先发展行业：食品和饮料、汽车、纺织、电子和化工。2019 年 1 ~5 月，印度尼西亚制造业领域优质产品出口达到 510.6 亿美元，占印度尼西亚总出口的 74.59%。制造业出口量比 2018 年同期增长 9.8%，仍保持对印度尼西亚出口额做出最大贡献。出口额做出主要贡献的制造业是食品工业，出口额突破 105.6 亿美元，其次是基础金属工业，出口额 65.2 亿美元，化学和化学制品工业，出口额达 53.8 亿美元。成衣业出口额约 35.5 亿美元，造纸和纸制品出口额 30 亿美元。

——从产值规模看，2018 年，在印度尼西亚非石油天然气制造业中，食品饮料对制造业的贡献最大，其次是交通运输设备、机械及仪器，再次是金属制品、电脑、电子、光学和电气设备，最后是医药和化工，上述产业都是印度尼西亚制造业的支柱产业。增速最快的前三大行业则是机械设备、基础金属以及皮革及其制品和鞋类，分别为 9.49%、8.99% 和 9.42%。

表 7－8 2018 年印度尼西亚制造业产值及增速

序号	产品	产值（亿美元）	增速（%）
1	煤炭、石油和天然气	153.81	－0.05
2	食品饮料	483.32	7.91
3	烟草加工	61.28	3.52
4	纺织服装	88.48	8.73
5	皮革及其制品和鞋类	20.26	9.42
6	木材和软木制品以及机织产品	43.64	0.75
7	印刷品、纸和纸制品	51.58	1.43
8	医药和化工	125.85	－1.42
9	橡胶和塑料制品	53.64	6.92
10	非金属商品	50.00	2.75
11	基础金属	62.43	8.99
12	金属制品、电脑、电子、光学和电气设备	143.65	－0.61
13	机械设备	24.01	9.49
14	运输设备	144.14	4.24
15	家具	18.16	2.22
16	其他	11.03	－0.83

资料来源：印度尼西亚中央统计局，https：//www.bps.go.id/，汇率按照 2018 年的数据进行换算：1 美元＝14303 印度尼西亚盾。

——从出口产品看，2018年印度尼西亚货物对外贸易总额约为3690亿美元，出口额为1802.2亿美元，增长7.5%，占全球出口贸易额的0.9%。矿产品是印度尼西亚出口的最主要产品，2018年出口475.9亿美元，同比增长19.8%，占印度尼西亚出口总额的26.4%。印度尼西亚石油、天然气、锡、煤炭、镍、金刚石、铀、镇、铜、铬、铝矾土、锤等矿产资源储量丰富，具有显著的资源禀赋优势。动植物油脂是印度尼西亚主要出口的第二大类商品，2018年出口额达203.5亿美元，同比下降11.4%，占据出口总额的11.3%。这是因为印度尼西亚是世界上生物资源最丰富的国家之一。此外，机电产品、纺织品及原料和贱金属及制品也是印度尼西亚出口的主要商品类别。

表7-9　2018年印度尼西亚对外出口产品与对中国出口产品对比

单位：百万美元，%

产品类别	2018年对外出口		2018年对中国出口	
	金额	占比	金额	占比
矿产品	47587	26.4	10788	39.8
动植物油脂	20346	11.3	3254	12
机电产品	14720	8.2	514	1.9
纺织品及原料	13217	7.3	819	3
贱金属及制品	12426	6.9	3187	11.8
化工产品	12391	6.9	2318	8.6
塑料、橡胶	8969	5	847	3.1
运输设备	7874	4.4	94	0.4
食品、饮料、烟草	7345	4.1	397	1.5
纤维素浆、纸张	7168	4	2495	9.2
贵金属及制品	5605	3.1	—	—
鞋靴、伞等轻工产品	5594	3.1	536	2
木及制品	4516	2.5	674	2.5
活动物、动物产品	3744	2.1	618	2.3
植物产品	3282	1.8	308	1.1
光学、钟表、医疗设备	—	—	136	0.5
其他	5431	3	141	0.5
总值	180215	100	27127	100

资料来源：印度尼西亚中央统计局［EB/OL］．https：//www.bps.go.id/。

——从出口市场看，2018 年，中国、日本和美国是印度尼西亚前三大贸易伙伴，三国出口额合计占印度尼西亚出口总额的 36.1%。其中对三国的出口额分别为 271 亿美元、195 亿美元和 184 亿美元。印度尼西亚制造业产品主要出口市场集中在美国、日本、中国、新加坡、马来西亚、印度、欧盟等国家和地区。矿产品和动植物油脂是印度尼西亚对中国出口的最主要的两大类商品，此外，印度尼西亚出口中国的贱金属及制品、纤维素浆等和化工产品也较多。印度尼西亚对中国出口的机电产品、纺织品及原料金额占比相对全球市场较低，纤维素浆、纸张金额占比相对全球市场较高。

表 7 - 10　2018 年印度尼西亚货物贸易出口主要国家和地区

国家和地区	金额（亿美元）	同比增长（%）	占出口比重（%）
中国	271	18.9	15.04
日本	195	11.4	10.82
美国	184	3.6	10.21
印度	137	-1.0	7.60
新加坡	130	1.8	7.21
韩国	95	17.9	5.27
马来西亚	94	11.6	5.22
菲律宾	68	7.0	3.77
泰国	68	5.5	3.77
中国台湾	47	11.5	2.61
越南	46	27.8	2.55
荷兰	39	-3.5	2.16
澳大利亚	28	12.3	1.55
德国	27	1.5	1.50
中国香港	26	6.7	1.44
其他	347.2	—	19.27
出口总额	1802.2	7.5	100

资料来源：印度尼西亚中央统计局，https：//www.bps.go.id/。

4. 泰国

泰国是东南亚第二大经济体，也是东盟的制造业强国。作为传统的农业国，从 20 世纪 80 年代中后期开始，经过产业和产品结构调整，泰国工业发展步伐不断加快，近几年的高速发展使泰国经济结构出现明显变化。尽管农业仍在国民经济中占据重要地位，但制造业在其国民经济中的比重日益扩大。制造业已成为比重最大的产业，且成为主要出口产业之一。泰国工业化进程的一大特征是充分利用其丰富的农产品资源发展食品加工及其相关的制造业。目前，泰国的主要工业产品包括服装、纺织、制鞋、电机、电子、运输设备等，拥有橡胶城工业园区和沙缴工业区两个突出的工业园区。泰国政府开放的贸易政策、充足的资源和良好的基础设施，打造了泰国具有全球竞争力的制造业和物流产业。汽车、电子、机械和农产品产业作为泰国出口导向型制造业得到快速发展。

——从产值规模看，泰国工业在第二产业中所占比例较大，2018年为32.5%。2018年制造业增加值为1359.28亿美元，年度增长率为2.99%。电脑、货运卡车、大米和纺织品行业的整体产值在泰国国内生产总值（GDP）中占到2/3。

表7-11 2014~2018年泰国三次产业结构　　　　单位:%

年份	第一产业	第二产业	#工业	#建筑业	第三产业	#批发零售业
2014	10.1	36.8	34.3	2.5	53.1	14.3
2015	8.9	36.3	33.5	2.8	54.9	14.8
2016	8.5	35.7	33.0	2.8	55.8	15.6
2017	8.3	35.3	32.7	2.6	56.4	16.1
2018	8.1	35.0	32.5	2.5	56.9	16.5

资料来源：泰国国家经济社会发展委员会，泰国国家统计局，http://www.nso.go.th。

——从出口产品看，2018年泰国货物对外贸易总额约为5020亿美元，出口额约为2498.9亿美元，占全球出口贸易额的1.3%，位居全球第24位。机电产品，运输设备和塑料，橡胶是泰国的主要出口商品，2018年出口额分别为779.4亿美元、328亿美元和300.3亿美元，分别增长4.9%、4%和4.1%，三类产品合计占泰国出口总额的56.3%。此外，食品、饮料、烟草出口191.5亿美元，增长4.1%，占泰国出口总额的7.7%。

——从出口市场看，泰国前三大出口贸易伙伴为美国、中国和日本，2018年泰国对三个国家的出口额分别为88亿美元、67亿美元和64亿美元，但仅对美国的出口额同比有所增长，而对中国和日本则分别减少了7.7%和2.1%。2018年，泰国出口情况明显恶化，在出口额排名前15的国家中，仅有3个国家同比有所增加，其余12个国家均有不同程度的下滑。塑料、橡胶，机电产品和植物产品是泰国对中国出口的前三大类重要商品，2018 年的出口额分别为 81.3 亿美元、66.8 亿美元和 32.8 亿美元，其中塑料、橡胶出口下降 6.1%，机电产品出口增长 0.6%，植物产品增长 12.7%，各自占泰国对中国出口总额的 27.4%、22.5% 和 11%。此外，化工产品、矿产品、木及制品等也是泰国对中国出口的重要商品。

表 7 - 12　2018 年泰国对外出口产品与对中国出口产品对比

单位：百万美元，%

产品类别	2018 年对外出口		2018 年对中国出口	
	金额	占比	金额	占比
机电产品	77941	31.2	6678	22.5
运输设备	32797	13.1	1039	3.5
塑料、橡胶	30027	12	8132	27.4
食品、饮料、烟草	19149	7.7	802	2.7
化工产品	13333	5.3	3092	10.4
贱金属及制品	12098	4.8	546	1.8
贵金属及制品	11938	4.8	341	1.2
植物产品	11810	4.7	3279	11
矿产品	11657	4.7	1398	4.7
纺织品及原料	7199	2.9	499	1.7
光学、钟表、医疗设备	6193	2.5	1261	4.3
活动物、动物产品	3674	1.5	354	1.2
家具、玩具、杂项制品	2777	1.1	—	—
木及制品	2610	1	1351	4.6
纤维素浆、纸张	2128	0.9	306	1
皮革制品、箱包	—	—	221	0.8
其他	4558	1.8	402	1.4
总值	249889	100	29700	100

资料来源：泰国海关，http://www.customs.go.th。

表 7 - 13　2018 年泰国货物贸易出口主要国家和地区

国家和地区	金额（亿美元）	同比增长（%）	占出口比重（%）
美国	88	31.7	3.52
中国	67	-7.7	2.68

国家和地区	金额（亿美元）	同比增长（%）	占出口比重（%）
日本	64	-2.1	2.56
越南	31	5.1	1.24
中国香港	27	-14.3	1.08
马来西亚	27	-3.8	1.08
澳大利亚	25	-12.8	1.00
印度尼西亚	23	-8.3	0.92
印度	20	1.4	0.80
新加坡	19	-12.9	0.76
菲律宾	17	-8.3	0.68
柬埔寨	17	-1.2	0.68
德国	12	-8.3	0.48
韩国	12	-5.8	0.48
荷兰	11	-22.3	0.44
其他	2038.9	—	81.59
出口总额	2498.9	5.9	100

资料来源：泰国海关，http://www.customs.go.th。

5. 菲律宾

菲律宾是一个人口众多的东南亚新兴经济体，主要为出口导向型经济，对外部市场依赖较大。第三产业在国民经济中地位突出，农业和制造业占相当比重。近几年，菲律宾的经济突飞猛进，2017 年 GDP 增速为 6.7%，2018 年为 6.2%。在过去 30 年中，尽管菲律宾的纺织服装业在不断扩大，但其工业和制造业占经济的比重却呈现下降趋势。而同时期，经济表现更佳的印度尼西亚、马来西亚和泰国，农业比重不断减少，工业制造业和服务业比重均大幅增长。2018 年，菲律宾制造业增加值约为 630.51 亿美元，同比增长 9.78%，占 GDP 的 19.05%。菲律宾制造业缺乏具有特色和国际竞争力的产业，主要涵盖纺织服装、食品制造、电子制造业、石油化工等领域。主要工业城市有马尼拉（经济中心，集中了全国半数以上的工业企业，主要包括纺织、榨油、碾米、制糖、烟草、麻绳、冶金企业等，产值占全国的 60%）、宿务市（菲律宾南部海空航运中心，工商业发达）、奎松城（食品、纺织等工业十分发达）、达沃（全国蕉麻加工中心），拥有出口加工区 4 个与各类工业园区 15 个。

——从产值规模看，2018 年制造业产值为 633 亿美元，同比增长 7.97%。其中，食品，饮料，石油和其他燃料产品，化工产品，广播、电视和通信设备及器材为产值前五的制造业产品，产值分别为 293.05 亿美元、28.81 亿美元、38.50 亿美元、69.66 亿美元、70.15 亿美元。

表 7 - 14　2018 年菲律宾制造业产值及增速

产品	产值（亿美元）	增速（%）
食品	293.05	6.45
饮料	28.81	16.72
烟草	1.82	6.41
纺织	8.73	3.23
服装	13.36	-1.44
鞋类、皮革和皮革制品	2.50	-1.74
木、竹、藤制品	5.08	7.85
纸和纸制品	4.08	15.73
出版和印刷	7.31	-0.27
石油和其他燃料产品	38.50	38.84
化工产品	69.66	-4.58
橡塑制品	7.53	9.56
非金属矿产品	16.28	15.07
基础金属	13.61	0.60
金属制品	5.87	2.54
机械设备（电气除外）	7.56	11.54
办公、会计和计算机械	5.67	15.88
电机和电器	9.23	13.67
广播、电视和通信设备及器材	70.15	16.41
运输设备	10.24	0.52
家具和固定装置	4.99	3.50
其他	8.51	6.48

资料来源：菲律宾国家统计局，https：//www.psa.gov.ph，汇率按照 2018 年的数据进行换算：1 美元 = 52.492 菲律宾比索。

——从出口产品看，2018 年菲律宾商品对外贸易总额为 1821.5 亿美元，比 2017 年的 1648.1 亿美元增长了 10.5%。2018 年出口总收入从 2017 年的 687.1

亿美元增至 693.1 亿美元，增幅为 0.9%。前十大商品的出口销售额达到 559.4 亿美元（占 2018 年出口总收入的 80.7%），比 2017 年的 543.8 亿美元出口额增长了 2.9%。排名前五的商品包括电子产品，其他制成品，机械和运输设备，汽车、飞机和轮船上使用的点火线束和其他线束与金属零件。

表 7 – 15　2018 年菲律宾主要出口产品及出口值

产品	出口值（亿美元）	占出口比重（%）	增长率（%）
电子产品	381.8	55.1	4.5
其他制成品	43.7	6.3	5.0
机械和运输设备	33.1	4.8	−11.6
汽车、飞机和轮船上使用的点火线束和其他线束	20.9	3.0	1.7
金属零件	17.4	2.5	29.2
化学品	14.1	2	—
新鲜香蕉	13.8	2	—
电子设备及零件	11.9	1.7	—
精炼铜阴极和阴极部分	11.4	1.6	—
其他矿产品	11.3	1.6	–

资料来源：菲律宾国家统计局，https：//www.psa.gov.ph。

——从出口市场看，前十大出口国（地区）在 2018 年贡献了总贸易额 1404.6 亿美元，占对外贸易总额的 77.1%。前十大出口国（地区）的出口收入总额为 546 亿美元，占出口总额的 78.8%。对美国的出口额最高，为 10.7 亿美元，占 2019 年 10 月出口总额的 17.0%。其他主要出口国（地区）为：日本，9.72 亿美元；中国香港，8.83 亿美元；中国，8.37 亿美元；韩国，3.37 亿美元。

表 7 – 16　2018 年菲律宾主要出口国家、地区和组织

国家、地区或组织	出口额（亿美元）	主要出口产品
中国	88.2	电子产品、其他制成品
日本	103.2	电子产品、点火线束和其他线束
美国	106.4	电子产品
韩国	26.1	电子产品、其他制成品
中国香港	95.6	电子产品、黄金

国家、地区或组织	出口额（亿美元）	主要出口产品
欧盟	89.1	电子产品、机械和运输设备、椰子油（粗制和精制）、医药产品
东盟	111.8	电子产品、其他制成品、金属零件、精炼铜制成的阴极和阴极部分、机械和运输设备

资料来源：菲律宾国家统计局，https：//www.psa.gov.ph。

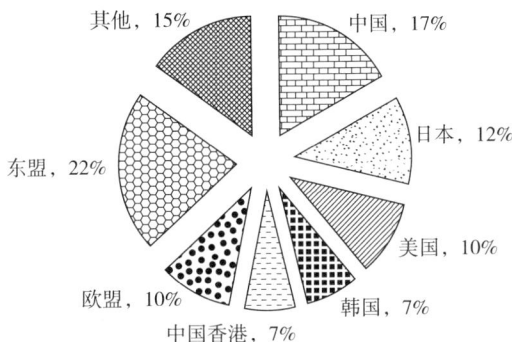

图 7 - 3　2018 年菲律宾主要出口国家和地区

6. 越南

　　除了泰国、新加坡等制造业起步较早的东南亚国家外，越南近几年来在制造业方面的进展引人瞩目。耐克运动鞋的工厂从中国"转战"越南，成为越南制造业迅速崛起的真实写照。越南特别强调要大力发展中小微私营企业，特别是创新型的高附加值企业、生产制造企业，以及参与全球价值链生产和符合国家发展方向的企业。越南以廉价的劳动力、稳定的政府政策、规模较大的本地市场吸引了外国资本。此外，越南是东盟成员国，随着中国—东盟自由贸易区升级版建设，在越南生产的产品可以以很低的价格在其他 9 个东南亚国家及中国流通，这也是外资纷纷转战越南的一个因素。外国资本的进入直接推动了越南制造产业（如机械制造、能源、计算机等）的发展。近几年，越南快速转变产业结构，电子加工、纺织、基建已经成为越南经济的支柱产业，主要出口商品也从纺织品转为电子产品和机械。占越南总出口 1/3 的越南高科技产品出口同比增长 33%，出口增长超过 20%，贸易额由逆差扭转至顺差。2017 年越南出口总价值高达 400 多亿美元，手机成为越南第一大出口商品，这与越南引进外资，尤其是三星在越南设厂密不可分。目前，越南是世界上经济增长速度最快的国家之一。

——从产值规模看，制造业持续引领带动越南工业和全国经济发展。2018年，越南制造业增长 11.18%，贡献 7.1 个百分点；电力生产与分配业确保为生产和消费提供充足电力，增长 10.63%，并贡献 1.51 个百分点；水供应和废水、废物处理业增长 7.79%，贡献 0.16 个百分点；由于煤炭开采量上升，弥补了原油开采量的下降，采矿业在连续 3 年下滑后开始小幅上涨 1.78%。

表 7 - 17   2018 年越南国内生产总值构成

行业类别	产值（亿美元）	占 GDP 比重
农业、林业和渔业	34.62	14.57
农业	24.71	10.40
林业	1.75	0.73
渔业	8.16	3.44
工业和建筑业	81.42	34.28
工业	67.54	28.44
采矿业	17.52	7.38
制造业	38.05	16.02
电力、燃气	10.76	4.53
供水、废物管理和处理	1.21	0.51
建筑业	13.88	5.84
服务业	97.8	41.17
产品税减补贴产品	23.71	9.98

资料来源：越南国家统计局，https：//www.gso.gov.vn/default_ en.aspx? tabid =491，汇率按照 2018 年的数据进行换算：1 美元 =23301 越南盾。

表 7 - 18   2018 年越南制造业主要产品产量及增长率

产品	单位	产量	增长率
煤（清洁煤）	千吨	41782.5	109.1
原油产量	千吨	12030	88.7
动物饲料	千吨	14186.8	101
天然纤维制成的织物	百万平方米	572.9	116.2
合成纤维制成的织物或人造纤维	百万平方米	1079.1	118.9

续表

产品	单位	产量	增长率
皮鞋和凉鞋	百万双	282.2	108.6
尿素	千吨	2370.1	103.6
混合肥料 N. P. K	千吨	2961.2	101.7
水泥	万吨	90.2	109.1
钢铁	千吨	17723.4	143.8
钢筋和型材	千吨	6403.6	107.8
手机	百万台	208.7	99
电视	千台	13232.7	124
汽车	千辆	259.9	114.1

资料来源：越南国家统计局，https：//www.gso.gov.vn/default_ en.aspx? tabid =491。

——从出口产品看，2018 年，出口总额超过 10 亿美元的项目有 29 个，占越南出口总额的 91.7%，超过 50 亿美元的项目有 9 个，超过 100 亿美元的项目有 5 个。其中，电话及零部件销售额 500 亿美元，增长 110.5%；纺织品和服装达到 304 亿美元，增长 116.6%；电子、计算机及零配件达 294 亿美元，增长 113.4%。机械、设备、工具及零配件达到 165 亿美元，增长 128%；鞋类达到 163 亿美元，增长 111%。总体而言，一些关键产品的出口比例仍属于外国直接投资部门，其中：电话和组件占 99.7%；电子、计算机及零件占 95.6%；机器、设备、工具及零件占 89.1%；纺织品占 59.9%。

表 7-19　2018 年越南主要出口产品及年增长率

产品	出口额（百万美元）	年增长率（%）
煤炭	325	113.1
原油	2274	78.8
汽油	1964	135.8
化学	1891	149
化工产品	1091	123
塑料制品	3040	119.3
橡胶	2112	93.9
箱包、皮夹、手提箱、帽子、雨伞	3390	103.2
藤、莎草、地毯产品	347	127.5

续表

产品	出口额（百万美元）	年增长率（%）
木材和木制品	8855	115
纺织品和服装	30447	116.6
鞋	16297	111
陶瓷产品	509	109.7
宝石、宝石及制品	634	114.2
钢铁	4558	144.8
电子、计算机和 LK	29446	113.4
电话及配件	50003	110.5
其他机械设备	16528	128
电线和电缆	1703	121.1
运输工具和备件	7985	113.8

资料来源：越南国家统计局，https：//www.gso.gov.vn/default_en.aspx？tabid=491。

——从出口市场看，前五大出口市场为中国、美国、欧盟、东盟以及日本。美国是越南最大的出口市场，出口额 475 亿美元，增长 14.2%。欧盟紧随其后，为 425 亿美元，增长 11%。中国达到 419 亿美元，增长 18.5%。东盟市场达到 247 亿美元，增长 13.7%。日本达到 190 亿美元，增长 12.9%。韩国达到 183 亿美元，增长 23.2%。

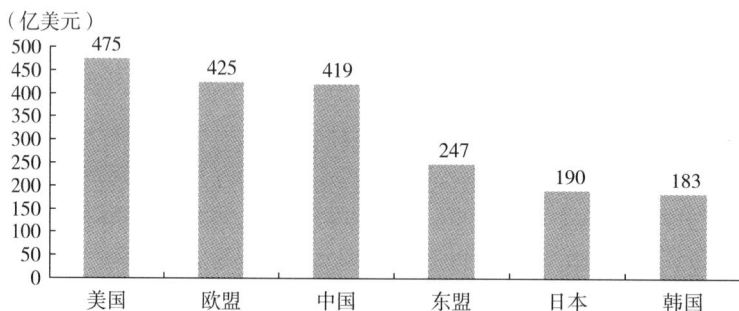

图 7-4　2018 年越南主要出口市场

（三）东盟国家企业竞争力

根据《财富》世界 500 强的数据，新加坡的世界 500 强企业共有 3 家，分别是托克集团、丰益国际和伟创力；马来西亚有1家（马来西亚国家石油公司）；此外还有印度尼西亚国家石油公司和泰国国家石油有限公司，共6家企业。这6家企业除了新加坡外，其余3家都是各国的石油公司，属于垄断性行业。相比之下，日本拥有世界500强企业52家、德国有29家、英国有17家。从这一点来看，东盟国家还有很大的差距，企业国际竞争力明显较弱。

东盟国家中经济比较发达的经济体主要是新加坡和马来西亚，泰国本身国内市场有限，凭借有限的国内市场，很难在某一个产业培育出世界级的企业，丰益国际能成为世界500强企业，主要还是依靠庞大的中国市场，以内地庞大的粮油需求为依托，产生了金龙鱼、香满园等著名品牌。

表7-20　2018年世界500强企业（东盟）

排名	公司名称	营业收入（百万美元）	利润（百万美元）	国家
22	托克集团	180744.1	849.2	新加坡
130	泰国国家石油有限公司	72307.2	3704.4	泰国
158	马来西亚国家石油公司	62230.6	11868.3	马来西亚
175	印度尼西亚国家石油公司	57933.6	2526.8	印度尼西亚
258	丰益国际	44497.7	1128	新加坡
474	伟创力公司	26210.5	93.4	新加坡

资料来源：《财富》杂志，https://www.fortune.com。

（四）东盟国家工业区位布局

东南亚是出口导向型经济，近年来随着东盟各国经济社会发展和工业化进程的不断加快，各国相继制定经济发展计划，加强与国外的合作，诞生并发展了众多工业城市和工业园区，以工业城市、工业园区以及便利港航运输为基础积极吸引外资进入东南亚，从而为工业进一步发展注入动力。

1. 东盟各国工业城市

新加坡；印度尼西亚：棉兰、坦格朗、巨港；马来西亚：吉隆坡、新山、槟城；泰国：曼谷、清迈；菲律宾：马尼拉、宿务；越南：河内、海防、南定、胡志明市；老挝：万象；柬埔寨：金边、西哈努克港；文莱：斯里巴加湾市；缅甸：仰光、勃生、曼德勒。

东盟各国的主要工业城市主要分布于沿海地带以及边境处，因此，可以认为依托重要港口以及邻国来实现本国工业发展是当前及未来一个阶段内东盟国家的首选发展路径。

表 7–21 东盟各国主要工业城市概况

国家	工业城市	主导产业	城市概况
新加坡	新加坡	电子制造、生物医药、化学、机械及交通运输设备制造等	新加坡市是新加坡政治、经济、文化中心，是世界上最大港口之一和重要的国际金融中心，是东南亚最大的修造船基地之一，以及世界第三大炼油中心
印度尼西亚	棉兰	炼油、化工、纺织、机械制造、椰油、橡胶制品、卷烟、肥皂、饮料等	新兴城市，苏门答腊岛北部地区经济中心，是仅次于雅加达的金融和商业中心
	坦格朗	纺织、橡胶制品、机械制造等	雅加达卫星城市，是爪哇岛的工业与制造业中心，有超过 1000 座工厂坐落于此，许多国际公司都在该市设有工厂
	巨港	石油化工、化肥、橡胶、造船、陶瓷、纺织、机械、咖啡加工等	苏门答腊岛南部最大的港口与贸易中心，出口原油及油制品、橡胶、胡椒、茶叶、咖啡、藤条、松香和煤炭
马来西亚	吉隆坡	橡胶、机械、轧钢、水泥、化工等	依照 GaWC 所公布之世界级城市名单中，吉隆坡被列为与芝加哥、洛杉矶、莫斯科、多伦多、首尔、广州等同属于 ALPHA 级（Grade A）的国际都市
	新山	电子、资源和石油化学的精炼厂和造船工业	重要的工业与商业城市，一般被视为新加坡面对马来西亚市场的腹地，彼此的角色被认为类似于中国的深圳和香港
	槟城	电子制造业	槟城素有"印度洋绿宝石""东方硅谷"之称，以"电子制造业基地"享誉全球
泰国	曼谷	服装、纺织、制鞋、电机、电子、运输设备等	世界一线城市、东南亚第二大城市，经济占泰国总量的 44%，曼谷港承担着泰国 90% 的外贸
	清迈	纺织、柚木初步加工和锯木等	清迈的丝绸、纺织品等也著称于世，每年都有大批丝绸、纺织品出口，是泰国制造业的重要支柱

国家	工业城市	主导产业	城市概况
菲律宾	马尼拉	纺织、榨油、碾米、制糖、烟草、麻绳、冶金等	马尼拉是菲律宾的经济中心，集中了全国半数以上的工业企业，是菲律宾的重要交通枢纽和贸易港口
	宿务	食品加工、家具制造等	是菲律宾主要的国际航班中心，也是米沙鄢和棉兰老地区最重要的商业、贸易和工业中心，除马尼拉之外最大的经济中心，拥有东南亚最大的铜矿
越南	河内	机械、化工、纺织、制糖、卷烟等	河内工业发展迅速，机器制造成为全国中心，已由消费城市变成了生产城市
	海防	机器制造、建材、化工、燃料等	越南第三大城市，拥有越南北方最大的港口，与中国天津市互为友好城市，被称为"越南的天津"
	南定	纺织服装、导线生产、机械制造等	南定市是越南重要的工业中心和全国最大的纺织工业基地
	胡志明市	纺织、化学、造船、机械制造、碾米、酿酒、制糖等	胡志明市是越南南方的重要交通枢纽，有越南最大的内河港口和国际航空港
老挝	万象	锯木、砖瓦、纺织、火柴、肥皂等	工矿企业约占全国的3/4，以绸缎、花布、编织及金银首饰业最为著名
柬埔寨	金边	制衣业	工业发展较慢，有中柬金边经济特区，地位媲美上海"陆家嘴"
	西哈努克港	制衣、制鞋、家纺、电子、箱包、家居、文具、医疗用品、五金工具等	南宁市友好城市，是柬埔寨最繁忙的海岸港口
文莱	斯里巴加湾市	石油、天然气、橡胶和木材加工等	全国政治、经济、文化中心，重要的农贸中心、河港
缅甸	仰光	石油、天然气、服装制造业等	缅甸最大港口，东南亚最大港口之一，自然条件优越，资源丰富，但多年来工农业发展缓慢
	勃生	机械制造、造船、金属加工、碾米、制陶、锯木等	缅甸重要港口城市，伊洛瓦底省省会
	曼德勒	茶叶包装、丝绸纺织、酿酒、玉石琢磨、铸铜和金箔工艺、造船、食品、木刻、金银饰等	缅甸中部物资集散地和内地最大的交通运输中心，工业较为发达

资料来源：根据相关资料收集整理。

2. 东盟各国工业园区

新加坡：裕廊工业园；印度尼西亚：中国·印尼经贸合作区、青山工业园、广西印尼沃诺吉利经贸合作区、中民投印尼产业园；马来西亚：马中关丹产业园区、马六甲临海工业园；泰国：万尊工业园、泰中罗勇工业园；菲律宾：克拉克工业园（在建）、苏比克科技园；越南：越南龙江工业园、平川工业园区、炳山工业区、中国—越南（深圳—海防）经贸合作区；老挝：赛色塔发展特区、磨丁经济特区；柬埔寨：桔井省斯努经济特区、西哈努克特别经济区；文莱：双溪岭工业园；缅甸：仰光市工业开发区、皎漂特区工业园。

表 7－22　东盟各国工业园区概况

国家	工业园区	园区概况
新加坡	裕廊工业园	是亚洲最早成立的开发区之一，园区内工业种类很多，包括造船、修船、炼油、钢铁、水泥、化学、汽车装配、食品、电缆等，先后经历了劳动密集型产业主导时期、资本密集型高新技术产业主导时期、技术密集型高新技术产业主导时期和知识密集型产业主导时期
印度尼西亚	中国·印尼经贸合作区	2007 年 11 月成立，是目前我国在印度尼西亚的第一个国家级的经贸合作区，也是广西承担的唯一的国家级对外经济贸易合作窗口园区。合作区总体规划面积 500 公顷，招商引资对象为汽车装配、机械制造、家用电器、精细化工、生物制药、农产品精深加工及新材料为主的产业类型
	青山工业园	2013 年 10 月，中国与印度尼西亚合作开发青山工业园，现已成为全球重要的镍矿开采冶炼和不锈钢（不锈钢生产成本的 2/3 来自镍）产业基地，是"一带一路"倡议的早期重要成果
	广西印尼沃诺吉利经贸合作区	位于印度尼西亚中爪哇省沃诺吉利县，近铁路港口，交通便捷。合作区的产业定位是以木薯为主要原料的精细化工及建材、制药等行业，以及与此相关的国内市场相对饱和的行业
	中民投印尼产业园	包括煤化工、电解铝、钢铁、电厂、水泥、基础建设、码头、远洋捕捞、互联网、公务机托管和直升机生产运营等产业
马来西亚	马中关丹产业园区	马中关丹产业园区涵盖面积约 1500 英亩，所在地关丹地理位置优越，面向南中国海，直接链接到钦州深水港和其他中国东部的港口
	马六甲临海工业园	集深水码头、造船修船、远洋补给、卫星导航、临港产业五大定位于一体的大型园区

续表

国家	工业园区	园区概况
泰国	万尊工业园	泰国万尊工业园开发商为泰国胜耀集团，是一家集农林业和电力、再生生物燃料、汽车组装、物流产业、建筑承包、国际贸易为一体的大型综合性企业集团。该工业区位于泰国春武里府，总面积 2000 莱（约 320 万平方米）
	泰中罗勇工业园	园区位于泰国东部海岸、靠近泰国首都曼谷和廉差邦深水港，总体规划面积 12 平方公里，包括一般工业区、保税区、物流仓储区和商业生活区，主要吸引汽配、机械、家电等中国企业入园设厂
菲律宾	克拉克工业园	位于菲律宾北部邦板牙省克拉克新城，园区占地约 500 公顷，引入目标为高科技和制造等产业，是菲律宾政府的旗舰项目，也是中菲两国政府间产业园区合作规划纲要下的重点子项目之一
	苏比克科技园	园区由苏比克湾自由港署、日本国际发展组织和东京建筑有限公司合资开发，主体用地 80 公顷，已进驻 19 家跨国企业。招商引资对象为精密电子设备、光机电、主轴电机、传感器、胶合板、计算机产品及半导体设备等
越南	龙江工业园	越南龙江工业园入园企业的产业规划主要集中在纺织轻工、机械电子、建材化工三个领域，园区提供土地租赁、标准厂房租赁、标准厂房出售等多种企业入园方式
	平川工业园区	平川工业园区、扩建工业园区以及山利工业园区位于永福省平川区，分别占地 277 公顷、183 公顷和 417 公顷，总面积达 877 公顷。其中，平川工业园区作为永福省各个工业园区的连接点，是该地区重要的工业开发项目，吸引了国内外投资商的广泛关注
	炳山工业区	园区于 2005 年建成，2010 年投入运营，富新建筑联合股份有限公司为该园区的开发商。园区面积为 11.116 平方公里。园区所在地清化处于越南北方重点经济区、老挝北部省份及越南中部重点经济区的结合部，连接着越南中北部沿海地区，是胡志明大道及 1A 号、10 号、45 号、47 号及 217 号国道的重要节点。宜山深水港及南北方向的内河航道十分便利
	中国—越南（深圳—海防）经贸合作区	位于越南海防市安阳县，主导产业为纺织轻工、机械电子、医药生物等，聚焦轻工制造，重点引进电子、机电行业的企业，打造代表"中国制造"的高品质园区，助力中国制造业"走出去"发展，培育越来越多"中国总部＋海外工厂"的跨国企业

国家	工业园区	园区概况
老挝	赛色塔发展特区	园区位于首都万象塞塔尼区，2010 年启用，占地面积 1000 公顷。招商引资对象为农产品加工、木材加工、轻工业、旅游和服务业、电力设备制造、机械工业、新能源等
	磨丁经济特区	园区位于琅南塔省琅南塔区，于 2003 年动工开发，土地使用期为 50 年，投资总额 5 亿美元。园区由中国开发商全额投资开发，总占地面积 1640 公顷。园区有着完善的基础设施，临近 A3 公路，该公路是连接"10 + 3"（中日韩）国家的战略通道
柬埔寨	桔井省斯努经济特区	位于桔井省斯努县，主导产业为建筑装饰、塑胶五金、食品工业和物流仓储业等
	西哈努克特别经济区	位于柬埔寨西哈努克市，占地面积 1688 公顷，面向各类行业项目招商
文莱	双溪岭工业园	规划占地 271 公顷，靠近文莱西部石油和天然气生产区，主要发展油气下游产业和制造业、电力等基础设施
缅甸	仰光市工业开发区	仰光市的 5 个工业区是：丁茵工业区、敏加拉洞工业区、莱达雅工业区、德贡港工业区和随必达工业区。随必达工业区为内资工业区，莱达雅工业区为外资和内资合建工业区。其中丁茵工业区在仰光市东南的丁茵岛上，是缅甸最大的集装箱集散地，岛内交通便捷，港口条件好，工业基础好
	皎漂特区工业园	皎漂工业园占地约 1000 公顷，2016 年 2 月开始动工，规划入园产业主要有纺织服装、建材加工、食品加工等

资料来源：根据相关资料收集整理。

（五）东盟国家进出口及市场需求

近年来，东盟各国经济迅猛发展，市场需求发生了显著变化，伴随着工业化进程的不断深入，各国进出口结构也发生了不同程度的变化。

处于第二、第三层次的国家，随着工业化进程的推进，出口产品渐渐地从原来单一的自然资源类产品（如农产品、林产品、水产品等）和简单的加工产品（如成衣、鞋等）出口结构转变为工业产品逐渐增加的多样出口结构，其中最具代表性的国家为越南和老挝。作为处于第二层次的国家，文莱的出口结构变化不大，原因在于文莱国土狭小，但石油、天然气等资源丰富，其制造业的发展相对缓慢。处于第一层次的国家，出口结构的变化基本不大。

处于第二、第三层次的国家，随着经济发展，市场需求开始发生显著变化，对于工业初级产品需求大大增加，促进了相关产品的进口，这与近年来制造业往东南亚国家转移有密不可分的联系。此外，建筑业作为实体经济的重点，对建筑材料的需求量逐年增加。由于工业基础薄弱，这些国家的钢筋、水泥、陶瓷等基础建材供不应求。处于第一层次的国家，其进口结构基本没有变化。

表 7-23　东盟十国主要进出口产品 2014 年和 2018 年对比

国家	2014 年		2018 年	
	出口产品	进口产品	出口产品	进口产品
新加坡	高档办公器材、电子真空管、数据处理机、加工石油产品、电信设备、科学光学仪器	机电产品、矿产品、化工产品、贵金属及制品	机械设备、食物、饮料和烟草、矿物燃料和润滑剂、制成品、化学品和化工产品	机电产品和矿产品
印度尼西亚	石油、液化天然气（最大出口国）、纺织品、木材、棕榈油、橡胶	机电产品、矿产品、贱金属及制品、化工产品、塑料、橡胶	矿产品、动植物油脂、机电产品、纺织品及原料、贱金属及制品、化工产品	机电产品、矿产品、贱金属及制品、化工产品、塑料、橡胶
马来西亚	电子电器产品、化工产品、液化天然气、原油、棕榈油、锡	机电产品、矿产品、贱金属及制品、化工产品、塑料、橡胶	机电产品、矿产品、塑料、橡胶、贱金属及制品、化工产品、动植物油脂、光学钟表、医疗设备、食品、饮料、烟草、运输设备、木及制品	机电产品、矿产品、贱金属及制品、化工产品、塑料、橡胶
泰国	自动数据处理机、集成电路板、汽车及零配件、成衣、鲜冻虾、宝石和珠宝、初级化纤、大米、收音机和电视、橡胶	原料及半成品、资本商品和燃料	机电产品、运输设备、塑料、橡胶、食品、饮料、烟草、化工产品、贱金属及制品、贵金属及制品、植物产品、矿产品	机电产品、矿产品、贱金属及制品、化工产品、贵金属及制品
菲律宾	电子零配件、服装、木器家具、矿产品	电子半导体、石油、电子资料处理、纺织品	电子产品，其他制成品，机械和运输设备，汽车、飞机和轮船上使用的点火线束和其他线束和金属零件	谷物和谷物制品、机械设备、电子产品、运输设备、通信设备

国家	2014 年		2018 年	
	出口产品	进口产品	出口产品	进口产品
越南	原油、服装纺织品、水产品、鞋类、电子、计算机、大米、咖啡	机械、设备、工具及零配件、计算机、电子产品和零件、石油产品、整车、化肥	电话和组件电子，计算机及零件机器，设备，工具及零件纺织品	纺织鞋帽原辅料、常规金属、塑料、钢铁、布匹、电话及配件、机械设备及配件、电子产品及配件
柬埔寨	成衣、木材、橡胶、大米	服装原辅料和加工设备	纺织品、服装、鞋子、农产品	电器、汽车、机械、药品和医疗设备
老挝	电力、圆木、咖啡、胶合板	基础设施建设物资及消费品	电力、铜矿产、铜及铜制品、录像机零配件、饮料、服装、天然橡胶	车辆、电器、燃料（柴油）、机械设备、钢铁产品、汽车零配件、燃料（普通和超级）、钢筋和改造钢和电
文莱	原油、石油产品、液化天然气	工业制品、机械设备和食品	原油、石油产品和液化天然气	机械与交通设备、工业制成品、食品
缅甸	大米、玉米、各种豆类、橡胶、矿产品、木材、珍珠、宝石、水产品	家用电器、食品、电子产品、建筑材料	农产品、畜牧产品、水产品、矿产品、工业成品	日用品、项目用品、投资用商品

资料来源：东盟各国国家统计局网站及统计资料，《中国—东盟统计年鉴》（2015）。

二、深化工业优势产能布局东盟的新思路

（一）总体思路

目前，中国—东盟自由贸易区进入巩固完善阶段，应紧抓打造"西南中南西北出海口，面向东盟的国际陆海贸易新通道"历史新机遇，以金融门户开放和中国（广西）自由贸易试验区建设为契机，以加快新型工业化实现跨越发展、全

面提升工业综合竞争力为目标，以转型升级为主线，以开放合作为动力，依托现有产业发展基础、特色优势资源和港口物流体系，积极打造优势产能布局东盟平台载体，加强与东盟国家在原材料供应、技术协作、人才交流等方面的布局，与东盟国家结成能源与资源战略联盟，力争用5~10年的时间，实现广西工业优势产能东盟布局的全面优化提升，打造成为中国与东盟优势产能布局的重要基地。

综合研判，广西工业优势产能布局东盟的总体思路是将优势产能布局于东盟重点工业城市、重点工业园区以及重要航运港口，强化与东盟各个国家特色产业的深度合作。

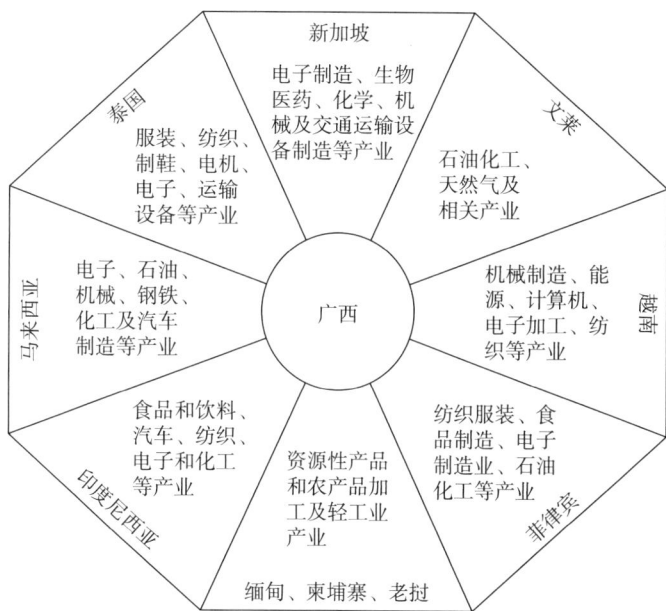

图7-5 东盟各国特色产业

（二）布局策略

1. 差异布局

由于东盟各国产业体系各异，发展层次不同，与广西在工业优势产能布局方面存在较强的互补性和合作的潜力空间，东盟大部分国家的工业起步较晚，经济后发优势十分明显，产业发展处于较低水平，粗放型特征较为明显，开发潜力较大，随着基础设施的完善，东盟"再工业化"的瓶颈被打破，东盟正在恢复其工业要素上的竞争优势，并互补形成亚洲产业链。其中，泰国的定位是亚洲汽车生产中心，越南是世界新兴电子工业中心，菲律宾为劳务输出和人力密集型制造业中心，新加坡为知识研究型中心（以电子信息等创新型产业为代表）。广西应发挥自身产业的优势，针对东盟各国的产业特点，扬长避短，充分利用双方资源比较优势和产业互补优势，广泛开展工业领域布局合作。

2. 突出重点

鼓励企业参与以东盟国家为基础，辐射全球的国际合作，重点推进企业在境外资源合作开发、开展国际产能合作、加强高新技术合作等领域"走出去"，随着西部陆海新通道建设的深入推进和中国（广西）自由贸易试验区的敲定，广西实施"走出去"战略进入全新阶段，要加快推进对外投资规模不断扩大、合作领域不断丰富、合作方式不断转变。

工业是广西实施"走出去"战略的主导力量，加快推进广西工业优势产业、优势产能、优势产品"走出去"，有利于发挥广西工业比较优势，重点布局先进制造、能源资源和工业物流服务等领域的优势产能。先进制造业领域重点布局有色金属、钢铁、机械与汽车制造、制糖、中医药、电子信息等产业；能源领域重点布局石油、煤电、水电、油气勘探开采和新能源产业；工业物流服务业领域重点布局港口物流、货物贸易、服务贸易、贸易便利化和贸易基础设施建设等。加快实现汽车、机械、高端装备制造、冶金、有色金属、食品、医药、建材等优势产业、优势产能和优势产品规模化、品质化"走出去"。

3. 强化互补

东盟国家在不同产业方面各具优势与特色，对于广西的工业优势产能来说，要想发挥最大作用，收获最优效益，必须将优势产业在东盟集中布局，这种集中布局一方面要求广西与东盟各国的产业形成良性合作，另一方面则要求广西与东盟各国的产业发挥互补优势。

强化互补的关键在于优势互补、与时俱进。对于现有在东盟布局的产业，及时调整升级产业合作重点，同时不断强化信息服务、金融支撑、交通物流、法律合作、人才资源等配套增值服务，推动产业合作升级。对于未来即将在东盟布局的产业，在充分考虑可行性的基础上，积极推动新型产业的有效对接，以及新兴技术的合作，并不断拓展产业合作新领域。

（三）布局模式

——促进"进出并重"的产业模式。一方面，促进"引进来"产业模式，分析东盟各国的优势产业，对标对表广西优势产能的不足与缺陷，积极引进先进技术与管理经验，并在此基础上鼓励相关企业自主创新，如与新加坡、马来西亚在电子信息、精密机械、生物制药、现代物流等产业开展合作，通过引进技术、资金、人才、管理等要素，提升广西优势产能竞争力。另一方面，推动"走出去"产业模式，充分利用东盟丰富资源，与广西优势产能所存在的技术、投资、资金、品牌、管理等优势嫁接，如与印度尼西亚、越南、菲律宾、老挝、缅甸、柬埔寨在有色金属、制糖、水泥建材、农业机械、工程机械、汽车、内燃机、食品等产业以联合投资与联营办厂方式，开展优势产能布局，拓展东盟乃至世界市场。

——强化"双向发展"布局模式。一方面，强化与东盟各国产业交流互补的广度，除了与东盟各国进行工业产业的交流合作外，加强海洋科技、信息服务、金融支撑、交通物流、法律合作、人才资源等信息服务业方面的配套增值服务，为优势产能在东盟的布局提供保障。另一方面，强化与东盟各国产业交流互补的深度，如与文莱、印度尼西亚等在石油化工领域深耕合作，与泰国、马来西亚在汽车、橡胶制品等产业开展技术交流与产业布局，谋求高新技术产业及服务业赋能实体经济，促进产业深度融合。

——深化"两国双园"合作模式。以中马"两国双园"为基础，落实高层共识，对接双方发展战略，统筹制定中长期发展规划，紧密围绕促进跨境产业合作这一核心内容，推动合作模式升级。同时，积极与各国开展交流对话，争取与东盟各国建立产业联系密切的"双园机制"，完善产业合作机制，深化产业链和价值链，增强互信互帮互助，促进工业高质量发展。

——创新"龙头企业"带动模式。鼓励龙头企业布局于跨境产业园、东盟重点工业城市和重点工业园区，充分利用国内国外两种资源、两个市场，增加经济效益，带动广西优势产业发展、优势产能提升。着力培育壮大跨国企业，鼓励广西优势产业的龙头企业带头"走出去"，积极开拓东南亚市场，鼓励相关企业与龙头企业在对东盟布局中实现配合合作、互利共赢。

三、深化工业优势产能布局东盟的重点任务

以中国—东盟自贸区升级版建设为契机，以东盟市场为重点，借助中马"两国双园"、中国·印尼经贸合作区等国际产能合作平台，加快实现汽车、机械、高端装备制造、冶金、有色金属、食品、医药、建材等一批优势产业、优势产能

和优势产品规模化、品质化走出去布局。

（一）拓展优势产能区域布局

深度参与中国—东盟自贸区升级版建设，重点加强与印度尼西亚、马来西亚、泰国等东盟国家在汽车整车、农业机械、工程机械、钢铁、制糖、建材等领域的合作，建立生产基地，带动上下游产业链"走出去"。积极推进与东盟国家在汽车、工程机械、有色金属、医药等领域的合作，引导广西工业优势产业和龙头企业抱团"走出去"，推动龙头企业建立和完善境外产业、市场体系。充分借助和发挥泛珠三角"9 + 2"合作机制，全面融入粤港澳大湾区建设，促进粤港澳经济技术交流与合作。将柳州市培育成为工业优势产业、优势产能、优势产品"走出去"的先行先导城市，将南宁、桂林、玉林、梧州等城市培育成为重要支点城市。加快推进国际产能和装备制造合作，形成以港澳台、东盟国家为重点区域布局。

（二）支持龙头企业带头出海

鼓励和支持龙头企业开拓海外市场，引导优势企业借船出海。推动广西柳工机械股份有限公司在海外研发制造实现突破性进展，成为国内领先、国际一流的世界知名企业。支持广西柳州钢铁集团有限公司、广西盛隆冶金有限公司进一步开拓国际钢铁市场，打造成为具有较强国际竞争实力的钢铁企业。支持柳州欧维姆机械股份有限公司实施海外并购，推进欧维姆建筑机械（预应力）国际化，打造成为东盟第一预应力机械企业。支持上汽通用五菱汽车有限公司、东风柳州汽车有限公司、比亚迪汽车工业有限公司桂林分公司着眼汽车行业全球化发展趋势，建设成为具有国际竞争力和品牌影响力的世界著名汽车公司。支持广西玉柴机器集团实施"一业特强、适度多元化"发展战略，综合实力进入广西制造业企业50强，成为大型跨国企业集团。以南宁中车轨道交通装备有限公司、南宁中铁广发轨道装备有限公司、柳州轨道交通产业发展有限公司等企业为龙头，打造成为面向东南亚市场的轨道交通装备生产基地。支持广西玉林制药集团有限责任公司、广西梧州中恒集团股份有限公司、桂林三金集团股份有限公司、广西金嗓子有限责任公司、柳州两面针股份有限公司等拓展国际医药市场，建成国内一流，世界领先的中药、天然药物研发生产企业。支持广西南南铝加工有限公司等高端铝材生产制造企业"走出去"。

（三）推进优势产业布局东盟

坚持以企业为主体、以市场为导向，大力推动汽车及零部件、农业机械、工程机械、轨道交通装备、钢材、有色金属、食品加工、制糖、医药、建材等优势产业布局东盟。支持优势企业在能源、矿产、天然橡胶、木材等领域，重点面向东盟国家资源富集地区，开展境外合作勘查、开发和加工等，实现互利共赢。鼓励优势企业到境外建立工业园区、生产基地、研发基地、营销网点、商品展示中心和售后服务点等，带动产品、生产装备和技术出口。

（四）增强优势产能布局东盟

重点引导装备制造等具有优势的产业和骨干企业扩大对外投资和出口，推动汽车及零部件、工程机械、动力机械、钢铁、有色金属、制糖、建材、碳酸钙等产业优势产能加快布局东盟步伐，加强上汽通用五菱印尼制造基地国际产能合作。结合糖业、铝、机械、冶金"二次创业"产业转型升级，积极开拓国际产能合作市场。结合境外矿产资源开发，开展铝、镍、铜、铅、锌、锑、铟等冶炼和深加工，延伸下游产业链，带动成套设备出口。在资源条件好、配套能力强、市场潜力大的东盟国家建设钢铁生产基地，带动钢铁装备走出去。在有市场需求、生产能力不足的东盟国家，建设水泥、玻璃、新型建材等生产线。

（五）加快优势产品布局东盟

完善工业企业品牌产品走出去布局东盟支撑保障体系。重点拓展和强化工程机械、建筑机械核心产品板块管理和技术标准，全力打造"柳工机械""欧维姆""玉柴动力"国际知名品牌。借助上汽通用五菱印尼制造基地，支持上汽通用五菱、东风柳汽等汽车采用全球高标准的顶尖设备，提高"中国汽车"品牌形象和影响力。建立完善的海外营销服务网络，进一步巩固和提升柳工集团、柳钢集团、玉柴集团、上汽通用五菱、东风柳汽等企业的主导产品国外市场份额和品牌知名度。贯彻国际标准化管理、标准化生产，维护企业利益、品牌建设、国家形象，确保海外企业的生产经营、出口产品的质量要求与国家相统一。支持广西建工集团在主要产糖区承接更多食糖生产线 EPC，打造糖业 EPC 国内领先、国际一流水平。全面加快桂林米粉、柳州螺蛳粉、南宁老友粉等"走出去"步伐，加强质量认证体系建设，大力推广国际通用的先进质量管理标准，将桂林米粉、柳州螺蛳粉、南宁老友粉等方便食品推向世界。加快桂林三金西瓜霜、梧州制药三七养血胶囊和中华跌打丸系列产品以及玉林制药"壮药四宝"等"走出去"步伐，壮大"中华老字号"制药品牌，加强"品牌＋终端"营销模式转型。

（六）推进创新驱动助推布局

着力推进创新驱动，持续增强企业自主创新能力，加快研发与国际市场适销对路的产品，推进"广西制造"向"广西智造""广西创造"迈进。积极参与东盟市场竞争，抢占全球价值链分工制高点，在东盟国家建立研发制造基地。充分利用大数据和云平台技术，将制造技术与信息技术深度融合，加快柳工集团、柳钢集团、玉柴集团、上汽通用五菱、东风柳汽等大型骨干企业向智能制造和服务型企业转型升级，加强质量认证体系建设，大力推广国际通用的先进质量管理标准，促进全面质量管理提升，实现针对终端客户的全球化智能服务，助推壮大广西特色优势产品"一带一路"消费市场。推动优势产业领军企业设立海外研发中心，突破关键领域的技术封锁。

（七）提升开放园区布局东盟

坚持"引进来"和"走出去"相结合，以中外合作园区为主体打造国际产能合作重要平台。加快推进中马"两国双园"、中国·印尼经贸合作区、中泰"两国四园"等合作园区建设，推进中马钦州产业园区与马中关丹产业园区产业协作，将中马"两国双园"打造成为国际产能合作、促进产业转型升级示范区。加快推进中越跨境经济合作区建设，推动中越凭祥—同登、中越东兴—芒街、中越龙邦—茶岭跨境经济合作区建设取得实质进展。推进与东盟国家共办产业园区，加快中印尼、中柬、中老等境外园区合作项目建设，打造优势产能布局东盟示范基地。围绕国家海洋局第四海洋研究所建设，打造面向东盟的海洋科学技术合作交流平台和海洋产业承载平台。

专题八　推动工业高质量发展：
现实条件和主要路径

推动经济发展质量变革要以提高供给体系质量为主攻方向。在三大变革中，质量变革是主体，既包括提高产品和服务的质量，也包括全面提升国民经济各领域、各层面的素质。党的十九大报告提出，建设现代化经济体系，要把提高供给体系质量作为主攻方向。必须把提高供给体系质量作为主攻方向，在"破""立""降"①　上下功夫，向国际先进质量标准看齐，创新科技、人力资本、信息、数据等新生产要素供给，大力破除无效供给，大力降低实体经济成本，加快建设实体经济、科技创新、现代金融、人力资源协同发展的产业体系，扩大优质增量供给。

一、工业科技创新：现状条件和路径研究

党的十九大提出，要加快建设创新型国家，"创新是引领发展的第一动力，是建设现代化经济体系的战略支撑"。推动高质量发展，必须把科技创新摆在工业高质量发展全局的核心位置。

（一）工业科技创新的现状基础

一是广西工业科技创新能力总体水平薄弱。当前，广西以企业为主体的产业

---

① "破"，就是大力破除无效供给，把处置"僵尸企业"作为重要抓手，推动化解过剩产能。"立"，就是大力培育新动能，强化科技创新，推动传统产业优化升级，培育一批具有创新能力的排头兵企业。"降"，就是大力降低实体经济成本，降低制度性交易成本，清理涉企收费，降低用能、物流成本（资料来源：白天亮．"破立降"，为高质量发展加油［N］．人民日报，2018－01－08（4））。

表8-1 2018年全国规模以上工业企业研究与试验发展（R&D）活动及专利情况

序号	地区	R&D人员全时当量（人年）	R&D经费（万元）	R&D项目数（项）	专利申请数（件）	有效发明专利数（件）
	全国	2981234	129548264	472299	957298	1094200
1	北京	46929	2740103	7039	20655	42851
2	天津	53280	2528761	11440	15051	23407
3	河北	68956	3819916	9921	16707	18762
4	山西	27228	1312531	3243	5423	7917
5	内蒙古	15777	1033594	2318	3769	3909
6	辽宁	53133	3006014	9225	12485	21089
7	吉林	11124	575015	1715	3333	4612
8	黑龙江	13110	605680	2631	2764	4708
9	上海	88016	5548768	12422	29258	47940
10	江苏	455530	20245195	72426	165096	176120
11	浙江	394147	11473921	77940	100254	62341
12	安徽	106744	4973027	16695	56596	56296
13	福建	120723	5249417	18716	31529	29543
14	江西	67394	2677714	13658	26303	11878
15	山东	236515	14184975	46625	60928	63496
16	河南	128054	5289250	16774	27603	23857
17	湖北	105041	5255194	13574	28003	32421
18	湖南	102800	5167217	15311	26339	33659
19	广东	621950	21072031	76985	241700	328467
20	广西	17228	891031	2884	6239	6846
21	海南	1971	113708	548	576	1258
22	重庆	61956	2992091	12484	18049	17579
23	四川	77848	3423923	11779	26277	35959
24	贵州	20041	762280	2860	5976	6544
25	云南	24048	1070172	4216	6190	6466
26	西藏	326	8625	35	39	82
27	陕西	39315	2165554	4470	10182	16892
28	甘肃	8026	476151	1305	3342	3208
29	青海	1157	67716	220	859	559
30	宁夏	7060	369910	1739	2205	2282
31	新疆	5806	448779	1081	3568	3252

资料来源：《中国统计年鉴》（2019）。

创新体系基本形成，企业创新成果和新产品产业化步伐不断加快，大中型工业企业研发经费投入、新产品产值显著增加，政策环境持续优化，但工业企业科技创新能力总体水平薄弱。从 2018 年广西规模以上工业企业研究与试验发展（R&D）活动及专利情况来看，广西 R&D 人员全时当量占全国比重为 0.58%，R&D 经费占全国比重为 0.69%，R&D 项目数占全国比重为 0.61%，专利申请数占全国比重为 0.65%，有效发明专利数占全国比重为 0.62%，总体水平非常薄弱。

二是广西高技术产业科技引领作用不强。近年来，广西高技术产业发展较快，2018 年全区高技术产业增加值增长 11.6%，高于规模以上工业 6.9 个百分点。新产品产量迅猛增长。新能源汽车增长 1.08 倍，电子元件增长 47.9%，锂离子电池增长 16.9%，光电子器件增长 53.5%。但与全国平均水平和发达地区相比，广西高技术产业科技创新能力明显薄弱，引领作用明显不足。2018 年广西 R&D 项目经费 144.9 亿元，占全国比重为 0.74%；投入强度为 0.71%，低于全国平均水平 1.42 个百分点。

表 8 - 2　2018 年各地区研究与试验发展（R&D）经费情况

地　区	R&D 经费（亿元）	R&D 经费投入强度（%）	地　区	R&D 经费（亿元）	R&D 经费投入强度（%）
全　国	19677.9	2.19	河　南	671.5	1.4
北　京	1870.8	6.17	湖　北	822.1	2.09
天　津	492.4	2.62	湖　南	658.3	1.81
河　北	499.7	1.39	广　东	2704.7	2.78
山　西	175.8	1.05	广　西	144.9	0.71
内蒙古	129.2	0.75	海　南	26.9	0.56
辽　宁	460.1	1.82	重　庆	410.2	2.01
吉　林	115	0.76	四　川	737.1	1.81
黑龙江	135	0.83	贵　州	121.6	0.82
上　海	1359.2	4.16	云　南	187.3	1.05
江　苏	2504.4	2.7	西　藏	3.7	0.25
浙　江	1445.7	2.57	陕　西	532.4	2.18
安　徽	649	2.16	甘　肃	97.1	1.18
福　建	642.8	1.8	青　海	17.3	0.6
江　西	310.7	1.41	宁　夏	45.6	1.23
山　东	1643.3	2.15	新　疆	64.3	0.53

资料来源：《2018 年全国科技经费投入统计公报》。

（二）推动工业科技创新的经验

广东：以深化科技创新改革为抓手，依托深圳建设具有全球影响力的科技创新中心①，着力引领和带动产业创新升级，加快形成以创新为主要引领和支撑的经济体系和发展模式。

安徽：高度重视工业技术改造工作，对工业强基技术改造项目，按照设备采购额的8%给予补助；对企业实施符合《工业企业技术改造升级投资指南》的项目，其3年期以上贷款，按照同期银行贷款基准利率的40%给予贴息。

天津：坚持"双轮驱动战略"，一手抓大项目、好项目引进，提升区域发展实力，另一手抓科技创新新型企业和现代服务业的发展，全面提升开发区创新创业活力。

浙江：温州市加速政策出台，释放政策红利，加快推动产业结构由中低端向中高端迈进，实现产业转型升级，2017年以来，相继制定、出台了《温州市高新技术企业培育2017年工作计划》《温州科技创新"新十条"政策实施细则》《温州市发明专利产业化项目实施方案（试行）》《温州市规模以上工业企业科技创新"三清零"行动计划实施方案（2017～2020年）》等。

湖南：2017年8月，长沙召开科技创新大会，打造国家科技创新中心，并设立了11个院士工作站。重庆市发挥西南大学、中科院重庆绿色智能研究院等高校和科研机构优势，促进56项国家和市级重大科技项目就地转化。

河南：河南省设立了16家国家级国际联合研究中心和164家省级国际联合实验室，引领河南加速融入全球科技创新网络。

总的来看，与安徽、重庆、陕西和贵州等省市相比，广西工业发展的基础和条件差距并不大，尤其是广西在区位条件上要优于上述省份，但制约广西工业和信息化发展的关键因素在于创新能力短板。在创新能力和创新储备方面，安徽在全国各地中并不突出，但安徽省经过多年的积蓄，创新能力已经明显提升，尤其是在语音通信、机器人等新兴领域，合芜蚌自主创新综合试验区正在积极打造国家自主创新示范区。陕西省在电子制造业和软件业领域实现较高质量的发展主要

---

① 2016年8月，国务院印发实施《"十三五"国家科技创新规划》，提出支持北京、上海建设具有全球影响力的科技创新中心。2019年2月，国务院印发实施《粤港澳大湾区发展规划纲要》，提出将"建设国际科技创新中心"作为推进大湾区建设的一项重要工作，推进"广州—深圳—香港—澳门"科技创新走廊建设。

得益于其本地大院大所基础和凝聚形成的技术力量①。未来，广西工业发展必须紧紧抓住"创新驱动"这一核心要素，不断强化创新驱动意识，提升创新驱动能力，围绕产业链配置创新链，围绕创新链配置资源链，围绕工业中高端发展，组织实施一批重大科技专项，努力突破一批核心关键技术，开展以智能制造为主攻方向的新一轮企业技术改造。加快制定新兴产业集群技术创新路线图，加大企业研发中心和独立研发机构建设，引导鼓励高等院校和科研院所加大新兴产业领域技术研发力度，大力推动"大众创业、万众创新"，构建起企业、高校、科研院所、创客多元创新体系。

（三）推动工业科技创新的路径

一是建设适合工业高质量发展的研发创新平台。围绕汽车、机械、铝、冶金等传统优势产业和新一代信息技术、新材料、新能源汽车、生物医药等战略性新兴产业，建设一批国家工程（技术）研究中心、国家工程实验室等，打造跨领域、协同化、网络化创新平台。加快建立健全技术开发、知识产权、信息化应用、工业设计、检验检测等公共技术服务平台。探索建立军民融合股权合作机制，建设一批军民融合发展示范基地和公共服务平台，打通"军转民""民参军"双向通道。要着力推进和引进一批国内知名工科院校和科研院所在南宁、桂林创建研发平台或产业化转化机构，加快提升工业高质量协同创新发展能力。

二是强化企业创新主体地位。突出企业创新主体责任，加快打造科技创新工业企业。支持企业承担各级科研项目，鼓励企业开展技术创新、商业模式创新和管理模式创新，与高等院校和科研机构开展关键技术、共性技术攻关，共建创新载体。提升原始创新能力，推广以企业为主导的委托研发、组建联合实验室、技术转让、技术入股等多种合作模式，鼓励引导企业参与技术标准制定，开展技术并购和集成应用。鼓励企业与高校、科研院所、服务机构共建研发中心、实验室、中试基地、创新联盟等科技创新载体，推动人才、资金、设备等创新要素向企业集聚。鼓励企业积极对接科研院所，建立科技成果专业化基地。引导创新资源向企业集聚，提升企业集成创新和引进消化吸收再创新能力，培育发展技术创新示范企业。依托科研院所和骨干企业，建设重点实验室、企业技术中心、研发中心等，打造跨领域、协同化、网络化创新平台。完善技术转移和产业化服务体系，提升创新成果转化能力。

---

① 截至 2017 年底，陕西各类科研机构达到 1176 家、各类高等院校 116 所、国家级重点实验室 22 个、国家级企业技术中心 23 个、国家级工程技术研究中心 7 个、国家重点实验室 5 个。

三是开展共性关键关联技术和拥有自主知识产权核心技术攻关。打通产学研用利益共享通道，加快科研成果转化和产业化。努力突破一批重大关键技术，创建一批核心技术标准，促进关键技术突破和产品化发展。运用高新技术和先进适用技术改造提升食品、汽车、机械、冶金、石化等传统优势产业，深化信息技术集成和机器换人应用，推动制造业向智能化转变，形成核心优势产品。以标志性的关键基础工艺、关键基础材料及核心基础零部件为突破口，在智能制造、稀土功能性材料、石墨烯、高端装备、民族医药、汽车整车可靠性、数控加工装备及控制系统、高可靠性智能控制、数模同传、工业通信网络安全等领域实现共性关键技术突破。引导企业加强核心技术开发，加快研究开发一批具有自主知识产权、自有知名品牌、较高附加值和市场竞争力的工业新产品，加快由产业链低端向产业链高端提升。

四是推进工业专利倍增计划。为大力加强以发明创造为重点的自主创新，有效促进专利成果转化，要继续组织实施专利倍增计划，大力推进创新驱动发展战略，推动"大众创业、万众创新"。第一，优化企业发明专利倍增工程。要继续做好工业园区与知识产权优势企业发明专利倍增工作，强化企业发明创造主体地位，推动高新技术企业、知识产权试点企业、优势企业建立健全发明专利工作管理体系，提升工业园区和企业发明创造原动力。优化人才评价机制、加大奖励激励力度，以推动研发中心、工程技术研究中心、企业技术中心等创新平台的发明创造为重点，围绕产业共性关键技术攻关，着力追求研发成果，大量申请发明专利。第二，强化院所发明专利倍增工程。以增量提质、提升发明创造水平为导向，支持高等院校、科研院所建立知识产权转移转化机构，发挥高等院校、科研院所的研发优势，大力开展高校院所发明专利倍增工程、社会团体及个人专利优质增长工程，实现技术突破，为科研项目的专利转化及产业化提供支持，促进知识产权与产业深度融合。第三，全面开展发明专利质量提升行动。支持企业建立专利库，促进企业专利申请量、授权量大幅提升。抓好发明专利创新源头。深化企业专利挖掘，强化专利代理机构服务指导，对专利申请进行新颖性和创造性分析，从源头上提升专利技术含量和市场价值，努力形成一批高价值的核心技术专利。加强专利代理机构服务平台建设，引进专利代理服务机构，为企业提供创新平台软环境。

五是建立高效的科技成果转化体系。加大基础研究投入，健全鼓励支持基础研究、原始创新的体制机制。推动科技创新体制改革，加大科技成果转化激励，完善利益分配机制，确保科研成果转移转化收益用于科技人员、研发团队及为科技成果转移转化做出重要贡献的其他人员现金和股权奖励的比例可达 70% ~ 99%。强化创新成果与产业对接、创新项目与现实生产力对接、研发人员创新劳动与其利益收入对接，打通科技成果转化"最后一公里"。建立科研成果与企业科技需求对接机制，定期发布企业技术需求目录和高校、科研院所可供转化科技成果目录。完善科工联席会议制度，坚持定期召开科工联席会议，围绕制约重点产业发展的关键共性技术问题，每年选择 3~4 个重点领域开展联合技术攻关。

二、工业开放合作：现状条件和路径研究

（一）工业开放合作的现状基础

一是工业开放主体作用不明显。近年来，广西工业开放合作取得明显成效，进出口贸易额不断增加，以东盟为重点，与"一带一路"沿线国家合作进一步加强，实际利用外资额增长快速，跨境合作园区、海关特殊监管区等开放载体不断完善，但与发达地区相比，广西工业开放合作水平较低，缺少具有国际影响力的品牌产品、企业。2017 年，广西制造业利用外资企业数为 38 家，占全区利用外资企业数比重为 20.77%；合同利用外资额 78801 万美元，占全区合同利用外资额比重为 15.17%，较 2016 年增加 17.58%；实际利用外资额 58382 万美元，占全区实际利用外资额的 70.96%，增长 43.23%。机电产品出口 793.93 亿元，增长 31.8%，高新技术产品出口 315.33 亿元，增长 40.6%。

二是工业利用外资水平仍然偏低。近年来，广西利用外资水平有所提高，但工业利用外资水平仍然偏低。2018 年，广西外商投资和港澳台商投资工业企业中的企业单位数为 436 个，占全国比重为 0.93%，在全国排第 17 位；资产总计为 3201.9 亿元，占全国比重为 1.43%；主营业务收入为 3935.4 亿元，占全国比重为 1.61%；利润总额为 268.6 亿元，占全国比重为 1.60%；平均用工人数为22.1 万人，占全国比重为 1.17%。

表 8-3　2018 年全国外商投资和港澳台商投资工业企业情况

地　区	企业单位数 （个）	资产总计 （亿元）	主营业务 收入（亿元）	利润总额	平均用工人数 （万人）
全　国	47736	224353.2	244478.0	16775.5	1887.0
北　京	719	9753.0	8876.4	743.7	29.3
天　津	1221	5990.6	7283.4	419.2	42.6

续表

地 区	企业单位数 （个）	资产总计 （亿元）	主营业务 收入（亿元）	利润总额 （亿元）	平均用工人数 （万人）
河 北	719	5478.4	5231.1	432.6	32.2
山 西	143	2521.3	1646.3	138.9	14.5
内蒙古	130	2666.7	1187.6	135.9	5.5
辽 宁	1228	8528.5	7687.9	689.0	41.5
吉 林	307	1703.5	1767.6	137.5	10.2
黑龙江	177	1744.1	1315.9	120.3	8.2
上 海	3397	18949.8	24118.2	1920.3	110.5
江 苏	9578	41846.2	46701.9	3151.3	347.9
浙 江	4920	16741.9	15594.8	1177.0	133.3
安 徽	777	4266.5	4571.2	262.8	27.1
福 建	3548	11470.7	16558.0	1231.3	140.4
江 西	744	2965.1	3474.3	277.4	33.5
山 东	3355	12533.1	11951.3	773.8	97.2
河 南	511	6721.6	6136.2	209.6	42.6
湖 北	814	6366.7	7473.9	567.8	39.5
湖 南	548	3123.4	2959.3	158.4	37.0
广 东	12708	42820.3	51424.0	3107.8	588.9
广 西	436	3201.9	3935.4	268.6	22.1
海 南	66	876.4	833.3	73.9	1.8
重 庆	414	3917.4	5052.7	134.7	26.5
四 川	576	5087.4	5261.2	303.5	30.2
贵 州	110	580.1	430.8	30.0	3.3
云 南	168	812.1	580.0	33.2	5.1
西 藏	5	28.3	8.1	3.0	
陕 西	216	2075.0	1535.2	184.3	10.1
甘 肃	51	402.4	258.6	2.0	1.2
青 海	24	203.8	80.3	2.0	0.5
宁 夏	45	587.2	301.3	56.2	2.2
新 疆	81	389.9	241.8	29.6	2.0

资料来源：《中国统计年鉴》（2019）。

（二）推动高质量开放合作经验

近年来，重庆、四川、浙江、贵州、江苏等省份围绕开放合作助推工业高质量发展，开展了大量的实践探索，取得了明显成效。其中，重庆市主要通过跨国铁路贸易通道的建设，降低地方工业产品的运输成本，从而助推工业产品出口；四川省和贵州省则主要通过展会展销的形式，扩大产品的市场影响力；浙江省侧重于企业销售渠道的共享和海外销售基地的开发建设。

表 8 - 4　外省市推动工业高质量开放合作的主要做法

省份	主要做法
重庆	重庆市创造性开通全长 11179 公里的物流大通道"渝新欧"班列，依托"渝新欧"班列，重庆的产品发往欧洲的时间只有海运的 1/3、成本只有空运的 1/5，极大地降低了通达欧洲的物流成本，成为重庆嵌入全球产业链的便捷通道
四川	举办一系列高规格、有影响的重大投资促进活动和国际性论坛展会
浙江	以"一带一路"沿线国家主要节点城市和港口为重点，推动浙江中小企业抱团合作、产业集聚，引导企业新建一批境外经贸合作区，探索建设境外科技研发型园区
贵州	全方位扩大开放，与长江经济带各省市实现通关一体化，举办生态文明贵阳国际论坛、中国—东盟教育交流周、数博会等重大开放活动，着力建设内陆开放型经济试验区

（三）推动工业开放合作的路径

一是着力优化工业营商环境，实施产业链精准招商。全力优化工业营商环境，深入推进"放管服"改革。建立重大工业项目招商引资和项目推进"一把手亲自抓、负总责"的工作机制，强化工业主管部门的招商职能。围绕"强龙头、补链条、聚集群"，坚持精准招商、以商招商、产业链招商，突出引进产业配套能力强、关联带动效应好、聚集引领作用显著的大项目好项目，引进一批行业龙头项目、优质项目，引进一批世界领先、国内一流、行业顶尖的企业，建设面向东盟的区域性总部和研发中心、后台运营中心。鼓励有条件的地方探索重资产招商，吸引龙头企业轻资产"拎包入住"。支持各地利用产业扶持资金、直接股权投资资金和各类基金，与重大招商项目开展股本合作、联合建设。

二是借"道"（即西部陆海新通道）聚力，打通南向、北联，融入"一带一路"建设。加强与西部陆海新通道沿线地区和国家在交通、信息、港口、园区、内陆无水港等领域的合作，完善广西北部湾港仓储、中转、分拨等物流功能，构建多式联运体系，提升港口服务能力和铁海联运水平，提高通关效率，提升北部湾港陆海联运和国际中转能力，打造成为连接中国与东盟时间最短、服务最好、价格最优的陆海通道。发挥"道"竞争优势，打造高品质陆海联动经济走廊。依托广西北部湾港和中国—东盟信息港，发展通道经济，积极推进临港工业、国际贸易发展，加快建设中新等沿线国家和区域国际数据通道、广西防城港市东湾物流园区、广西凭祥综合保税区物流园和南宁临空经济区。发挥中国—东盟博览会合作平台功能，加强与东南亚等国家合作，加快建设中马、中印尼等国际合作园区和东兴边境经济合作区、凭祥边境经济合作区等跨境经济合作区。推进与川、渝、黔、陕、甘等地在产业、科教、军工领域的深度合作，谋划建设重大产业项目。共建跨省工业园区和"飞地经济"园区。全面落实 RECP 协议，吸引一批在东南亚发展的中资企业回广西布局。

三是借"湾"赶超，全面融入粤港澳大湾区建设。粤港澳大湾区已进入后工业化阶段，成为世界级重要制造业基地和创新型制造业基地①。紧抓广东与广西对口产业转移契机，建立与粤港澳大湾区良好的分工协作关系，加快成立广西工业东融指挥部、与大湾区关键部门常态化联动机制、与大湾区重大项目和产业对接机制，探索设立"广西与粤港澳工业合作委员会"，发挥梧州、贵港、玉林、贺州等东融主阵地作用，突出南宁、柳州、桂林等核心城市带动作用，强化"小湾"（即北部湾经济区）融"大湾"（即粤港澳大湾区），与广东建立对口承接产业转移机制和产业基地，申报创建国家级产业承接转移示范区②，加快建设一批专业性、特色性园区，积极承接电子信息、汽车、石化、机械、医药、食品、新材料、新能源、轻工业八大产业。规模化引进大湾区先进生产要素，聚焦关键领域，突出合作重点，借"湾"赶超。引导基础较好、高成长性企业与大湾区企业共建区域产业链、创新链，打造大湾区科技成果转移转化重要承接示范区。精准对接大湾区产业布局，探索与粤港澳大湾区共建加工贸易产业园区、合

---

① 当前，粤港澳大湾区正处于从工业经济向服务经济、创新经济的转型过程中，工业规模和活力持续提升，2018 年港澳大湾区人均 GDP 约达15.3 万亿元，三次产业结构约为 1∶30∶69，城镇化率达到85% 左右。2018 年，粤港澳大湾区工业增加值达 3.2 万亿元，占大湾区 GDP 的31%，占我国工业增加值的11.3%。深圳工业发展一枝独秀，2018 年工业增加值突破9000 亿元；广州和佛山 2017 年工业增加值均超过 5000 亿元。

② 创建国家级产业承接转移示范区。充分重视中美贸易摩擦长期性对广西承接产业转移和招商引资的影响，深化与东部沿海发达地区特别是广东省的合作，建立广东产业转移企业动态目录。发挥国内成熟产业链配套优势和广西区位、交通优势，积极争取国家支持，在桂东国家级产业承接转移示范区基础上，申报创建国家产业承接转移示范区，进一步扩大到全区，在进出口关税等方面给予特殊支持，避免东部地区特别是珠三角地区企业越过广西，加速向越南、印度等国家转移。

作试验区，加快建设 CEPA 先行先试示范基地，承接补链型、提升型产业转移项目。围绕以铝铜为主的有色金属、钢铁、建材、新材料（碳酸钙）、林板材、果蔬加工六大产业，不断开拓大湾区市场。大力发展珠江—西江经济带和粤桂黔高铁经济带，探索建立对口城市合作机制，探索税收共享、互利共赢合作模式，鼓励南宁与广州和深圳、柳州与佛山和惠州、桂林与东莞和深圳建立对口城市合作机制。

四是大力推动企业"走出去"，加强国际产能合作。当前，要以"优进优出"为方向，充分发挥广西打造"一带一路"有机衔接的重要门户的区位优势，积极推动国际产能和装备制造合作，把广西打造成为中国—东盟自贸区升级版的重要动力源。坚持把龙头企业培育成为具有国际竞争力的本土跨国企业，积极引导鼓励和支持服务龙头企业开拓海外市场，引导优势企业借船出海。积极推动汽车及零部件、农业机械、工程机械、轨道交通装备、钢材、有色金属、食品工业、制糖、医药、建材等优势产业"走出去"。坚持"引进来"和"走出去"相结合，将重点产业园区建设成为开放合作的新高地，以中外合作园区为主体打造国际产能合作"走出去"的重要平台。紧抓国家海洋局第四海洋研究所落户广西和北海海洋产业科技园区建设，打造海洋经济"走出去"基地和向海经济发展战略平台。

五是提升工业园区开放发展水平。加快推进国家级经济技术开发区、高新技术开发区改革升级，着力提升国家级高新技术开发区技术创新能力，加强国际科技合作，集群式承接国外高新技术转移，打造广西现代产业体系先导区、国际技术合作示范区。培育发展一批自治区级经济技术开发区，建立健全开发区晋档升位、优胜劣汰的考核机制，加大利用外资和外向型经济指标在考核体系中的比重，形成梯次推进、持续发展的开发区体系。推动园区特色化和集聚化发展，深化园区管理体制改革，实行"大园带小园""园区＋基地"等模式，支持有条件的地区与贫困地区开展工业"飞地经济"合作，实行产值、税收等分成，助力贫困地区产业发展，建立工业园区分级管理考核评价体系。

六是深化企业改革，大力发展民营经济。加快推进东风柳汽、柳州五菱、玉柴集团等国有混合所有制改革，放开非公资本准入和允许退出。通过投资入股、联合投资、并购重组等方式，支持国有工业企业与央企和大型民企混合所有制改革。鼓励放开竞争性业务，对具有引领带动作用的行业企业，不设置国有股权比例限制。加快全面开展国有控股混合所有制企业员工持股试点。全面放开民营资本进入实体经济发展的行业和领域。支持民营企业参与新技术、新产品、新业态、新模式以及关键技术或关键链条创业项目的投资，向民营企业开放技术研发、检验检测、认证服务、技能培训等公共服务平台。支持民营企业用存货、设备、知识产权、金融资产等动产融资。支持民营企业"个转企、小升规、规改股、股上市"。

七是着力打造高铁工业经济带。高铁工业经济带是助推器，也是优化产业结构、助推现代产业体系建设的加速器。当前，广西高铁工业经济带已经初步形成，要依托粤桂黔高铁经济带、南广高铁经济带、湘桂高铁经济带和云桂高铁经济带建设，提早布局贵南高铁经济带，加快各类发展要素向高铁沿线中心城市、重点园区集聚，将南宁市、桂林市、柳州市、贵港市打造成为高铁经济带工业核心城市，加强与高铁沿线城市产业对接合作，推动产业优势互补、双向转移。第一，要全面实现区域产业承接转移"互联互通"。随着贵广、南广高铁的开通形成了一个横贯粤桂黔的 Y 字形快速客流通道，泛珠城市与大西南腹地的通达性大大提升，实现了珠江—西江经济带、黔中经济区和粤港澳大湾区等经济板块"互联互通"，要加强以高铁为纽带的粤桂黔区域合作，加快制造业和新兴产业发展。第二，要全面拓展区域合作空间。高铁经济带在生态环境、特色资源、发展阶段、产业基础等方面具有很强的互补性，全面拓展区域合作，有利于加快广东制造业转移，促进粤桂产业互补，对促进区域产业转型升级，加快西南中南欠发达地区发展具有重大意义。第三，探索跨区域合作新模式。要深入落实贵广、南广高铁经济带合作框架协议，探索以"一区三园"为主体的新型合作模式，主动对接粤港澳大湾区建设，以跨区域合作模式创新增添工业转型升级动力，共同提升工业主导作用。

三、工业绿色发展：现状条件和路径研究

绿色制造是生态发展的需要，也是制造向高端发展的必然选择。"中国制造2025"要求加大节能环保技术、工艺和装备的研发力度，加快制造业升级，努力构建高效、清洁、低碳、循环的绿色制造体系，要围绕制造业资源能源利用效率和清洁生产水平提升，以制造业绿色改造升级为重点。

（一）广西绿色制造的现状基础

"十二五"期间，广西工业绿色循环低碳发展成效显著，工业污染治理成效突出，但与东部发达地区相比，差距依然较大。到 2015 年，规模以上万元工业

增加值能耗累计下降33.2%，超额完成"十二五"目标任务，万元工业增加值用水量累计下降53.4%，实现结构性节能763万吨标准煤。制糖、电解铝、火电、新型干法旋窑水泥、林板等资源型行业全面推行循环经济。累计培育超过90家工业循环经济示范（先进）企业，发布全国第一个工业行业循环经济评价考核地方标准。钢铁、水泥、有色等行业脱硝装置等环保设施改造进展滞后，仅有1/3的自治区级以上工业园区建成或在建集中式污水处理设施。2016年发布《广西绿色制造体系建设工作实施方案》。总体来看，当前广西绿色制造体系构建仍然存在不小的障碍，支柱产业主要集中在能耗高、排放大的冶金、有色金属、制糖、水泥等传统行业。2018年，广西高耗能产业占规模以上工业比重近40%，高技术产业增加值仅占规模以上工业增加值的6.2%。广西在工业污染治理的投资方面，与中西部省份差距不大，但仍然落后于东部发达地区。

表8-5　2018年全国部分地区工业污染治理投资情况　　　　单位：万元

地区	工业污染治理完成投资	治理废水	治理废气	治理固体废物	治理噪声	治理其他
浙江	369011	62122	240301	434	1601	64563
广东	420272	45205	260675	314	481	113598
安徽	258955	19816	197684	4183	1828	35443
四川	126934	21085	87975	4840	555	12479
湖南	86090	14036	66139	212	610	5093
贵州	53360	13694	31706	1244	65	6651
广西	75847	9019	43792	167	—	22870

资料来源：《中国统计年鉴》（2019）。

（二）建设绿色制造体系的经验

在党的十九大报告"加快生态文明体制改革，建设美丽中国"的倡导下，全国各省市纷纷开展绿色制造体系实施行动。部分发达地区在推动传统制造业绿色改造方面的经典案例和有效举措，值得认真学习和充分借鉴。

一是政府要强化利用市场手段调控。东部发达地区市场化程度较高，政府主要推动产学研结合，创新资源管理模式，通过间接手段推动绿色制造体系的形成。而中西部省份面临着传统产业改造的难题，政府介入程度较高。广西作为西部省份，市场化程度不高，政府在初期要利用政策加强引导绿色制造的发展。二是利用信息化技术助力制造企业突破资源环境的约束。信息技术在工业生产中的深入运用将支撑工业制造的绿色化升级，构建综合考虑产品生产和使用过程资源环境影响的现代制造模式，开发出实用化、高效率的绿色制造信息化支持系统。三是实行合同能源管理，有效利用市场机制推动运行。通过建设企业能源中心、实施合同能源管理，发展排污权、碳排放权市场和发电侧交易，实现对能源资源和物资资源的调控、配置和优化，提高能源和资源的综合利用水平。

表 8 – 6　外省建设绿色制造业的主要做法

序号	名称	主要做法
1	江苏省	一是推广合同能源管理模式。允许客户使用未来的节能收益为工厂和设备升级，降低运行成本；节能服务公司以承诺节能项目的节能效益或承包整体能源费用的方式，为客户提供节能服务。二是组建先进催化与绿色制造协同创新中心。推动产学研深度融合，有效破除体制机制障碍，优化资源整合，推进绿色制造技术创新，提高技术成果产业化水平
2	浙江省	一是首创排污权抵押贷款模式。2010 年，浙江省环保厅出台了《浙江省排污权抵押贷款暂行规定》，创新推出以政府回购方式作为排污权抵押贷款的抵押物处置渠道，创新小微企业绿色节能贷款模式。二是推进绿色金融改革创新试验区建设。探索金融支持传统产业绿色改造有效途径和方式
3	湖南省	一是政策扶持，奖励引导。以政策支持促生态园建设发展，长沙经开区管委会参照相关标准制定落实奖励政策，鼓励企业集聚发展，形成绿色制造的产业集群。二是环境监控，重点治污。长沙经开区率先在全省工业园区中建设了环境在线监控系统。该系统将重点污染源、饮用水水源水质、地表水水质、空气质量自动在线监控系统和环境信息管理系统五大系统有机结合

（三）建设绿色制造体系的路径

一是深入推进产业结构调整，构建绿色工业体系。采用现代生物技术、生态技术、节能技术、节水技术、再循环技术和信息技术等，推动传统优势绿色发展。引导园区建设分布式能源、智能微电网。推行企业循环式生产、园区循环式发展、产业循环式组合。建立反映资源稀缺和环境成本的资源型价格形成机制，形成和优化节能减排交易制度、排污权交易制度、碳排放权交易制度，形成与污染物排放总量挂钩的生态奖惩与企业退出机制。建立绿色规范信用信息共享平台，加大执法监察力度，协同相关行业，建立部门间信用信息共享机制。实施生产过程清洁化改造，开展高耗能设备系统节能改造。落实能效标识制度和节能低碳产品认证制度，打造绿色低碳产品知名品牌。

二是加快构建绿色制造业体系。鼓励发展低碳工业产业，建立工业产品中节能低碳产品的标识和认证制度。推进节能减排、清洁生产、产品绿色化、企业绿色化、制造过程绿色化和循环经济发展，全面建设绿色低碳循环发展经济体系。在重点行业和重点领域推行产品生态设计，培育一批生态设计示范工厂和生态设计（绿色）产品。推动产业园区生态化改造，发展主导产业链型生态产业园区，布局建设一批绿色循环型工业园区。建立绿色产品、绿色工厂、绿色园区评价机制，制定分行业、分领域绿色评价指标和评估方法，持续开展绿色评价。

三是协同多方力量，形成政产学研用相结合的体制机制。建立关注绿色制造领域的综合性平台组织，开展绿色制造业"政产学研用"，搭建跨界联动的信息共享及服务平台；牵头搭建绿色制造技术平台，加强生物、材料、能源、资源等方面的跨专业合作。完善工业绿色发展标准体系，建立绿色制造第三方评价机制。加强舆论宣传引导，强化企业绿色发展理念。强化企业节能环保执法监管，严厉打击污染环境行为。

四是鼓励金融机构创新产品，加大对绿色制造资金支持。探索开展用能权、用水权、排污权等交易试点。创新能效贷款、排污权、碳排放权抵质押贷款等产品。鼓励金融机构建立支持工业绿色发展的信贷机制。建立企业绿色发展水平与企业信用等级评定联动机制。引导国内外各类金融机构参与绿色制造体系建设，鼓励金融机构为企业绿色转型和低碳改造提供适用的金融信贷产品。加大对资质好、管理规范的中小企业信用担保支持力度，鼓励银行、担保机构等为中小企业绿色创新与低碳转型提供担保服务和信贷支持。

五是启动政府绿色采购工程，引导绿色消费行为。将绿色标识作为制定绿色采购产品目录和指南的基础依据，分行业、分产品制定并发布绿色采购标准和清单。开展多层次、多形式的宣传教育，引导企业将绿色营销与产品战略相结合，实施因地制宜的政策扶持，激励符合绿色发展要求的新兴产业集聚。将企业"绿色基因"纳入考核标准，实施政府绿色采购工程。明确行业标准和认证体系，统一绿色标准管理。

六是强化落后产能整治淘汰。加快提升工业发展质量和效益，按照节能降耗、淘汰落后产能的工作部署，以淘汰钢铁、铁合金、电解铝、铅冶炼、钒冶炼、水泥、煤炭、皮革加工、平板玻璃、造纸、酒精等高耗能重污染的行业。依法加强工业企业污染减排监管，对违法排污企业实行"一票否决"制，不断加强环境保护综合能力建设。优化落后产能的市场退出机制。充分发挥市场机制在资源配置中的决定性作用，加快建立完善落后产能的标准体系，探索完善长效工作机制，逐步健全差别化机制，切实促进节能与淘汰落后产能。完善对落后产能的监管机制。强化安全、环保、能耗、质量、土地等指标约束作用，完善落后产能的界定标准，严格市场准入条件，防止新增落后产能。

七是加强节能环保综合控制。鼓励企业应用工业互联网、物联网、大数据、云计算等数字化技术手段。在冶金、化工等重点行业，引导企业加强研发设计、试验验证、检验检测等环节的技术产品应用。建立标准化制度机制。研究确定高耗能产品和终端用能产品的能效先进水平，制定能效标准，明确实施时限，将能效标准与新上项目能评审查、节能产品推广应用相结合，推动企业技术进步，加快标准的更新换代，促进能效水平快速提升。加快推行合同能源管理。落实财政、税收和金融等扶持政策，引导专业化节能服务公司采用合同能源管理方式为用能单位实施节能改造。

四、工业两化融合：现状条件和路径研究

（一）工业两化融合的现状基础

近年来，广西两化融合发展水平明显提升，两化融合工业应用效益上升趋势明显，信息化与制造业融合步伐加快，信息化基础建设水平稳步提升。设立工业和信息化发展专项资金、两化融合和工业控制系统信息安全防护试点示范与贯标企业补助、广西创新驱动发展专项资金等。建成国内首个两化融合公共服务平台，东风柳汽、柳工、糖网、三金、立白等16家试点企业获批两化融合管理体系试点，桂林和柳州成为国家级两化融合试验区。但总体来看，广西两化融合发展仍与中西部先进地区存在一定的差距，落后于东部发达地区。

2015年，广西信息化与工业化融合总指数为72.61，位列西部第3位。两化融合工业应用指数为76.12，排在西部第一位，已连续3年排在西部前两位。信息技术的广泛应用正在加速广西新技术、新产业、新业态、新模式的形成。2017年广西两化融合总体发展水平从2016年前的第四梯队进入了第三梯队。柳州市和桂林市建设国家级两化融合试验区成效明显。数字经济相关领域取得了快速发展。电子信息制造业形成了北海市以计算机为主，南宁市以应用电子为主，桂林市以通信、光伏产品为主的产业发展格局；2017年全区软件和信息技术服务收入145.05亿元，同比增长9.83%；云计算、移动互联网、工业软件、行业解决

方案、北斗导航、信息安全服务等成为产业新的增长点，全区技术创新能力持续提升。

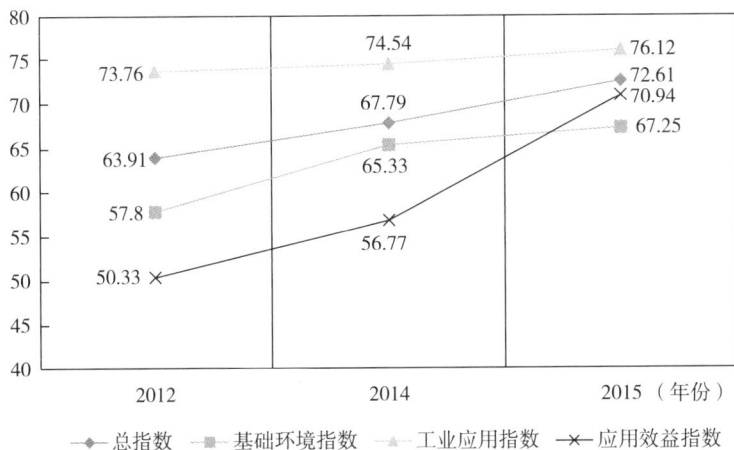

图 8-1　广西两化融合指数（2012～2015 年）

资料来源：中国电子信息产业发展研究院。

表 8-7　各省份两化融合指数（2015 年）

省份	基础环境指数	工业应用指数	应用效益指数	总指数
广东	94.94	82.40	135.62	98.84
浙江	91.64	94.04	112.88	98.15
安徽	70.06	88.22	92.04	84.64
湖南	76.91	81.41	89.12	82.22
四川	76.70	66.09	104.37	78.31
贵州	72.82	67.11	59.8	66.71
广西	67.25	76.12	70.94	72.61
全国均值	75.38	66.04	83.25	72.68

资料来源：中国电子信息产业发展研究院，《2015 年度中国信息化与工业化融合发展水平评估报告》。

一是两化融合基础环境薄弱，网络普及率不高，信息化服务平台建设滞后。区内网络基础设施稳步升级，宽带网络已经覆盖全区各地市，全光网建设加速推进，两化融合基础设施体系逐步健全，但宽带网络及移动电话普及率仍低于全国平均水平。中小企业信息化服务平台建设滞后，与全国平均水平相比差距非常大。

表 8 - 8 两化融合发展水平基础环境类指标（2015 年）

省份	城（省）域网出口带宽指数	固定宽带普及率指数	固定宽带端口平均速率指数	移动电话普及率指数	互联网普及率指数	两合专项引导资金指数	中小企业信息化服务平台数指数	重点行业典型企业信息化专项规划指数	基础环境指数
广东	141.05	90.37	82.31	83.53	80.61	100	150	78.36	94.94
浙江	99.28	97.71	79.96	81.28	76.53	100	131.22	85.39	91.64
湖南	63.97	62.4	86.32	53.45	55.52	100	135.94	73.42	76.91
四川	98.44	62.4	111.16	59.06	54.21	100	93.72	63.5	76.7
贵州	46.73	54.37	78.32	59.5	51.71	100	150	49.39	72.82
安徽	68.37	54.37	86.32	53.07	53.8	100	81.22	83.02	70.06
广西	67.21	66.1	72.82	55.92	56.12	100	61.12	75.62	67.25
全国均值	65.82	72.51	82.18	65.56	63.97	—	108.35	60.85	75.38

资料来源：中国电子信息产业发展研究院。

二是宽带互联网在工业中的应用普及率低，工业互联网建设有待完善。广西相继出台《广西积极推进"互联网+"行动的实施方案》《广西深化制造业与互联网融合发展实施方案》等文件。以 2015 年为例，广西互联网普及率指数是 56.12，比全国平均水平低 7.85 个百分点，与浙江、广东等东部发达地区差距在 25% 以上。2018 年，广西企业数量远低于中部先进地区和东部发达地区，区内企业拥有的网站总数不及贵州省的 50%。

表 8 - 9 2018 年全国及部分地区企业信息化及电子商务情况

地区	企业数（个）	期末使用计算机数（台）	每百人使用计算机数(台)	企业拥有网站数（个）	每百家企业拥有网站数（个）	有电子商务交易活动		电子商务销售额（亿元）	电子商务采购额（亿元）
						企业数（个）	比重（%）		
全国	985463	50380625	29	527843	54	99035	10.0	152424.5	85597.8
浙江	88443	4055446	24	46586	53	10558	11.9	8846.5	2648.9
广东	124606	8459520	37	74939	60	12158	9.8	27829.9	17104.6
安徽	39818	1383775	23	24875	62	4704	11.8	4864.4	2103.2
四川	39274	1898955	24	21220	54	4501	11.5	4219.2	2463.9
湖南	38803	1267433	22	19863	51	3988	10.3	3127.5	2581.3
贵州	16293	508564	26	7093	44	1576	9.7	1612.1	616.3
广西	17285	721030	24	4101	24	1530	8.9	1168.2	815.8

资料来源：《中国统计年鉴》（2019）。

　　三是工业信息系统集成互通水平逐步增长。2015 年广西重点行业典型企业 ERP、MES① 等信息系统普及率指数分别为 69.12 和 89.13，超过全国平均水平，其中 MES 普及率比全国平均水平高出约 28%。跨企业跨平台的 SCM、PLM② 等以综合集成、互联互通为特征的信息系统普及率指标均高于全国，其中 SCM 普及率指数高出全国 32%。这表明广西工业企业信息化已从单项业务信息技术应用向多业务多技术综合集成转变，从内部信息系统集成向跨企业互联互通转变，从单一企业信息技术应用向产业链上下游协同应用转变，并积极拓展工业云、工业大数据等新型商业模式和产业形态，表现出网络化、虚拟化和协同化等新特点，融合信息网络和生产设施的信息物理系统（CPS）开始形成，发展智能制造的基础条件不断改善。

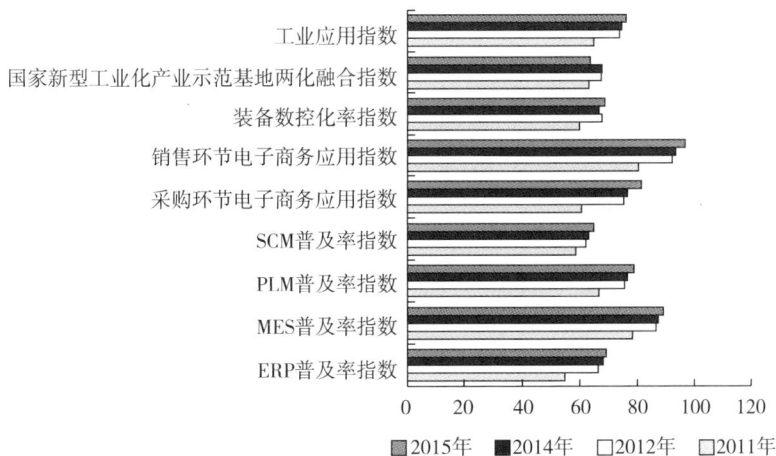

图 8-2　广西重点行业典型企业两化融合发展工业应用评估

资料来源：中国电子信息产业发展研究院。

（二）推进两化融合的主要经验

　　以新一代信息技术与制造业融合为核心的智能制造体系，已成为先进制造业

---

　　① ERP：即企业资源计划（Enterprise Resource Planning），在我国泛指企业各类软件，代表从供应链范围去优化企业的资源，是基于网络经济时代的新一代信息系统。例如，财务、中长期计划、生产管理（非制造管理）、产品种类、数量、金额管理。MES：制造企业生产过程执行管理系统，是一套面向制造企业车间执行层的生产信息化管理系统。

　　② SCM：软件配置管理，指通过执行版本控制、变更控制的规程，以及使用合适的配置管理软件，来保证所有配置项的完整性和可跟踪性。PLM：产品生命周期管理。

高质量发展的必然选择。2015 年多数省份信息化与工业化融合的发展水平有不同程度的提升，其中广东、湖北、云南、山东、浙江发展最快，天津、贵州、黑龙江、四川、甘肃、安徽、河北、北京、福建增速超过全国平均水平①。广西应借鉴这些地区的先进经验，将打造高端智能制造体系作为工业高质量发展的着力点，着力提升工业智能发展动力。

表 8－10 外省信息化与工业融合发展的主要做法

序号	名称	主要做法
1	浙江省	一是推进两化深度融合国家示范区建设。实施两化深度融合十大专项计划，大力推进机器换人、机器联网、数字工厂等项目建设。二是深化企业"两化"融合登高计划，联动推进"互联网＋""机器人＋""大数据＋"在传统制造业的融合应用，实施智能制造试点示范"十百千"工程。2017 年与智能制造密切相关的重点工业企业 MES 普及率达到了 60% 以上，数字化研发设计是智能制造的基础，浙江省企业数字化研发设计工具普及率已超过 93%。三是大力发展 C2M 个性化定制、网络协同制造、服务型制造、制造业"双创"平台等基于互联网的制造业新模式。四是推动"企业上云"。出台了《浙江省"企业上云"行动计划》，全省重点企业上云比率为 54.53%
2	广东省	一是实施信息化与工业化融合"牵手工程"。组织省内优秀的软件和信息服务企业，面向传统产业开展宣传推广和合作对接活动。二是加大政策资金扶持力度。对省级两化融合贯标试点企业进行专项补助，将国家两化融合贯标评定纳入广东省智能制造示范项目、互联网与工业融合创新试点、"互联网＋"试点评价指标。三是率先成立中国两化融合服务联盟广东省分联盟。整合广东乃至全国的产学研用资源，聚合各方优势，为政府、企业提供技术、标准、方案、产品、成果转化等专业化服务，提升广东两化融合质量水平。四是多渠道加强培训宣传。组织省内各地市经信部门、全国企业代表、贯标咨询服务机构等 2000 余人次参与委托广东工业大学举办的 10 期培训班，联合中国两化融合服务联盟举办广东站专题培训
3	安徽省	一是推进两化融合贯标工作，处于全国领先水平。2017 年安徽省两化融合贯标评定工作总体进展位居全国第三，全省共有 77 家企业通过评定，数量位居全国第四、中部第一。二是在重点企业优势领域推进两化融合。出台《安徽省信息化和工业化深度融合专项行动计划实施方案（2013～2017 年）》，实施"八项行动"，推进"两化深度融合"在行业、企业、区域分别实现关键性突破

① 中国电子信息产业发展研究院.2015 年度中国信息化与工业化融合发展水平评估报告［R］.2016.

对广西的借鉴与启示：一是以智能制造作为两化深度融合突破口。利用先进信息技术，改造传统制造产业、培育新型智能制造业。不断推进智能制造重大项目试点工程，培育智能制造生产模式。选择基础较好、需求迫切的制造行业，开展智能工厂及智能制造的应用示范项目，在重点智能制造示范行业推广自动控制系统。二是紧抓融合标准管理体系构建。政府制定研发、应用工业大数据、工业云服务等先进技术研发的专项指导意见，选取骨干制造企业开展试点示范。着力深化两化融合行政审批制度改革。引导企业贯彻两化融合管理体系的国家标准。三是强化工业互联网基础设施建设。加快高速、宽带、移动、融合、泛在的信息网络基础设施建设，全面进行 TD - LTE 网络建设、4G 业务推广，积极布局 5G 网络，落实中国 LTEv6 工程，提升 TD - LTE 智能终端的产业化和普及率，支持云计算、大数据等业务发展，基于供应链管理构建工业企业的电子商务应用系统，推进工业全流程电子商务的转型升级。四是建立完善制造业"产学研用"协同创新网络，构建以网络化为核心的制造业创新中心。

（三）推进工业两化融合的路径

结合产业条件，制定专项发展策略，把智能制造作为深化企业"两化"融合的主攻方向，推进"互联网＋""机器人＋""标准化＋""大数据＋"在传统制造业领域的应用，不断提高制造业数字化、网络化和智能化发展水平。

1. 以智能制造为重点，推广应用信息化技术

提升重点领域智能化水平是广西工业高质量发展的关键问题。当前，要加快推动工业产品、装备、工艺、管理、服务的智能化进程。一是推进网络创新平台智能化建设。围绕机械、汽车、电子等重点制造领域的关键环节，实施"机器换人、设备换芯、生产换线"工程，加快研究、开发、推广、应用新一代智能制造技术，培育发展基于工业互联网的智能制造新模式，建设智能生产线、智能车间和智能工厂，推进产业园区智慧化建设。加快推进自动识别、信息物理融合系统（CPS）、人机智能交互、分布式控制、智能物流管理等先进制造技术的普及，探索建立跨领域、协同化、网络化创新平台。大规模推广和全面应用数字化、网络化等信息化技术。鼓励制造企业充分运用成熟的先进技术，实现向更高的智能制造水平迈进。二是加快推进实施产品装备智能化工程。在南宁、柳州、桂林发展高档数控机床、工业机器人、智能生产线、无人机、检测仪器等智能装备。积极构建信息物理系统参考模型和综合技术标准体系，建设测试验证平台和综合验证试验床，支持开展兼容适配、互联互通和互操作测试验证。三是提高工业企业智能化服务水平。面向生产制造全过程、全产业链、产品全生命周期，实施智能制

造等重大工程，支持企业深化质量管理与互联网的融合，推动在线计量、在线检测等全产业链质量控制，大力发展网络化协同制造等新生产模式。支持企业利用互联网采集并对接用户个性化需求，开展基于个性化产品的研发、生产、服务和商业模式创新，促进供给与需求精准匹配，提高工业企业服务的智能化水平。四是推动发展模式创新。推进生产模式创新，以智能制造、网络制造、绿色制造、服务型制造等为核心，推进流程制造关键工序智能化，加快实现工业机器人、增材制造等先进制造技术在生产过程中的应用。推进商业模式创新，理清企业资源开发、研发模式、制造方式、营销体系、流通体系等各个环节，整合企业各项要素，形成高效率的具有独特核心竞争力的运行系统，通过"制造＋服务"等新商业模式，加快企业从生产型制造向服务型制造转变。

2. 深化互联网与工业融合发展

一是全面实施"互联网＋工业"行动。加快新一代信息技术与传统工业的深度融合，不断促进生产型制造向服务型制造转变。引导广西中小企业树立互联网思维和理念，制定企业"互联网＋"发展规划，把互联网的创新成果与企业发展深度融合，推动企业技术进步、管理创新、效率提升和组织变革，提升企业的核心竞争力。推动产品服务互联网化，调动用户的积极性。推动市场营销互联网化，创造条件实施以移动、社交、大数据为依托的精准营销，用互联网技术发现需求，降低营销成本。利用信息化手段优化企业管理流程，打造企业一体化信息应用平台，夯实管理基础，提升企业经营管理水平。二是支持各类园区建设两化融合公共服务平台。大力培育一批两化融合转型升级示范企业及试点企业，积极开展工业云和工业大数据试点示范建设，推动重点行业两化深度融合，推进制造业重点行业骨干企业互联网"双创"平台普及，推广工业云应用，缩短新产品研发周期、提高库存周转率和能源利用率。三是加强与重点企业的交流合作。重点支持南宁、柳州、桂林、梧州、钦州等市与阿里巴巴、华为、中兴、浪潮等知名企业合作，开展工业大数据、云计算等新一代信息技术应用示范项目建设，推动制造业革新，引导制造企业不断增强自动化、数字化、智能化应用能力，参与构筑自动控制与感知、工业云与智能服务平台、工业互联网等新技术实践。四是提升融合发展系统解决方案能力。实施融合发展系统解决方案能力提升工程，推动工业产品互联互通的标识解析、数据交换、通信协议等技术攻关和标准研制，面向重点行业智能制造单元、智能生产线、智能车间、智能工厂建设，培育一批系统解决方案供应商，组织开展行业系统解决方案应用试点示范，为中小企业提供标准化、专业化的系统解决方案。

3. 加快综合应用信息平台建设

重点支持建设行业信息化公共服务平台。加快物联网、云计算、大数据等新一代信息技术在汽车、装备制造、食品、糖业、有色金属等重点产业的应用，加强信息服务在企业经营管理、节能环保、安全生产等领域的支撑作用，以信息化推动工业转型升级。加强行业云服务平台建设，支持政务系统和行业信息系统向云平台迁移。建立城市级物联网接入管理与数据汇聚平台，深化物联网在城市基础设施、生产经营等环节中的应用。推动建设工业企业互联网"双创"平台。支持制造企业建设基于互联网的"双创"平台，深化工业云、大数据等技术的集成应用，汇聚众智，加快构建新型研发、生产、管理和服务模式，促进技术产品创新和经营管理优化，提升企业整体创新能力和水平。鼓励大型制造企业开放"双创"平台聚集的各类资源，加强与各类创业创新基地、众创空间合作，为全社会提供专业化服务，建立资源富集、创新活跃、高效协同的"双创"新生态。大力建设智库科研机构研究平台。深化国有企业改革和科技体制改革，推动产学研"双创"资源的深度整合和开放共享，支持制造企业联合科研院所、高等院校以及各类创新平台，加快构建支持协同研发和技术扩散的"双创"体系，不断扩大信息经济合作应用范围和领域，加快综合应用信息平台建设，推动工业产业的转型升级。

　　4. 完善信息基础设施和安全体系，夯实两化融合保障能力

　　加大政府对基础网络建设的支持。进一步推动中小企业专网降费用、提速率。完善法规、标准、标识解析等体系。全面升级信息基础设施和信息安全网络保障体系，有效配置和优化完善网络资源，加快电信网、互联网、广播电视网基础设施数字化改造升级，扎实推进"三网融合"试点，建成各地区、各种类信息网络互联互通的骨干传输网。大力发展集数据、图像、声音等多种业务于一体的数字化、宽带化、综合化接入网。以龙头企业为牵引，加快建设覆盖全区的无线数字共网平台，建成技术领先、功能齐全、覆盖全区的陆海空及各行各业现代化无线电应用、管理网络。引导企业提高网络安全防护能力，推动攻击防护、漏洞发现、安全审计、可信芯片等产品和技术研发。围绕汽车、电子、能源、航空航天等重点制造领域建设网络和平台安全保障管理与技术体系。加大关键共性技术攻关，加快工业无线、低功耗广域网等产品研发和产业化，促进人工智能、大数据等新兴前沿技术应用。

　　5. 着力培育新一代信息技术产业，积极推动"桂企上云"

　　着眼于网络拓展、网络基础设施提升和网络应用拓展及高端电子信息制造业发展，积极布局和发展下一代通信网络、物联网、三网融合、新型平板显示、高性能集成电路和高端软件、数字家庭等新一代信息技术产业。加快推进制造业与新一代信息技术产业深度融合，培育发展"互联网＋制造业"新模式、新业态。

以试点示范建设广西工业云服务平台、跨部门数据共享体系，推动规上企业实现全部上云。大力推动广西工业企业网络建设。支持有能力的企业发展大型工业云平台，实现企业内部及产业上下游、跨领域各类生产设备与信息系统的广泛互联互通，打破"信息孤岛"，促进制造资源、数据等集成共享。对接个性化、定制化需求，开展协同设计、众包众创、云制造等创新应用。

6. 依托龙头企业和产业联盟加快人才培育，推动交流合作

建立一批两化融合人才培训和实训基地，加强已认定IT人才驿站的管理和政策支持。实施两化融合专项人才战略，完善技术人才的评定标准，推进行业职业技能鉴定工作和高技能人才选拔工作。加大高端、急需人才的引进和培养力度，加大信息技术人才的培训力度。

五、产城融合发展：现状条件及路径研究

产城融合是推动新型工业化和城镇化高度关联发展的典型体现，在特定发展阶段下，推进产城融合有助于产业、城市和人口互为依托，加快功能互动融合发展，最终实现产业、城市、人口之间均衡协调及可持续发展。

（一）产城融合发展的现状基础

一是园区聚集效应逐步显现。园区经济与新型城镇化、生产性服务业、农业产业化、旅游产业等相关产业协调发展，产业结构不断优化升级。二是园区与城市融合发展加速。柳州国家高新技术产业开发区、南宁国家高新技术开发区、桂林国家高新技术产业开发区等成为国家级产城融合示范园区，与城镇发展高度融合。三是城镇化发展水平较低。2019年全区城镇化为51.09%[①]，与发达地区城镇化率水平还有一定的差距。许多县域城镇化水平较低，工业园区"孤岛式"发展现象突出，产业发展薄弱，难以形成以产兴城、以城带产、产城融合的发展

① 2019年末全国内地总人口140005万人，比上年末增加467万人，其中城镇常住人口84843万人，占总人口比重（常住人口城镇化率）为60.60%，比上年末提高1.02个百分点。户籍人口城镇化率为44.38%，比上年末提高1.01个百分点。2019年末广西全区户籍总人口5695万人，比上年末增加36万人，全区常住人口4960万人，比上年末增加34万人，其中城镇人口2534.3万人，占常住人口比重（常住人口城镇化率）为51.09%，比上年末提高0.87个百分点。户籍人口城镇化率为32.49%，比上年末提高0.77个百分点。资料来源：《2019年国民经济和社会发展统计公报》和《2019年广西壮族自治区国民经济和社会发展统计公报》。

格局。

（二）产城融合发展的经验借鉴

东部发达地区和中西部先进地区在推进产城融合发展、产业园区和城镇科学规划、功能互补、共建共享的发展格局等方面形成了较为成熟的实践经验，为推进产城融合提供了重要参考启示。

表8-11　外省产城融合发展的主要做法

主要做法
一是坚持规划引领，科学推进产城融合发展。统筹推进国民经济和社会发展规划、城乡规划、土地利用总体规划、生态环境保护规划等"多规合一"工作，统一编制产业发展、城乡建设、土地利用等规划。坚持以规划引导建设，以城市设计指导地块开发，完善城镇空间形态，合理确定产业、居住、公共服务和生态用地比例，严格土地用途管制，鼓励有条件的地方对园区产业用地、居住用地、非生产性服务设施用地实行科学配比，科学推进产城融合发展
二是要坚持夯实基础，不断完善基础设施建设。推进园区和城镇基础设施、产业发展、市场体系、基本公共服务和社会管理、生态环保一体化建设。改造和提升城镇与园区之间的连接道路，推进园区和城镇市政公用基础设施同步建设，集中建设医院、学校、文化等生活配套设施，实现园区和城镇基础设施共建共享。积极利用城镇水、电、气、热等公共资源，服务集聚区产业发展，促进企业生产生活服务社会化
三是要坚持转型升级，加快发展现代产业体系。以区域资源、资本、技术等综合生产要素禀赋为基础，集中力量打造一批专业化、特色化产业园区和现代产业基地，加快构建优势互补、层次递进、布局合理、各具特色的现代产业体系
四是要强化龙头带动作用，创新园区发展模式。发挥主导产业的龙头带动作用和关联企业的互补、配套作用，鼓励各地整合相邻产业园区，创新园区发展模式
五是要坚持生态优先，实现产城融合可持续发展。按照"绿水青山就是金山银山"的构想，构建形态和功能科学合理的产业园区和城镇发展空间。出台产业转型升级环境准入指导目录，实行国家重点生态功能区产业准入负面清单制度。强化产业规划、总量、准入的联动机制，实施产能总量限制、能耗等量替代和污染物排放总量控制，对所有入驻项目精挑细选，入园企业必须做到"零排放"

（三）产城融合发展的培育路径

1. 加快形成工业园区内生机制

随着产业集群化、园区产业化程度的不断提升，工业园区在全区工业转型发展中的地位得到进一步提升，2018 年，广西工业园区所产生的工业总产值在全区工业总产值中的比重超过 85%。一是要加快由投资拉动型发展模式向创新驱动和内生发展方向转变，要开展园区管理体制改革试点，推行园区绩效考核、薪酬制度、人员编制管理等企业化改革，激发园区发展活力。二是对具有一定基础的产业园区，要积极探索推进"腾笼换鸟""空间换地""机器换人""电商换市"，建立健全企业分类评价及差别化政策引导体系，按照全员劳动生产率、附加值、能耗、污染排放及亩均产出水平将企业进行分类，并根据类别予以政策引导。三是加强工业园区的路网、电力、供水、污水、通信和综合服务中心建设，完善配套功能，提升要素资源吸附力、产业支撑力和辐射带动力，推动工业园区生态化改造，创建低碳园区。

2. 加快推进产城互动建设

产城互动是工业园区建设的必然方向，也是实现园区高质量发展的重要抓手。要加快推进产业园区化、园区城镇化、产城一体化建设步伐，重点打造一批产业基础好、配套条件完善、发展潜力大的产城互动园区，以产业为支撑、以城镇为基础，拓展产业承载空间，促进城镇更新，完善服务配套，坚持以产兴城、以城促产，实现园区建设和城镇建设资源的优化配置。一是实施严格的产城建设项目准入制度。在新区建设和产城互动发展的过程中，在保证工业园区与城镇建设用地指标的同时，要对相关产业项目固定投资强度、容积率、建筑系数以及行政办公和生产服务设施用地比例制定相应的标准，建立良好的基础设施保障平台和高效的服务平台，对入园项目进行统一的规划环评，对项目引进及入园采取严格的市场准入制度。二是加快特色产业培育发展。大力引进投资规模大、带动能力强、产业互动融合度高的项目。要依托现有的产业基础和资源优势，发展特色产业。以具有比较优势的骨干企业、骨干产品为龙头，加快形成集中度高、关联度大、竞争力强的产业园区支柱产业。三是注重产城互动发展的生态绿化建设。建立健全绿化养护及环境管理等长效机制，实现绿化全覆盖，突出边角地块、环境死角的绿化改造，在主要产业园区、新区新城建设中推进生态走廊绿化建设，把环境治理与推进产业更新和提升相结合，实现环境效益、社会效益和经济效益的统一。

3. 强化产业的支撑作用

准确定位符合南宁五象新区、柳州柳东新区、桂林临桂新区、梧州沧海新区持续健康发展的产业、城市新区功能配套，打造成为现代产城发展综合体。避免产业空心化和工业园区"孤岛式"发展的问题，加强城市新区产业及城镇建设与城区的良性互动发展。加快特色产业培育。依托现有产业基础和资源优势，做好园区产业的发展定位，大力引进投资规模大、带动能力强、产城融合度高、质量优效益高的特色产业企业项目落户。培育具有比较优势的骨干龙头企业，打造特色突出、集中度高、关联度大、竞争力强的产业园区。

4. 引导产业园区有序推进

做好产业园区规划的引导作用，强化产业园区的主体功能，增强产业园区对产业结构优化、产业落户的吸引力和竞争力，加大产业园区支柱产业和重点项目的推进和扶持力度。重点抓好产城互动试点建设，统筹推进中心城区产城互动，辐射带动县域产城互动建设，示范带动全区产城互动发展。重点突出产业集聚与城镇发展相互融合，全面增强试点园区产业集聚功能、生产服务功能、商贸物流功能、消费服务功能。

5. 完善城镇基础设施建设

加快完善园区城镇基础设施建设，加大对园区公租房等保障性住房的支持力度，集中建设新型社区，完善生产生活配套设施。完善服务于产业发展和园区建设所需要的交通基础设施等城镇公共服务品，提高配套服务功能。加强产业园区与城市基础设施的无缝对接，加快园区内道路和城际公共交通基础设施工程建设，建立社区医院等生活配套设施，将产业园区打造成产城融合一体的新型社区。

6. 以信息化拓展推动产城融合发展

全面建设产城融合发展的信息基础设施，加强移动通信宏基站、室内覆盖站点、光纤到户能力、无线局域网等建设，推进无线园区、智慧园区建设。推进城市建设管理、城市运行安全、智能交通、社会事业与公共服务、电子政务、信息资源开发利用等，提升园区、城镇的运行管理水平、经济发展水平、公共服务水平和居民生活质量。

六、工业人才队伍：现状条件及路径研究

（一）工业人才队伍的现状基础

1. 人才政策不断优化，高层次人才缺乏

广西深入实施人才强桂战略，先后出台《关于实施创新驱动发展战略的决定》《关于加强高层次创新型人才队伍建设的实施办法》《广西壮族自治区高层

次人才认定方法（试行）》《关于深化高校和科研院所体制机制改革的实施意见》等一系列人才政策文件，鼓励重点工业产业申报人才小高地、特聘专家、博士后科研流动站和工作站、"十百千"人才工程等人才项目，引进高层次、高技能人才，但工业发展需要的高层次、高技能人才仍旧不足。

2. 供需缺口较大，招工难问题突出

根据《2018年广西人才网联系统人才供求分析报告》，全区制造业人才需求17.95万人，占总需求的16.83%；全区工学专业求职人数为8.96万，占人才总求职人数的20.83%。南宁、北海、贵港、梧州等地出现了企业招工难问题。受薪资水平偏低、城市化水平不高、配套服务设施滞后等因素影响，广西大部分城市工业企业招工难问题突出。

3. 人才基础逐步夯实

近年来，广西普通高等学校平均每万人在校学生数由2013年的136.5人增加至2018年的191人；普通高等学校本科工学专业毕业人数占总毕业生数比重稳定在27%左右，但人数由2013年的1.7万人增长至2018年的2.7万人[①]。

（二）提升工业人才队伍的经验

近年来，吉林、福建、四川、江苏等地围绕人才保障建设开展了大量的实践探索，取得了明显的成效，对于广西具有积极的借鉴作用。吉林省主要聚焦创新创业人才的重点扶持。四川省侧重应用型人才的引进和培育。江苏省依托人才安居工程吸引高素质人才落户。广东省高度重视人才的培育与引进，先后统筹并制定实施高效灵活的人才引进、培养、使用、评价、激励和保障政策，优化人才发展环境。实施"南粤百杰培养工程""博士后培养工程"等重大人才项目，实施"广东省博士后国际交流计划"，重点支持工业领域高层次人才、紧缺型人才、创新创业人才和实用型人才的引进和培养。福建省侧重通过行业人才和高等院校对现有人才进行培养和提升，不断完善人才发展体系，加大研发、生产等领域专业技术人才和经营管理人才的引进和培养力度。实施产业专才计划，将智能制造、工业互联网等相关领域的急需人才（团队）纳入省"海纳百川"高端人才聚集计划。2017年以来，我国各大城市出台了一系列政策，大力吸引人才到本地区落户工作。广西应该加大人才的引进与培养，提高相关待遇水平，确保留住人才，用好人才。

---

① 数据来源：《广西统计年鉴》（2019）。

表 8 – 12　外省推动工业人才高质量发展经验

省份	主要做法
吉林	①实施战略性创新创业人才扶持计划，加大对重点支柱产业、优势产业和新兴产业创新创业人才的扶持力度。②实施科研成果转化创新创业人才扶持计划，以股权投资的方式在科研开发、成果转化和创新创业等方面提供支持鼓励
福建	①福建省出台了《福建省人才兴企促进计划》《福建省工科类青年专业人才支持暂行办法》《福建省引进高层次人才推介奖励实施细则（试行）》等政策文件，对扶持、奖励工科青年、特支人才、高层次人才，鼓励、补助用人单位引才聚才等做出细致规定。②依托福建省工业合作协会加强工业人才培养，加强与全国 60 家院校合作，建设工业信息化人才培养基地以及实训中心，培养技能型产业工人
四川	①出台《关于加强技能人才队伍建设大力培养高素质产业大军的意见》，着力培养造就支撑"四川制造"和"四川创造"的能工巧匠和高素质产业大军。②围绕地方特色产业，加大贫困地区高素质、高水平、高技能的应用型人才的培养力度
江苏	①江苏推进新型技能大军培育工程，大力引进培养高技能领军人才，培育新兴产业技能人才、乡土人才，选送制造业高技能人才赴国外培训。②清除人才流动、评价、创新创业、国际交流等方面的障碍，为人才"松绑"。③明确要求各级政府建立稳定增长机制，足额安排人才专项资金，其中苏州工业园区启动人才安居工程，在人才住房、个人激励、子女入学和医疗保健四个领域给予优秀人才政策倾斜，包括专项奖励、购房补贴和人才组屋等

（三）提升工业人才队伍的路径

1. 精准培养重点领域人才

围绕传统优势产业和战略性新兴产业，突出抓好企业家队伍、专业技术人才队伍、技能人才队伍和后备人才队伍建设，建设工业产业紧缺高技能人才示范性培养培训基地，培养造就一支熟悉国际国内市场、具有管理创新精神和市场开拓能力的企业家队伍，一支掌握核心技术、擅长技术攻关和技术集成的专业技术人才队伍，一支数量充足、结构合理、素质优良、爱岗敬业的技能人才队伍。

2. 引育高端领军人才，壮大科研人才队伍

推进工业高质量发展，进一步增强工业主导作用，核心是人才，关键在人才。一个国家或地区实力是否提高取决于经济，而经济发展要靠产业，产业发展要靠创新，创新发展则要靠人才。广西的人才总量和储备严重缺乏，两院院士仅 1 人，而北京拥有中国科学院院士 410 人[①]。广西当务之急就是培养引进两院院

---

① 数据来源于中国科学院官网，网址：http：//casad. cas. cn/doc/14960. html。

士和长江学者等高端人才。要更加重视和吸引高层次人才和适用性人才，特别是要引进更多的高端人才来广西参与相关项目建设，灵活创新高端人才的聘用形式，适度放宽固有的约束条件，让高端人才在广西充分施展才能。要实行引进资金、项目与引进技术、人才相结合，重点引进国家杰出青年基金获得者、新世纪"百千万"人才工程国家级人选、长江学者特聘教授、"两院"院士等高端人才。对引进的高端人才，给予优厚的待遇及必要的政策支持。鼓励和支持设立不同层次、形式多样的人才开发资金渠道，对有突出贡献的人才进行表彰奖励。要坚持"盘活存量、优引增量"的总体策略，营造具有国际竞争力的人才发展环境。

3. 有重点分类别加强人才队伍建设

坚持分类建设原则，重点抓好企业经营管理人才、专业技术人才、高技能人才等类别人才队伍建设，实施培养行动计划，着力打造工业高质量发展的阶梯式人才队伍。

表 8-13　有重点分类别加强人才队伍建设主要举措

类别	主要举措
企业经营管理人才	以优秀企业家和职业经理人为重点，建立健全供给有力的培养开发机制、竞争择优的选拔任用机制、客观公正的考核评价机制、科学有效的激励保障机制，建立企业经营管理人才库，加大优秀经营管理人才培训，加强中小企业经营管理人才开发
专业技术人才	紧密结合八桂学者、特聘专家、海外高层次创新创业人才引进、人才小高地建设等，引进和培养大批高素质工程技术人才，加强高校教师、科研院所研究人员与企业资深工程师的双向交流，改进专业技术人才收入分配制度，改善基层专业技术人才的工作、生活条件
高技能人才	加快培养大批知识技能型、技术技能型和复合技能型人才，建设一批示范性高技能人才培养基地，鼓励企业对聘用的高级能人才实行协议工资、项目工资、年薪制等收入分配方式，鼓励企业建立高技能人才技能职务津贴和特殊岗位津贴制度，完善高技能人才激励保障机制

4. 加快推动产业和教育深度融合

鼓励企业参与人才培养，支持行业组织和行业龙头企业牵头制定院校人才培养评价标准，加强企业专家对教学的指导，发挥企业在职业教育中办学的主体作用。加强高技能人才队伍建设，推行校企联合培养的现代学徒制，推动企业与应用型本科高校探索共建共管二级学院（系），鼓励相关行业组织、具备能力和条件的重点企业与职业学校共同组建一批深度融合、特色鲜明、效益显著的职业教育集团，促进产业链、岗位链、教学链深度融合。围绕工业产业的高端化、智能化、信息化发展方向，加大高端人才培育力度，广泛开展校企合作、依托高等院校和大企业，建设一批工业高技能人才培养基地。加快产学研用联盟建设，发挥重点实验室、工程技术研究中心等研发平台作用，打造一批工程创新实践中心、教师发展中心和职工培训中心，支持企业建设实习实训基地。

5. 加强技能教育培训，提升劳动队伍素质

实现工业高质量发展，增强工业的主导作用，需要大批具有创新能力、能够追踪尖端科学和工业企业最新发展的综合型人才，而广西现有的教育基础和实力，远不能适应和满足这种需求。要培养和引进一批企业家，摒弃"小富即安"的局限意识，应以职业经理人为重点加强企业家队伍建设，培养一批具有全球视野、先进管理技能和社会责任感强的高水平经营管理人才。创新职业教育体制，实现职业教育的"五个对接"，增设工业产业相关高端课程，在实践中教学、在教学中实践，全面提高工业企业队伍的理论基底与实践应用能力。实施民营经济组织人才创新培训计划，健全完善培训体系，拓展企业经营管理人才视野，鼓励企业制定人才激励政策，多渠道、多方式引进各类人才。支持企业与专业培训机构、重点院校合作，开展职业技能综合培训，打造高素质的职工队伍。

6. 推动工业人才政策创新

实行以增加知识价值为导向的激励机制，完善市场评价要素贡献并按贡献分配的机制，创新技术、技能要素参与收益分配的形式。探索人才股权期权激励方式，研究制定事业单位科研人员离岗创业、高校和科研院所设立流动岗位吸引人才兼职等政策措施，推广"众创空间"等创新创业孵化模式，鼓励和支持人才创新创业，创新工业园区、工业科研机构等人才政策，对有突出贡献的优秀企业家给予表彰和宣传，让企业家在社会上有地位、政治上有荣誉、法律上有保障。深化与东盟国家的人才开发和劳务合作。

七、工业质量品牌：现状条件及路径研究

实现工业高质量发展必须确保工业产品高质量和品牌建设，必须坚持"质量第一，效益优先"的原则，以质量品牌建设为载体，推动广西工业质量品牌培育壮大，以质量技术变革为动力，打造广西制造业质量品牌新动能。

（一）质量品牌建设的现状基础

为确保工业质量品牌建设，有效促进质量品牌的提升，广西先后出台了《广

西壮族自治区人民政府关于实施质量强桂战略的决定》《工业和信息化部办公厅关于做好2018年工业质量品牌建设工作的通知》《广西壮族自治区主席质量奖管理办法（2018年修订）》等政策文件，支持和鼓励企业加强质量和品牌建设，为广西质量品牌提供了有力支撑。

1. 质量品牌培育存在不足

质量品牌是支撑工业高质量发展的重要基础，是提升产品附加值和价值链的重要依靠，也是塑造一个地区形象的重要支撑内容。广西工业质量品牌培育落后，广西名牌产品、高质量产品数量均不多。2018年，广西"中国驰名商标"数量仅有19个，仅相当于全部"中国驰名商标"数量的0.34%，在全国各省份中排名倒数第二，仅高于西藏（10个），数量上远低于发达地区，约是广东、山东的1/23，约是福建的1/16。广西"中国驰名商标"集中在医药、食品等领域，现代制造业领域名牌产品数量较少。

表8-14　2018年各省（区、市）"中国驰名商标"拥有量

地区	拥有量（个）	地区	拥有量（个）	地区	拥有量（个）	地区	拥有量（个）
安徽	114	河北	178	辽宁	207	四川	176
北京	162	河南	116	内蒙古	48	天津	109
福建	302	黑龙江	62	宁夏	30	西藏	10
甘肃	34	湖北	129	青海	25	新疆	30
广东	439	湖南	267	山东	421	云南	55
广西	19	吉林	101	山西	66	浙江	368
贵州	23	江苏	418	陕西	51	重庆	76
海南	21	江西	63	上海	128	全国	5631

资料来源：通过中国驰名商标官网，按照驰名商标＞＞驰名商标＞＞行政认定＞＞"省（区、市）"搜索查询。查询日期：2018年4月10日。

2. 质量品牌区域分布不均

当前，广西的中国名牌产品、驰名商标和广西著名产品、著名商标品牌实力前十名主要分布在南宁和柳州两市，品牌区域分布不均。以广西高新技术企业注册资本及品牌实力前十名分布为例，南宁和柳州各有两个，贺州、玉林、北海、防城港、桂林和贵港各拥有1个，钦州、崇左、河池和百色没有上榜。

表 8 - 15　广西高新技术企业注册资本及品牌实力前十名分布

品　　牌	注册资本（万元）	企业名称	行业	地区
金鸡	186904.75	广西灵峰药业有限公司	医药	贺州
柳工	112524.21	广西柳工机械股份有限公司	工程机械	柳州
丰林	47909	广西丰林木业集团股份有限公司	纤维板	南宁
玉柴	47299	广西玉柴机器股份有限公司	柴油机	玉林
花红药业	10300	广西壮族自治区花红药业股份有限公司	医药	柳州
银河开关	10000	北海银河开关设备有限公司	电气	北海
桂人堂	8657	广西桂人堂金花茶产业集团股份有限公司	花茶	南宁
金滩	6007	广西金滩管业科技有限公司	水管管道	防城港
优利特	3300	桂林优利特电子集团有限公司	医疗器械	桂林
源安堂	1300	广西源安堂药业有限公司	医药	贵港

资料来源：根据广西品牌网整理得来。

（二）提升工业质量品牌的经验

外省在推动质量品牌引领作用，加快质量品牌建设方面形成了较为成熟的实践经验。如河南省 2017 年出台了《河南省质量品牌提升实施意见》，为建设质量品牌强省提供了有力支撑。

表 8 - 16　河南省质量品牌建设的做法

主要做法
一是实施质量强省战略，提高质量品牌效应。大力宣传和实施质量品牌强省战略，提高各行业的质量品牌管理意识、全民质量意识和品牌意识。探索建立科学反映质量提升成效的综合指标，健全以产品质量合格率、质量竞争力指数、质量技术基础等为主要内容的质量指标体系。完善质量统计调查制度，建立质量信息发布制度，定期发布区域性质量竞争力指数，建立集信息发布、在线调查、资源共享、沟通交互于一体的质量综合服务平台。推动企业强化质量主体责任和诚信意识，实施产品质量信息自我披露
二是培育质量品牌优势，引领供需结构升级。推广卓越绩效、六西格玛、精益生产等质量管理模式和方法，以及中国质量奖、省长质量奖获奖组织的质量理念和管理方法。开展品牌培育、质量标杆遴选等试点示范活动，支持企业开展质量管理小组、现场改进等群众性质量管理活动。鼓励企业制定实施先进质量管理和过程控制标准，推动质量技术进步，提高质量在线监测控制和产品全生命周期质量追溯能力。引导企业加强从原料采购到生产销售的全流程质量和品牌管理，建立完善质量、品牌、环境、职业健康安全和社会责任等管理体系

续表

三是突出重点领域质量品牌，实施消费品质量提升活动。开展重点性能指标比对抽查，摸清一批重点消费品质量品牌安全状况，形成高质量产品质量品牌提升工作建议。加大消费品监督抽查工作力度，加强事中事后监管，提高监督抽查整体效能。推动地方标准与国家标准、国际标准全面接轨，促进内外销产品"同线同标同质"。实施消费品风险监测和质量品牌安全事故调查，发布风险警示和消费提示，开展有针对性的消费品质量安全知识普及教育工作，提高特殊群体、基层消费者的科学消费、理性消费、绿色消费的意识与能力。鼓励有实力的企业针对消费品市场热点，加快研发、设计和制造，及时推出一批新产品。鼓励企业开展质量提升行动，支持企业利用现代信息技术，推进个性化定制、柔性化生产，满足消费者差异化需求

四是优化质量品牌模式，激活企业内生动力。坚持发挥市场在资源配置中的决定性作用，继续清理规范生产许可和质量准入等方面的行政审批事项，严格规范中介服务，推进行政许可标准化，最大限度优化审批流程，为企业质量品牌发展营造更加公平、更加规范、更加宽松的环境。加快质监体制机制创新，强化基层质量品牌提升工作，使企业和产业在公平的市场竞争中优化升级。发挥各级质监部门贴近基层的优势，在符合法律规定的前提下，把由地方实施更有效的审批事项，最大限度地下放到地方。打破市场垄断和地方保护，建立统一开放的市场体系，让生产要素向优势企业、优质产品和服务集聚

五是加快标准化体系建设，推进质量品牌服务。积极实施标准化战略，构建由政府主导制定的标准和市场自主制定的标准共同构成的新型标准体系。加快培育标准创新型企业，支持企业将创新成果、管理经验转化为标准。加快标准化人才培养，夯实标准化工作基础。加快培育标准化服务业，建立完善标准化服务体系，提升标准化服务能力。围绕"一带一路"倡议实施、国际产能和装备制造合作，积极参与国际标准、区域标准和地方标准制定，提高应对技术标准竞争的能力。加快融合政府、部门、企业、社会等多源质量技术基础信息资源向社会开放共享

（三）提升工业质量品牌的路径

通过提品质创品牌，推动广西产品向广西品牌转变，迈向品牌经济新时代。

1. 加强质量品牌建设，实施区域培育工程

打造广西知名质量品牌，加快建设和实施与国际先进水平接轨、适合广西制造业发展要求的标准体系，大力推进质量认证、产品鉴定、检验检测等认证认可体系建设。支持行业龙头企业、标准委员会主导和参与国家标准、行业标准的制定修订。实施工业产品质量提升行动计划和重点行业工艺优化行动。扶持制造业质量品牌建设，实施区域质量品牌培育工程，打造"桂系品牌"。鼓励企业、服务及检测机构申报中国质量奖、"全国质量标杆"、"工业产品质量控制和技术评价实验室"、自治区主席质量奖等质量品牌荣誉。

2. 实施品牌培育工程，培育名牌产品名牌企业

围绕传统优势产业，着力培育一批主要技术指标"领跑者"企业，打造一

批在国内外有较强竞争力的知名品牌。围绕战略性新兴产业，加快培育一批掌握核心技术、形成规模优势的新品牌。开展老字号品牌复兴工程，推动中华老字号、广西老字号企业传承升级。鼓励优势品牌企业开展国际交流合作，建设海外研发设计机构及营销渠道。支持企业以参股、换股、并购等形式与国际品牌企业合作，提高品牌国际化运营能力。全力创建工业企业知名品牌。鼓励广西中小企业应用先进的管理模式，加强质量管理和生产过程控制，优化生产经营流程，提高产品质量和附加值。引导企业专注核心业务，做强细分市场，重视品牌培育。鼓励各类服务机构为企业提供质量法律法规、检验检测、管理与控制、计量标准、品牌创建等方面的支持。

3. 着力加大宣传力度，树立质量品牌意识

组织标准宣贯，宣传推广品牌培育示范企业。鼓励开展质量品牌宣传展示活动，扩大广西质量品牌社会影响力。支持自治区实施质量强桂战略工作领导小组、自治区主席质量奖评审委员会开展评奖活动，支持企业参加质量品牌创新成果发布、工业展览会、工业企业品牌竞争力评价活动。开展"遍行天下　心仪广西—广西品牌神州行"系列活动，依托广西电视台主流媒体做好广西品牌神州行高铁展销、《品牌的力量》系列宣传片、广西品牌故事等专题宣传报道，引导企业牢固树立质量为先、品牌引领的意识。

八、优化政府服务：现状条件及路径研究

一个地区的营商环境质量是该地区产业发展的重要影响因素。尤其在市场经济条件下，各种资源将按照高质量高效益优先的原则确定其流向，越是优质的资源，对营商环境的要求越高，对政府服务实体经济发展的要求也越高[①]。

（一）优化政府服务的基本现状

广西营商环境与国内发达地区存在较大差距，其制度性交易成本仍然偏高，特别是实体经济发展成本较高，对国内外优质资源吸引力不强。一些市县在营商

---

① 服务比"优惠"更重要。对于真正市场化的企业来说，服务远胜过政策比拼，越是高质量的企业，越看中城市的营商环境。诚信比"项目"更重要。招商引资不是"一锤子买卖"，必须要有细水长流的心态、重义守信的姿态，切实用长久的努力铸造长期的信任、赢得长远的合作（资料来源：张敬华. 招商，服务比"优惠"更重要［N］. 人民日报，2020－03－25）。

环境优化上，问题导向性不强，对具有核心竞争力的优秀企业培育力度远远不够，政策高地、政策红利尚未真正形成和根本释放。根据零点有数集团发布的《2018 年中国营商环境升维指数研究》结果显示，2018 年全国城市营商环境总得分为 64.5 分。该研究从"城市功能发育度""城市商业活力度""城市政府服务能力度""城市生活美好度""城市人文性格度"五个维度分析了全国 279 个城市营商环境。从评价结果来看，广西仅有南宁入围前 100 名，排第 40 位，得分排名低于全国所有一线城市和大部分省会城市。从广西周边省份来看，入围城市数最多的是广东，达到 9 个；其次为湖南，入围前 100 名城市数达到 6 个；云南和贵州各入围 1 个，均为省会城市，但昆明（第 24 位）营商环境排名远高于南宁。可见广西在全国营商环境中处在较低水平，营商环境仍有巨大的改善空间。

表 8 - 17　2018 年全国城市营商环境排名前 100 强

排名	城市	排名	城市	排名	城市	排名	城市	排名	城市
1	北京	21	宁波	41	贵阳	61	邯郸	81	德州
2	上海	22	合肥	42	潍坊	62	洛阳	82	西宁
3	深圳	23	无锡	43	济宁	63	芜湖	83	呼和浩特
4	广州	24	昆明	44	兰州	64	泰州	84	大庆
5	重庆	25	大连	45	蚌埠	65	三亚	85	株洲
6	南京	26	哈尔滨	46	淄博	66	乌鲁木齐	86	吉林
7	天津	27	石家庄	47	惠州	67	扬州	87	漳州
8	成都	28	佛山	48	中山	68	南阳	88	连云港
9	杭州	29	温州	49	烟台	69	威海	89	岳阳
10	武汉	30	南昌	50	珠海	70	衡阳	90	江门
11	西安	31	长春	51	台州	71	秦皇岛	91	菏泽
12	郑州	32	太原	52	唐山	72	宜昌	92	信阳
13	济南	33	常州	53	镇江	73	泰安	93	鞍山
14	厦门	34	徐州	54	海口	74	包头	94	安庆
15	长沙	35	银川	55	临沂	75	宿迁	95	商丘
16	青岛	36	泉州	56	绍兴	76	淮安	96	邢台
17	苏州	37	嘉兴	57	廊坊	77	聊城	97	湘潭
18	沈阳	38	南通	58	保定	78	衢州	98	上饶
19	东莞	39	金华	59	盐城	79	焦作	99	莆田
20	福州	40	南宁	60	汕头	80	湖州	100	郴州

资料来源：零点有数集团.2018 年中国营商环境升维指数研究 [Z].2018.

（二）优化政府服务的经验借鉴

东部发达地区和中西部先进地区在营商环境方面积累了较为成熟的实践经验，为广西优化政府服务、营商环境提供了重要参考启示，主要体现如下：

表 8 – 18　外省优化营商环境的主要做法

主要做法
一是营造更加开放的投资环境。在投资准入放开方面，加快放开部分竞争性领域外资准入限制和股比限制。推动外资企业设立全程电子化，实现外商投资企业备案事项办理时限缩短至 3 个工作日。在投资审批效率方面，制定投资项目目录，再压减 50% 的核准事项。实行企业投资项目承诺制改革
二是营造更加良好的生产经营环境。分行业研究出台促进高精尖产业发展的政策，出台加大市级财政对个人所得税征收奖励力度的政策措施。设立科技创新基金，探索建立科技成果限时转化制度，完善相关重大技术装备示范应用的相关支持政策。减少涉企经营服务性收费，规范行业商（协）会收费行为。出台总部经济相关政策措施，做好总部企业服务
三是营造服务更加精细的人才发展环境。为急需或创新创业潜力较大的外籍投资人才开通"绿色通道"，办理最高期限为 5 年的《外国人工作许可证》。推动形成体现增加知识价值的收入分配机制，试点开展股权激励、分红激励等政策措施。加大人才公租房筹集力度，由园区企业自持、统一配租，优先满足入园企业人才的住房需求
四是营造更加公平的法治环境。注重合理保持政策的稳定性、连续性，给予市场主体稳定预期。落实公平竞争审查制度。依托全市公共信用信息服务平台实现"红黑名单"统一管理和联合惩戒业务协同，实行巨额惩罚性赔偿制度。提高知识产权审查质量和审查效率，开通快速出证通道。加大对知识产权侵权违法行为的处罚力度

（三）提高政府服务效能的路径

1. 深化行政审批制度改革

深化"放管服"改革，加快推进减政放权，大幅削减行政审批事项，借鉴"最多跑一次"改革①，强化放管结合，实行部门职权法定和部门权力清单式管理。加快电子政务、智能政务建设，针对市场准入、企业开办、施工许可、信贷获得、投资者保护、产权登记等各环节，联合相关部门制订专门工作方案，推动

---

①　2017 年 9 月，广东东莞市实施《推进群众和企业到政府办事"最多跑一次"改革实施方案》，公布了"最多跑一次"首批 1173 个事项清单，其中包括"零跑动"事项 139 项，涉及 47 个部门。市民"只跑一次"甚至"零跑动"，即可办理"新车 6 年免检业务""台港澳人员在内地就业许可"等事项。

建立"一事通办"机制，力争 3 年内涉企行政审批事项基本实现 1 次办成。进一步削减不合理的前置审批和许可，积极推行并联审批、网上审批、市县联网审批，推行全区行政审批无差异化服务，实行全区统一的行政审批项目管理。清理行政事业性收费，减轻企业负担。

2. 试行企业投资项目承诺制

在自治区级及以上工业园区率先试行企业投资项目承诺制，以清单形式确定项目准入条件，企业承诺后即可开工建设，变先批后建为先建后验。对符合标准的企业投资项目，由企业自主选择并按照政府制定的标准作出具有法律效力的书面承诺，并进行公示。企业做出承诺后依法依规自主开展设计、施工等相关工作。根据产业政策和当地资源禀赋，政府相关职能部门在自治区级以上经济技术开发区（园区）、产业集聚区、特色小镇等重点区域，制定经济技术指标和行业技术规范标准，提出企业投资项目负面清单，制定具体项目准入标准，并向社会公布。

3. 持续降低企业成本

持续加大对降成本四十一条和新二十八条政策落实监督检查力度，适时组织对政策实施效果进行全面评估。进一步加强相关方面测算和具体政策研究，重点提出在减税降费尤其是降低垄断行业强制收费过高等方面的政策举措，降低制度性成本。理顺园区内管道燃气价格，合理调整输配价格，探索建立天然气直供制度。推进自治区级及以上工业园区的电力用户通过市场化交易降低用电成本。优化粤桂合作工业园区电价政策。按需量计费的大工业电力用户，基本电费按照实际需量收取。对符合水电气报装条件的项目，由供应企业出资建设配套至用户单位用地红线。深化收费公路制度改革，降低过路过桥费用。继续阶段性降低企业"五险一金"缴费比例。

4. 突出相关产业配套服务，打造一流营商环境

全面加强产业配套体系建设，强化生产性和非生产性服务配套，完善铁路、公路、港口、口岸基础设施建设，加大现代物流集聚区建设，增加沿海港口的班轮密度，保障工业产品和重要原材料的运输。深化产业链配套招商，在产业的集聚效率上下功夫，降低企业综合商务成本和产业经营投资成本，形成倍增效应，吸引外来投资，增强区域综合竞争力。完善市场机制，放宽准入条件，减少对企业干预，用机制和制度创新支持企业迅速成长。营造公平竞争、宽松便利的市场环境，让人才、技术、资金、创意、信息等各种生产要素能够自由充分地流向新经济领域。

5. 打造优良的营商环境

围绕法治环境、政务环境、市场环境、社会环境、生态环境，构建优良的营

商环境，把营商环境作为对外开放、招商引资的生命线来抓，积极构建营商环境评价、项目服务、项目落地推进、外来投资法治服务四个体系，让投资者进得来、留得住①。加强广西地方性法规制度建设，在促进循环经济和清洁生产、保护工业企业权益和减轻企业负担、促进市场公平竞争、保护知识产权、加强成果转化等方面构建法律法规保障体系，围绕问题导向，规范管理评价机制，增强工业企业创新创造活力，增强工业的主导作用。

---

① 在营商环境评价方面，贵州省积极对标国际标准，将营商环境评价指数纳入《市（州）和县域经济发展综合测评办法》评估体系中，每年委托第三方对各地营商环境给予综合评价，对各地营商环境评估结果实施预警，督促全省努力打造良好的政策环境、政务服务环境、经营环境和法治环境。

专题九 推动工业高质量发展的对策研究

结合有关广西工业高质量发展的发展环境、现状基础、战略思路、动能转换、战略重点、产业布局及支撑要素等分析，对新时期广西工业高质量发展提出如下建议。

一、解放思想、提高认识，把工业高质量发展放在应有高度

一是提高对加快工业高质量发展重要性的认识，在全区形成工业高质量发展的浓厚氛围。没有思想的大解放，就没有工业经济的大发展。要充分认识推动工业高质量发展的重大战略意义，把思想和行动统一到中央重大决策部署上来，坚定决心，明确目标任务，形成"资源向工业配置，政策向工业倾斜，精力向工业集中"的共识，迅速掀起新一轮实施"工业强桂"战略的热潮，要高度重视对本土企业和本土企业家尤其是民营企业的培育打造，把民营工业经济作为实现高质量发展的关键推手。同时，坚决破除部门利益、小集团利益、个人利益至上的思想，增强全区一盘棋的大局意识，努力营造"干工业光荣，企业家英雄"的社会共识，全面营造全区上下共同推动工业高质量发展的良好氛围。

二是高规格建立推动工业高质量发展的领导机制，统筹研究解决重大问题。各级党委政府要重视工业发展，始终把工业高质量发展当作经济社会发展的首要任务抓紧抓好。应明确各级党政一把手亲自抓工业，各牵头单位要牵头抓好各自负责工作，切实加强工业高质量发展工作的组织领导和协调配合。加大对工业干

部的培养、配备、管理和使用，培养造就一支熟悉工业、善抓工业、会干工业的工业干部队伍，把懂工业、会干工业、德才兼备的优秀干部充实到各级党政班子。要求各级领导干部特别是主要领导和分管工业的领导同志，要学习工业、钻研工业、熟悉工业，围绕工业发展，学习经济、科技、金融和管理等方面知识，真正成为抓工业的行家里手。同时，建立健全工业高质量发展考核评价体系和奖惩机制，制订具体的考核办法，将工业高质量发展纳入大督查范围和各级各部门年度绩效考评范围，强化考核督察，形成共抓工业、共推工业高质量发展的局面。

二、立足实际、着眼长远，完善工业高质量发展的顶层设计

一是立足实际做好顶层设计，有所为有所不为，力求"精准"。当前，新一轮技术革命和产业变革正在深刻影响着各行业的未来发展，在国家大力提倡经济高质量发展的时代背景下，广西有必要重新规划产业的顶层设计。第一，要立足广西，放眼世界，明确世界科技发展趋势，找准国际国内现状和应走的路径，把发展需要和广西现有能力、长远目标和近期工作统筹结合考虑，有所为有所不为，提出切合实际的发展领域和目标任务。第二，顶层设计要进行动态评估。经济社会发展形势变化迅速，必须要根据发展环境、发展形势和外部变化等，对顶层设计进行动态评估和科学调整，才能更好地适应工业和信息化发展的时代步伐。第三，要把顶层设计放在经济社会发展系统中进行综合考量。发展工业产业要从产业链来谋篇布局，进行全产业链的构建。

二是避免规划和实际工作"两张皮"，要以抓好重大项目建设为核心，强力推进顶层设计的实施。第一，抓住关键节点。一方面，要围绕规划实施设计好关键节点，并做好规划实施的短期、中期、长期评估，发现问题及时调整解决。另一方面，要抓好顶层设计中重大项目推进工作，在建项目抓进度，开工项目抓推进，强化项目投入。加快组织项目申报，争取国家层面的更多支持。第二，健全重大项目推进工作机制。推进重大项目建设是实施规划的关键，要按照"四围绕、三排定"强力推进重大项目建设，即"围绕竣工项目促投产、围绕在建项目促进度、围绕新建项目促开工、围绕储备项目促启动"，以及按照"排定时序进度、排定要素保障、排定责任领导"来开展工作。要加快一批续建和年前动工

项目的建设进度，强力推进项目竣工投产，形成新的增量。第三，保障要素供应。重点强化土地供应和集约用地，积极做好资金、用工、煤、电、油、气、运等要素协调，保障项目顺利推进。第四，强化项目服务。加强项目全程服务指导，及时帮助业主单位协调处理好各种矛盾和问题，对可能影响工程建设的因素，及早制定预案，强化跟踪服务，尤其是对亿元以上的工业投资项目，要落实力量，盯紧看牢，督促进度，确保按计划推进。

三、重视集群、优化布局，加强产业集群和工业园区的建设

（一）积极推动优势产业集群式发展

主动学习、科学借鉴浙江省"企业集聚、产业集群、平台集约"等经验，着力打造一批高质量的产业集群、构建一批高水平的产业链、建设一批高能级的产业集聚区，重点解决工业产业链短、精深加工能力弱、产业集聚度低等问题。围绕产业延伸上项目、搞技改，提高集群化发展水平，研究加快推动产业集群发展的创新政策措施，不断深化推进糖、铝、机械、冶金等二次创业，发挥行业龙头企业的核心带动作用，积极引导产业围绕行业主产业链及相应的周边产业聚集，形成产业长链强链全链循环链式集群发展，建设主业突出、副业丰富、特色鲜明的高质量发展产业集中区。

（二）培育发展现代产业园区

加快建设特色产业园区。广西各工业园区应结合自身优势资源，积极打造主导产业，促进产业集聚，推进特色产业园区建设。围绕主导产业，积极打造产业链条，培育发展一批专业化水平高、配套能力强、产品特色明显的协作配套型中小企业，形成产业集群效应。提升园区人才队伍素质。加强工业园区管理人员培训工作，提高园区人才队伍素质。组织工业园区学习考察外省先进园区的建设管理经验，提升工业园区建设管理水平。继续加强工业园区管委会干部挂职锻炼，全面提高工业园区管理人才队伍素质。完善园区统计及信息沟通制度。全区各级统计部门及工业和信息化部门协调调动，建立完善的园区统计制度，提高园区统计对指导和评价园区发展的权威性、引领性和指导性。以信

息化网络为依托，推动建立园区信息资源交换平台与中心，实现各级各部门与园区数据共享、信息互通、及时监测，为推动园区加快建设发展提供数据基础和信息支持。

（三）加强工业园区基础设施建设

鼓励工业园区结对联合发展，实行"大园带小园""园区＋基地"等模式，支持有条件的地区与贫困地区开展工业"飞地经济"合作。创新园区融资和基础设施建设合作模式，推动有实力的企业参与园区基础设施建设。建立工业园区分级管理考核评价体系，加强正面激励和负面约束。推动园区财税管理体制改革，形成园区管理发展的财政保障激励机制。创新园区建设投融资机制，通过引资开发、垫资开发和贷款开发等方式，加快完善园区基础设施配套，加快标准厂房建设。

（四）着力打造特色产业基地

充分结合特色产业发展基础、特色资源优势和区位条件，引导产业集聚发展。加快延伸产业链，引导企业就地精深加工，引进关联配套、上中下游产业项目入驻产业基地，提升产业基地内部关联配套、协同服务发展能力，实现产业基地纵向延伸、横向拓展。一是加强规划引领。以现有特色优势产业为依托，对特色产业基地发展进行整体规划、科学论证和精准定位。各地要整合要素资源，瞄准行业龙头，抢占基地发展的制高点，聘请一流的专家团队对产业链进行设计和完善，进一步明确产业延伸的方向和重点，注重发展研发、制造、销售、物流等一体化产业链体系，切实提高产业协作配套水平。二是注重规模培育。着力从整体上挖掘区域产业竞争优势，进一步加快基地发展速度，壮大产业规模。加快推进与基地主导产业相关的生产性服务业及相关产业的配套发展，加强产业协作。鼓励产品市场前景好、成长性好的企业优先进入特色产业基地，支持成建制、配套企业优先进入特色产业基地。三是推进产业基地智慧化建设。围绕基地升级和企业创新，大力推进信息技术在特色产业基地建设中的渗透和覆盖。以技术融合促进提档升级、以设计的数字化创新研发手段、以装备产业的智能化实现生产过程自动化、以信息平台的集成化实现扁平化管理、以商务电子移动化实现服务定制化、以两化融合促进节能减排与安全生产规范化。

四、创新科技、优化服务、深化改革，加快工业新旧动能转换

（一）加快发展"四新"经济

大力发展以新技术、新产业、新模式、新业态"四新"为代表的新经济。进一步完善"四新"经济政策体系工作机制建设，建立相关工作机制，整合包括产业基金在内的金融、财政税收扶持政策，形成系统性的支持政策体系。积极探索"四新"经济发展评价体系，引导"四新"企业发展。加强调查分析，定期或非定期进行企业问卷调查或在线调查，把握"四新"经济、"四新"企业发展的新动向。

（二）强化科技创新驱动

深化重点创新载体建设，高水平建设新型创业载体，建成一批具有行业影响力的优质众创空间。精准对标国际先进水平，实施"万企升级"工程，加快建设一批技术开发、知识产权、信息化应用、工业设计、检验检测等公共技术服务平台，为企业提供全方位、全过程创新服务。深化企业"两化"融合，联动推进"互联网＋""机器人＋""标准化＋""大数据＋"在传统制造业领域的融合应用，推进基于互联网的产品设计、柔性制造、个性化定制等新型制造模式。利用电子商务、网络营销等新业态，加强互联网信息技术在工业领域的应用，支持面向跨境贸易的多语种电子商务平台建设、服务创新和应用推广，促进大宗原材料网上交易、工业产品网上定制、上下游关联企业业务协同发展。实施"标准化＋"行动，在重点传统制造业领域制定拥有自主知识产权的高水平"广西制造"标准。加大对首台（套）产品推广应用的支持，提高首台（套）产品保险补偿水平。紧密跟踪关键领域技术路线和发达国家发展动向，加强对可再生能源、储能、智能电网、新能源汽车、云计算、大数据、物联网等重点领域技术发展路线的跟踪研判。

（三）强化人力资源支撑

一是进一步完善引才引智机制，实施更加开放的人才引进政策，探索建立与

国际接轨的高层次人才招聘、薪酬、考核、激励、管理等相关制度，以重大项目、产业联盟为载体，重点引进一批科技实用型人才、企业经营型人才、高端领军型人才，加大人才工作投入力度，全面优化人才创新创业环境，努力建设富有竞争力的"人才高地"。二是营造工业光荣和企业家英雄的发展氛围，积极弘扬工匠精神和企业家精神，打造一批八桂工匠，重用工业人才，把懂工业经济、德才兼备的人才充实到关键领导岗位上。三是深化教育改革，鼓励区内高等院校、职业技校紧扣产业变革和市场需求动态调整专业设置，加大对工业基础研究人才的培养和投入。四是鼓励行业和企业建立"首席技师""金牌工人"制度，创建"职工（劳模）创新工作室"，研究制定企业家振兴计划。五是鼓励龙头企业建立企业内部学院，拓宽产业工人培养渠道，提升企业内生学习能力。六是加强对企业的用工扶持，尽早出台人才落户政策，吸引高校毕业生留在本地服务当地发展，在全社会尤其是高校加大对企业用工的宣传，在社保缴纳上适当降低征收比例，减轻企业的用工负担。培育广西本土的智力支持队伍，根据教育部第四轮全国学科评估结果，广西在工科门类中具备硕博士培养能力的仅有 12 类一级学科，缺失或者评价在 C－以下的有 23 类一级学科，并且大部分评估结果为 B－以下[①]。要依托广西大学、桂林电子科技大学等高等院校，进一步完善和发展工科教育体系，建立硕博士以及博士后工作流动站，为广西工业高质量发展提供有效的智力支持。

五、抢抓机遇、扩大开放，在工业招商引资上实现新突破

（一）突出大招商、招大商

把招商引资摆在更加突出的位置，建立重大工业项目招商引资和项目推进

---

① 缺失或者评价为 C－以下（C－以下的专业评价结果没有公布）的专业为力学、光学工程、冶金工程、动力工程及工程热物理、控制科学与工程、建筑学、水利工程、地质资源与地质工程、矿业工程、石油与天然气工程、纺织科学与工程、交通运输工程、船舶与海洋工程、航空宇航科学与技术、兵器科学与技术、核科学与技术、农业工程、风景园林学、安全科学与工程、城乡规划学、食品科学与工程、生物医学工程、林业工程（资料来源：中国学位和研究生教育信息网，http://www.cdgdc.edu.cn/xwyyjsjyxx/xkpgjg/）。

"一把手亲自抓、负总责"的工作机制。建立工业招商引资项目库，将目标任务分解到市县，并列入全区绩效考核重点内容，按照"干着今年，备着明年，看着后年"的3年项目滚动发展原则做好工业项目储备工作。有针对性地开展招商引资，积极与世界500强和国内500强企业接触，努力引进品牌企业和大型企业，发挥集聚效应，促进产业高质量发展。

（二）以规划引领招商引资

围绕"强龙头、补链条、聚集群"，坚持精准招商、以商招商、产业链招商，实施工业招商3年行动计划，突出引进产业配套能力强、关联带动效应好、聚集引领作用显著的大项目好项目，重点推动糖、铝、冶金、机械、汽车和食品加工等传统产业转型升级，积极引进智能制造、电子信息、新能源汽车、节能环保和新材料等先进制造业和战略性新兴产业。提出本行业招商引资重大项目，汇总编制《广西招商引资重大项目库》，及时发布和推介。各地要根据入库项目，制定专项招商方案，推动项目落地。

（三）创新工业项目融资模式

广西工业企业融资难、融资贵问题始终是阻碍企业快速发展的绊脚石，尤其在当下经济增速放缓，改革全面深化阶段，解决这个问题更具紧迫性。推动工业企业转型升级，增强工业主导作用，首先要解决工业企业的投融资问题。一是完善多元投融资政策。通过立法为企业发展创造良好的市场环境，在金融信贷、促进公平竞争、鼓励风险投资和技术创新等方面建立相关的法律法规，组织对重大工业融资项目的论证与选择，制定投融资的政策与法规，设置专门的企业管理和服务机构，统一协调企业发展规划、政策措施，并推动扶持制度、措施的贯彻实施，营造投融资市场化运作的良好环境。二是鼓励民间资本参与工业项目投资。鼓励民间通过P2P、众筹平台及电商小贷等互联网融资平台，引导民间资本通过互联网或其他融资平台参与工业项目的建设。加强小额贷款公司的风险管理，引导小额贷款公司的资金参与工业项目建设。支持民间资本进入资本市场进行直接投资，支持民间资本成立民营银行，为工业项目进行融资。完善民间资本管理体系，促进民间资本良性发展。三是加强投融资平台建设。进一步整合、健全和完善城建投融资平台工作职能，依托政府信用发挥融资平台功能，积极创新融资渠道和运作模式，多渠道筹措建设资金。深入开展与国家开发银行、国有商业银行、地方金融机构的金融合作。积极推动和引导互联网金融发展，不断探索创新监管模式，通过推动互联网金融稳健发展促进直接融资比重的提高。

六、搭建平台、拓宽渠道，突破工业产品销售的发展瓶颈

（一）拓宽工业产品营销渠道

继续做好区内工业产品进入国家工信部产品推荐目录和广西工业产品推荐目录工作，争取更多地方名优入选名录。推荐各级财政性投融资建设项目招投标、政府采购和机关事业单位日常采购等优先选用推荐目录产品。支持扩产促销区内首台（套）产品，对获得国内首台（套）重大技术装备或首批次新材料认定的区内工业企业和购买广西企业生产的国内首台（套）产品的用户，从自治区工业发展资金中安排资金给予奖励。围绕汽车及零部件、高端装备、新型建材等区内特色优势产品，不定期组织开展产品推介活动，加强品牌推广，促进产品销售。鼓励行业龙头企业、行业协会、产业园区等整合企业营销网点、市场信息网络、人才等优势资源，组建行业性或跨行业性的营销联盟，共同开拓市场。推进规模较大的重点产业集群所在地建设专业批发市场，提升批发市场交易档次和市场辐射力。充分发挥商会、行业协会联络服务作用，积极为企业牵线搭桥，拓展区外市场。

（二）全力推动广西工业产品出口

鼓励区内工业企业开拓工业产品区外市场，对区外销售收入增长明显的工业企业给予适当奖励。组建工业产品外贸综合服务中心，为企业提供对外贸易全流程服务。引入担保公司设立风险补偿金，对有出口订单的企业开展无抵押担保融资，设立专项资金实施"报关即退"模式的出口退税账户托管融资。加快构建面向东盟国际大通道，构建海上、陆路、空中、内河、信息国际大通道，大力发展多式联运，形成对接周边国家高效便捷、立体开放的交通走廊和经济走廊。加快建设北部湾区域性国际航运中心，力争成为区域性综合枢纽港和国际大港。

（三）开展工业产品巡展推介

发挥产品展示展销对工业产品销售的带动作用，每年定期举办广西工业产品博览会和广西工业产品网上博览会，线上线下同步推广广西工业产品，进一步提

高全区工业知名度、美誉度和影响力。丰富广西工业产品网上博览会板块内容，加快建成集云资源、云协作、供应链、营销链等服务能力于一体的永不落幕的线上博览平台。大力开展区内工业知名品牌"全国行""网上行""进名店"等活动。组织广西工业产品开展东盟巡展，挖掘东盟市场空间。鼓励行业协会组织区内企业组团参加广交会、上交会、华交会、工博会和进出口博览会等境内外展览展销，以行业抱团形式参与市场竞争。通过展位补贴等措施，鼓励和支持区内工业企业利用各类国内和国际展会平台开展专项推介活动。

（四）推进区域开放合作，稳步拓展海外市场

加强与东盟各国的合作，抓住中国—东盟自贸区升级版以及南向通道建设的重大机遇，加强与东盟在信息技术、生物医药、钢铁冶金、新能源汽车等产业合作。主动对接粤港澳大湾区，加强与广东在新一代信息技术、生物医药等领域合作，引进港澳技术与资金，大力发展新兴产业和特色产业。积极引进国内外战略投资者和先进技术，鼓励工业企业强强联合、兼并重组，引进战略投资者对广西工业企业进行优化重组，盘活存量，扩大增量，为工业企业发展注入新活力。

七、政策优先、敢于让利，优化工业
高质量发展营商环境

（一）健全完善政策体系

各级党委、政府主要领导是工业高质量发展的主要责任人。建立"一把手"抓工业机制，各市县"一把手"作为推动工业高质量发展的第一责任人。切实加强组织领导，切实把工业发展摆在重要位置，把工业发展的各项部署落到实处。成立自治区工业高质量发展领导小组，每季度专题召开工信会议。各市县成立相应的组织机构。建立由工信部门牵头的工业高质量发展联席机制。坚持量质并举的考核导向，在考核中更加注重对工业经济质量方面的考核，把规模以上工业增加值、单位增加值能耗、研发投入等指标纳入工业重点指标考核。落实"最多跑一次"改革措施，深化工业企业"零土地"技术改造项目审批方式改革。

（二）营造一流营商环境

把政务履约和践诺纳入政府绩效考评指标体系，健全政府失信责任追究制度和责任倒查机制，加大对政务失信行为的惩戒力度。不断创新工业项目审批机制体制，贯彻落实"证照分离"改革，重点是照后减证，各类证能减尽减，能合尽合，压缩企业的开办时间，大幅缩短商标注册周期，工程建设项目审批时间再压缩一半。加快推进社会信用体系平台建设。推动各部门、各单位信用信息系统与公共信用信息平台互联互通，逐步实现公共信用信息交换和共享。强化企业信用体系建设，建立异常信用记录、严重违法失信"黑名单"和市场主体诚信档案，建立健全涉企信用守信激励和失信联合惩戒机制。深入推进"放管服"改革，进一步削减不合理的前置审批和许可。加大知识产权保护力度，严厉打击生产销售假冒伪劣产品。落实困难企业缴纳住房公积金降比、缓缴、停缴等政策。全面清理规范涉企经营服务性收费等。着力降低企业用电、用气、用能、用地成本，取消桥隧通行费。

（三）建立企业服务长效机制

以经常服务、有效服务、科学服务为目标，建立广西工业企业服务的长效机制。相关部门只有把工作重心和主要精力投到服务企业上，才能加快广西工业企业的转型升级，增强工业的主导作用。一是建立企业需求常年化征集受理制度。通过多种方式，对各工业企业开展常态化全面调研服务，每季度集中梳理研究一次企业反映的问题与需求，并落实相关举措。市局可以在门户网站开辟"企业发展难题征集"专栏，常年征集企业提出的应由市级部门解决的重点难题，实行实时受理，统一交办、转办制度。加强上下联动、部门协同、信息共享，避免层层了解情况、层层征集难题，努力实现联系企业"全覆盖"、联系渠道"全天候"，切实帮助企业解决困难。二是建立企业难题规范化办理制度。有关部门收到企业难题征集表后，坚持"主动担当"原则，对应由本部门办理的事项，要迅速予以办理，7个工作日内反馈办理情况；对应由其他部门办理的问题，3个工作日内以"企业难题办理联系单"的方式转到责任部门。责任部门要负总责、敢担当、主动办，协办部门要讲配合、善协作、不推诿。三是建立考核评价机制。进一步完善干部考核评价机制，建立健全在重点工作、重要任务、关键时刻的表现及抓工作落实等环节中的考核制度，将有关部门和机关干部在基层工作时间比重、解决实际问题效能、服务企业满意度等作为部门年度目标责任制考核和个人年度考核的重要依据，构建闭环评价机制，切实提高服务企业的能力和水平。

（四）强化要素保障

1. 缓解用能之贵

持续降低工业用电成本。对标先进水平，缩减用电报装审批事项、优化审批流程，加强供电建设计划与市政基础设施建设配套衔接，规范用电报装行为、提高获得电力效率、优化服务质量。制定支持广西生态型铝产业基地建设的专项政策，巩固"铝—电—网"新发展模式等成果。

2. 化解用地之难

一是提高工业用地占比。对国家每年下达广西的建设用地、用林、用海等指标，自治区本级切块留存30%以上，专项用于工业项目建设，对优质项目采取"一事一议"。每年新增建设用地指标的40%用于工业项目。对新引进的重点产业项目和重点创新型项目，其新增建设用地指标按照自治区匹配70%、地方匹配30%执行。二是拓展工业用地空间。加强对各市新一轮国土空间规划编制的指导，强化对工业用地研究，核定合理规模，优化用地布局。建立工业用地收储制度，每个重点县（市）区要确保2000亩以上工业收储用地规模。实行新增建设用地计划与土地利用率挂钩。新增产业用地指标优先用于产业转型升级项目，重大项目优先给予建设用地保障，推广按照单位面积投资、效益、税收、能耗、排放等指标综合评价，确定优先供地顺序的新型供地模式。推进"零新增地"技术改造项目审批制度改革，对审批目录清单外的项目实行先建后验承诺验收制度。三是提高土地利用效率。积极盘活闲置和低效土地，支持建设和使用标准厂房。建立"先租后让、长期租赁、弹性年期出让"的多元化供地方式。

3. 疏解物流之梗

推动硬联通无缝对接、软联通高效衔接，降低物流成本，打造最便捷、最顺畅、最具吸引力的陆海贸易新通道。加快建设连接区外高等级公路、高速铁路，完善区内各种等级公路网络、航道、码头、车站和海港空港设施，规划建设海关口岸、物流中心、工业原料及保税区、出口加工区、边境贸易口岸及商品市场。

4. 保障资金之需

重点落实金融支持制造业发展的各项措施，结合制造业高质量发展，推动开展面向制造业发展的银行试点。一是要丰富工业投融资合作平台，完善政府性融资担保体系，通过联保、分保、与保险相结合等方式，支持有条件的市开展"园保贷"试点，政策性融资担保业务费率不超过1.2%。设立政策性融资担保机构，为传统制造业改造提升提供融资担保服务。搭建银企信息对接服务平台，推动区内各大银行担任"双百双新"产业项目牵头行，加强银行与"双百双新"

指挥部合作，为项目提供信贷政策宣传、融资对接、综合融资方案制定等服务。鼓励金融机构加大对制造业的信贷投入，逐步提高制造业贷款占全部贷款比重。二是要创新工业投融资方式，鼓励和引导更多工业企业上市融资和再融资，抢抓资本市场改革发展新机遇，深入推进实施企业上市（挂牌）、企业上市攻坚、上市公司质量提升"三大工程"。探索开发数据资产等质押贷款业务。支持五象新区开展绿色金融改革创新试验区试点，鼓励和引导金融机构绿色信贷业务。探索产业链金融服务，进一步拓宽产业链上下游企业的融资渠道。三是要加大对重点工业企业资金周转的支持，鼓励各地多渠道筹集资金安排专项转贷资金，探索建立符合广西实际的企业转贷应急体系，帮助企业解决"过桥资金"难题。加大对重点工业企业的贴息、奖励，支持企业降本增效。四是要整合各类投资基金。建议尽早制定投资基金产业规划，整合引导各类财政性基金和社会性基金，通过政府参股性创新基金的引导，形成工业投资新来源，建立完善退出机制，创新管理方式（包括对不同来源的投资实行不同的考核和风险管理模式等）。五是要发挥财政资金作用。加大财政资金对工业的支持，不断做大政府投资引导基金规模，引导股权投资投向战略性新兴产业、高新技术产业、先进制造业等。加强金融信贷支持。加快推进政府性融资担保体系建设，支持建立市一级再担保体系。

5. 强化数据支撑

建立促进大数据发展厅级部门联席会议制度，建设统一高效、互联互通、安全可靠的数据资源服务体系，释放数据资源价值，积极开展数据应用。引进电信运营商、大型互联网企业、专业数据中心，统筹推进行业性和大型企业数据中心、绿色数据中心建设，积极推动制糖、装备制造、有色金属、汽车等重点行业企业上云。建立面向中小微企业的网络化协同制造公共服务，提供基于大数据的故障预测、远程维护、质量诊断、过程优化等服务。建设工业企业信息库，推进数据资源整合汇聚，开展服务型制造业、个性化定制等生产服务模式创新，基于大数据精准化调度生产、精细化设备管理及精确用能分析服务。

参考文献

［1］张敬华．招商，服务比"优惠"更重要［N］．人民日报，2020 - 03 - 25．

［2］赵婀娜．为高质量发展提供更多生力军［N］．人民日报，2019 - 05 - 27．

［3］企业精耕细作，迈向高质量发展［N］．人民日报，2019 - 05 - 26．

［4］王志军．我国将坚定不移推进制造业高质量发展［N］．人民日报，2019 - 05 - 26．

［5］程正龙．共商共建共享"陆海新通道"发展机遇［N］．重庆日报．2019 - 01 - 11．

［6］郭占恒．"十四五"规划的里程碑意义和重大趋势［J］．浙江经济，2019（9）．

［7］邵立国，乔标，张舰．正视粤港澳大湾区工业发展突出问题［J］．中国工业和信息化，2019（6）．

［8］吴崇伯，姚云贵．东盟的"再工业化"：政策、优势及挑战［J］．东南亚研究，2019（4）．

［9］夏惟怡，袁洁．中美贸易摩擦对广西经济发展的影响及对策建议[J]．改革与战略，2019（1）．

［10］丁一兵，张弘媛．中美贸易摩擦对中国制造业全球价值链地位的影响［J］．当代经济研究，2019（1）．

［11］吴杰伟，邱伟龙．菲律宾：2018 年回顾与 2019 年展望［J］．东南亚研究，2019（1）．

［12］林昌华．把握社会主要矛盾变化，推动经济高质量发展［N］．中国社会科学报，2018 - 11 - 15．

［13］萧新桥．中国工业高质量发展体系的思考［EB/OL］．http：//www.

cssn. cn/jjx_ yyjjx/gyjjx/201809/t20180930_ 4663810. shtml？COLLCC = 27261257
49&，2018 – 09 – 30.

［14］孙世芳等. 加快新旧动能转换　推动工业高质量发展［N］. 经济日报，2018 – 08 – 16.

［15］李伟. 加快新旧动能转换　推动工业高质量发展［EB/OL］. https：//baijiahao. baidu. com/s? id = 1608908710880390925&wfr = spider&for = pc，2018 – 08 – 16.

［16］何立峰. 加快构建支撑高质量发展的现代产业体系［N］. 人民日报，2018 – 08 – 08.

［17］潘建成. 工业经济如何与高质量发展对表［N］. 经济日报，2018 – 07 – 31.

［18］乔宝华，孟凡达. 推动我国制造业高质量发展要过"五关"［N］. 经济日报，2018 – 07 – 26.

［19］国务院. 关于积极有效利用外资推动经济高质量发展若干措施的通知（国发〔2018〕19 号）［Z］. 2018 – 06 – 15.

［20］鹿心社. 培植"工业树"，育护"产业林"　开创广西工业高质量发展新局面［N］. 经济日报，2018 – 06 – 15.

［21］朱雪黎. 先进制造业促进工业高质量发展［N］. 四川日报，2018 – 04 – 26.

［22］张双武. 推动甘肃工业经济高质量发展［N］. 甘肃日报，2018 – 04 – 20.

［23］苗圩. 制造业推动经济高质量发展的关键［EB/OL］. 人民网，http：//finance. people. com. cn/n1/2018/0326/c1004 – 29889474. html，2018 – 03 – 26.

［24］刘志铭. 以科技创新引领现代化产业体系建设［N］. 南方日报，2018 – 03 – 19.

［25］王奎荣. 用新发展理念引领工业经济高质量发展［N］. 云南日报，2018 – 03 – 04.

［26］夏杰长，张颖熙. 夯实现代产业体系是建设现代化经济体系的核心要义［N］. 中国经济时报，2018 – 02 – 13.

［27］潘建成. 创新是工业高质量发展的内生动力［N］. 经济日报，2018 – 01 – 31.

［28］王辉耀等. 推动成都经济高质量发展［N］. 成都日报，2018 –

01 – 31.

[29] 刘海宾. 聚力打造株洲工业高质量发展"新动能" [N]. 中国工业报, 2018 – 01 – 23.

[30] 白天亮. "破立降"，为高质量发展加油 [N]. 人民日报, 2018 – 01 – 08.

[31] 今天的新动能，明天的分水岭——加快广西新旧动能转换的对策与思考 [R]. 2018.

[32] 魏琪嘉. 我国工业加快向高质量发展阶段迈进 [J]. 中国经贸导刊, 2018 (22).

[33] 陈贻泽等. 全区工业高质量发展大会在南宁召开——全面开启广西工业高质量发展新征程 [J]. 当代广西, 2018 (11).

[34] 苗圩. 加强核心技术攻关 推动制造业高质量发展 [J]. 求是, 2018 (14).

[35] 苗圩. 加快制造业高质量发展的六大任务 [J]. 商用汽车新闻, 2018 (13).

[36] 杨茜茜, 王燕. 中越跨境经济合作区相关法律问题研究——以中国河口—越南老街经济合作区为例 [J]. 国际经济合作, 2018 (7).

[37] 李晓华. 以创新推动制造业高质量发展 [J]. 机械工业标准化与质量, 2018 (7).

[38] 律星光. 瞄准制造业 四川加快推进先进制造强省建设 [J]. 财经界, 2018 (5).

[39] 王祺扬. 加快制造业优化升级 实现工业高质量发展 [J]. 政策, 2018 (5).

[40] 薛汉根. 发挥制造业在高质量发展中的主力军作用 [J]. 上海企业, 2018 (5).

[41] 张文会, 乔宝华. 构建我国制造业高质量发展指标体系的几点思考 [J]. 工业经济论坛, 2018 (4).

[42] 洪银兴. 以思想大解放引领发展高质量 [J]. 群众, 2018 (4).

[43] 金碚. 关于"高质量发展"的经济学研究 [J]. 中国工业经济, 2018 (4).

[44] 王有强, 萧新桥. 新时代 新形势 新制造 [J]. 新经济导刊, 2018 (4).

[45] 曹正勇. 数字经济背景下促进我国工业高质量发展的新制造模式研究

［J］．理论探讨，2018（2）．

［46］马红丽．新时代，工业是高质量发展的主战场［J］．中国信息界，2018（2）．

［47］马红丽．借助信息化促进工业高质量发展［J］．中国信息界，2018（2）．

［48］吴崇伯，杜声浩．中国与东盟制造业出口竞争力比较——基于产业与技术的视角［J］．广西财经学院学报，2018（2）．

［49］工业和信息化部运行监测协调局．发展先进制造业 促进工业高质量发展［J］．紫光阁，2018（1）．

［50］郭新明．聚焦聚力 善谋善为 江苏金融积极助推全省制造业高质量发展［J］．金融纵横，2018（1）．

［51］黄群慧．以高质量工业化进程促进现代化经济体系建设［J］．行政管理改革，2018（1）．

［52］广西工业化进程研究［R］．2018．

［53］在全区工业高质量发展大会上的讲话［R］．桂办通报，2018（14）．

［54］广西工业深度融入"一带一路"建设——加快优势产业、优势产能、优势产品"走出去"实施方案［R］．2018．

［55］零点有数集团．2018年中国营商环境升维指数研究［R］．2018．

［56］王军．准确把握高质量发展的六大内涵［N］．证券日报，2017－12－23．

［57］冯人綦，曹昆．牢牢把握高质量发展这个根本要求［N］．人民日报，2017－12－21．

［58］中国电子信息产业综合发展指数研究报告［EB/OL］．新华网，2017－09－05．

［59］习近平．决胜全面建成小康社会 夺取新时代中国特色社会主义伟大胜利——在中国共产党第十九次全国代表大会上的报告［R］．2017．

［60］广西壮族自治区人民政府办公厅．广西创新管理优化服务培育壮大经济发展新动能加快新旧动能接续转换的实施方案（桂政办发〔2017〕181号）［Z］．2017－12－26．

［61］容静文．推进中越跨境经济合作区建设提升广西沿边开放水平［J］．经济研究参考，2017（41）．

［62］罗树杰．"一带一路"背景下广西开放合作探析［J］．广西社会科学，2017（7）．

［63］廖东声，龙丽婷．"一带一路"战略背景下广西开放型经济发展研究［J］．改革与战略，2017（1）．

［64］熊微．构建"一带一路"有机衔接的重要门户——广西开放发展的新机遇［J］．经济研究参考，2016（70）．

［65］杨磊．"一带一路"战略下广西沿边经济带建设发展探析［J］．经济研究参考，2016（65）．

［66］中国共产党广西壮族自治区第十一次代表大会报告．营造"三大生态"实现"两个建成"谱写建党百年广西发展新篇章［R］．2016.

［67］中国电子信息产业发展研究院．2015年度中国信息化与工业化融合发展水平评估报告［R］．2016.

［68］新常态下四川工业转型升级的路径与建议［R］．2016.

［69］广西壮族自治区社会科学联合会．CAFTA背景下广西与东盟工业产业合作重点及策略研究［R］．2014.

［70］王安平，高敏．区域产业体系中首位产业的内涵及确定［J］．城市问题，2013（8）．

［71］郭珉嫒．飞地经济的概念及其实践内涵［J］．社科纵横，2013，28（6）．

［72］杨宏昌．广西东盟贸易与广西工业发展——基于Var模型的分析［J］．区域经济，2011（10）．

［73］梁运文，黄冀．CAFTA建立后广西与菲律宾开放合作的国别战略选择［J］．广西大学学报（哲学社会科学版），2010（32）．

［74］张乃丽，牟小楠．战后中日主导产业与非主导产业的政策比较——基于产业政策史的视角［J］．山东大学学报，2010（5）．

［75］李悦．产业经济学（第三版）［M］．北京：中国人民大学出版社，2008.

［76］李伟娟．"亩产论英雄"的经济学视角——发达县域经济发展方式转变的实践与探索［J］．绍兴文理学院学报（哲学社会科学版），2007（6）．

［77］胡宗良．重点集中战略：隐形冠军、精耕者和游牧者［J］．经济管理，2004（15）．

［78］关爱萍，王渝．区域主导产业的基准研究［J］．统计研究，2002（12）．

［79］王嫁琼，李卫东．城市主导产业选择的基准和方法再分析［J］．数量经济与技术经济研究，1999（5）．

［80］周振华．产业结构优化论［M］．上海：上海人民出版社，1992.

［81］［美］Albort Hirchman．经济发展的战略［M］．曹征海等译．北京：社会科学出版社，1991.

后　记

　　工业是国民经济的主体，是立国之本、兴国之器、强国之基。广西作为我国唯一沿海、沿江、沿边的少数民族自治区，具有独特区位优势，但是经济却一直处于全国中下游水平，主要原因还是工业发展滞后。广西要推动经济持续健康发展，就必须推动工业持续健康发展。特别是在当前周边竞争压力骤增、发展速度"一跌再跌"的严峻形势下，研究广西工业高质量发展对推动广西经济的高质量发展具有重大现实意义和实践探索价值。

　　本书是在原有课题成果的基础上，反复修缮、深化研究、融合提升，并在广泛咨询区内外相关领域权威专家的基础上完善形成的，课题研究成果被《中共广西壮族自治区委员会　广西壮族自治区人民政府关于推动工业高质量发展的决定》（桂发〔2018〕11 号）充分吸收采纳。在此基础上形成的相关决策咨政报告获得自治区领导批示，相关提案作为自治区政协集体提案。这些成果都为本书的撰写和出版提供了很大的帮助和启发。此外，由于 2018 年以来国家对各地相关数据进行了统计核算，一些数据不再公布，因此，本书中的一些资料和数据仅能采用 2017 年数据。

　　本书之所以顺利完成并最终出版，离不开课题组全体人员的精诚合作与共同努力。他们分别是陈智霖、文建新、张鹏飞、尚毛毛、张卫华、陈光忠、周青、韦艳南、车吉轩、田岗、刘赟、杨小翠，在此，对他们脚踏实地、努力进取、锐意思考的工作态度表示感谢。

　　由于研究周期跨度较长，加之能力水平和研究视野所限，不当和错漏之处在所难免，敬请广大读者批评指正，并赐予宝贵意见和建议。